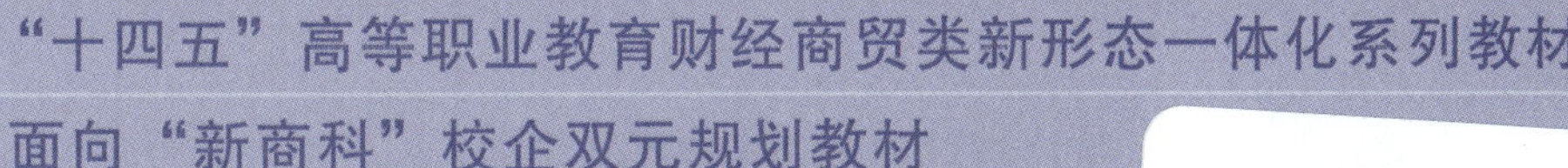

"十四五"高等职业教育财经商贸类新形态一体化系列教材

面向"新商科"校企双元规划教材

市场调研与分析

王海鹰　刘　宁　王海涛◎主　编

孟　璐　刘　明◎副主编

中国铁道出版社有限公司

北　京

内 容 简 介

本书以应用为导向，将实际案例与前沿理论相结合，旨在帮助读者深入了解市场调查的基本概念、方法和技巧，从而在商业和实践中更加有效地应用这些知识。

本书是面向“新商科”校企双元规划教材之一，共有八个项目，项目一从市场调研的基本概念和分类入手，引导读者认识其在商业决策中的作用；项目二～项目五介绍了市场调研方案的设计、调研方式与方法的选择，以及市场调研问卷的制作和实施过程；项目六、七阐述了数据处理与分析方法；项目八着重介绍了撰写市场调研报告的技巧，以确保调研结果能够清晰、准确地传达给相关利益方。

本书适合作为高等职业院校财经商贸类专业教材，也可作为中职学校相关专业教材和各企事业单位市场调研人员的培训与自学用书。

图书在版编目(CIP)数据

市场调研与分析/王海鹰，刘宁，王海涛主编. —北京：中国铁道出版社有限公司，2024.3

“十四五”高等职业教育财经商贸类新形态一体化系列教材
面向“新商科”校企双元规划教材

ISBN 978-7-113-30930-5

Ⅰ.①市… Ⅱ.①王…②刘…③王… Ⅲ.①市场调研-高等职业教育-教材②市场分析-高等职业教育-教材 Ⅳ.①F713.52

中国国家版本馆CIP数据核字（2024）第014235号

书　　名：市场调研与分析
作　　者：王海鹰　刘　宁　王海涛

策　　划：潘星泉　　　　**编辑部电话：**（010）51873090
责任编辑：潘星泉　贾淑媛
封面设计：郑春鹏
责任校对：刘　畅
责任印制：樊启鹏

出版发行：中国铁道出版社有限公司（100054，北京市西城区右安门西街8号）
网　　址：http://www.tdpress.com/51eds/
印　　刷：北京联兴盛业印刷股份有限公司
版　　次：2024年3月第1版　2024年3月第1次印刷
开　　本：787 mm×1 092 mm　1/16　**印张：**12　**字数：**295千
书　　号：ISBN 978-7-113-30930-5
定　　价：46.00元

前言

在现代商业环境中，市场调研的重要性愈发凸显，它不仅是企业战略制定的基础，也是市场营销、产品开发和商业决策的核心依据。“市场调研与分析”是高等职业院校财经商贸大类的专业必修课程，也是一门旨在培养学生市场调查应用技能的方法性课程，通过本书，读者将掌握市场调研的基本流程、方法与工具，并把学到的书本知识科学合理地运用到社会实践中去，做到学以致用。

本书共有八个项目，涵盖了市场调研与分析过程中的关键环节。从市场调研的基本概念、分类和作用入手，引导读者深入了解市场调研的本质。设计市场调研方案部分详细解析市场调研方案的设计含义和作用，引导读者明确调研目标，制定具有指导性的调研方案。在随后的项目中，详细介绍了市场调研的不同方式与方法，以帮助读者根据实际情况选择适合的调研方法。为了帮助读者更好地掌握市场调研的实际操作，本书着重介绍了调研问卷的设计与制作。在组织与实施市场调研部分，引导读者从调研前的准备到实际调研的执行，明确调研目的、选择方法、设计问卷、确定样本，同时关注调研过程中的质量监控，确保调研结果的可靠性。此外，还深入介绍了市场调研数据处理与分析的流程，以帮助读者从海量数据中提取有价值的信息，为决策提供支持。最后，详细说明了市场调研报告的撰写原则和技巧，以便能够清晰、准确地将调研结果呈现给相关利益方。

本书重点关注理论性与实践性的有机结合。把全国大学生市场调研大赛中历年理论考核的部分进行专项总结。同时，本书融入较新的市场发展趋势信息，确保读者掌握的知识在不断变化的商业环境中具有持续的价值。与同类教材相比，强调数据处理与分析技能的培养，以帮助读者更好地应对实际问题。

本书内容翔实，特色鲜明，凸显在以下几个方面：

(1) 案例实用：书中丰富的实际案例将理论与实践相结合，帮助读者更好地理解概念和方法在真实环境中的应用。这些案例不仅展示了成功的市场调研实例，还探讨了失败案例中的教训。

(2) 数据分析具体：在数据处理与分析方面，本书提供了详细的流程和技巧，以帮助读者从海量数据中提取有价值的信息。不仅如此，本书还引导读者认识到不同数据分析方法的优缺点，培养独立思考和判断的能力。

（3）教学资源丰富：为了提升教学效果，本书提供了电子教案和课件，这些教学资源可以有效地辅助知识传递和理解。有需要者可以向作者索取，作者邮箱为 whywhy@126.com。

本书由黑龙江职业学院王海鹰、刘宁、王海涛担任主编。其中，王海鹰编写项目一和附录，并负责统稿工作；刘宁编写项目二；王海涛编写项目五至项目八；孟璐编写项目三至项目四；中电信数智科技有限公司黑龙江分公司高级项目经理刘明提供了书中相关企业的数据。

本书尽管经过精心编写，但难免存在不足之处，欢迎读者提出批评和建议。市场调研与分析领域日新月异，编者将持续关注行业发展，不断更新知识，为读者提供更加优质的学习资源。

编　者
2023 年 9 月

目　　录

项目一　走进市场调研 ······ 1

任务一　认知市场调研的概念、分类和作用 ······ 3
任务二　了解市场调研行业概况 ······ 6
任务三　掌握市场调研的基本流程 ······ 11
任务四　明确市场调研行业的道德问题 ······ 21

项目二　设计市场调研方案 ······ 30

任务一　认知市场调研方案 ······ 32
任务二　确定市场调研目标 ······ 36
任务三　撰写市场调研方案 ······ 39

项目三　选择市场调研的方式与方法 ······ 52

任务一　认知市场调研方式 ······ 53
任务二　掌握市场调研方法 ······ 65

项目四　市场调研问卷的认识、设计及评估 ······ 85

任务一　认知市场调研问卷 ······ 87
任务二　设计市场调研问卷 ······ 91
任务三　评估市场调研问卷 ······ 98

项目五　组织与实施市场调研 ······ 105

任务一　完成调研前的准备 ······ 106
任务二　落实调研过程中的质量监控 ······ 111

项目六　市场调研数据处理与分析 ······ 118

任务一　市场调研数据采集 ······ 119
任务二　数据清洗整理与分析 ······ 126
任务三　数据可视化与数据分析报告 ······ 127

项目七　市场调研数据分析方法与工具 …… 140

任务一　用数据分析解决问题 …… 141
任务二　数据分析方法 …… 143
任务三　数据分析工具 …… 153

项目八　撰写市场调研报告 …… 162

任务一　市场调研报告的特点和作用 …… 163
任务二　市场调研报告的结构 …… 164
任务三　市场调研报告的撰写技巧 …… 171

附录 A　第十三届（2022 年）全国大学生市场调研与分析大赛理论知识网络测试提纲 …… 176

附录 B　第十三届（2022 年）全国大学生市场调研与分析大赛专科组模拟题 …… 179

参考答案 …… 186

项目一　走进市场调研

【知识目标】

- 熟悉市场调研目标的确定方法。
- 理解市场调研方案的重要意义和作用。
- 掌握制定市场调研方案的一般格式。
- 掌握发现营销管理问题的方法。
- 掌握界定市场调研问题的方法。
- 了解市场调研方案制定的技巧与注意事项。
- 掌握市场调研方案制定的一般步骤。

【技能目标】

- 能够确定市场调研目标。
- 能够根据实际项目初步制定市场调研方案。
- 能够对市场调研方案进行评价和提出修改意见。

【素养目标】

- 树立围绕目标设计调研方案的思维习惯。
- 培养学生设计可行性调研方案的意识。
- 培养学生团队协作能力。

【项目导读】

“先谋后动者昌，无谋而动者亡。”周密的调研方案是市场调研的行动指南，是市场调研科学有序进行的保证，是确保调研效度和信度的重要措施。

本项目是整个市场调研工作的基础。直接决定市场调研工作有效成果的输出，是整个市场调研工作的核心骨架内容。调研方案的设计师对调研工作各个方面和全过程通盘考量，包括了整个调研工作过程的全部内容。一份良好的市场调研方案直接决定了相关的市场调研意图是否可以有效实现，是整个调研成败的关键。

【知识导图】

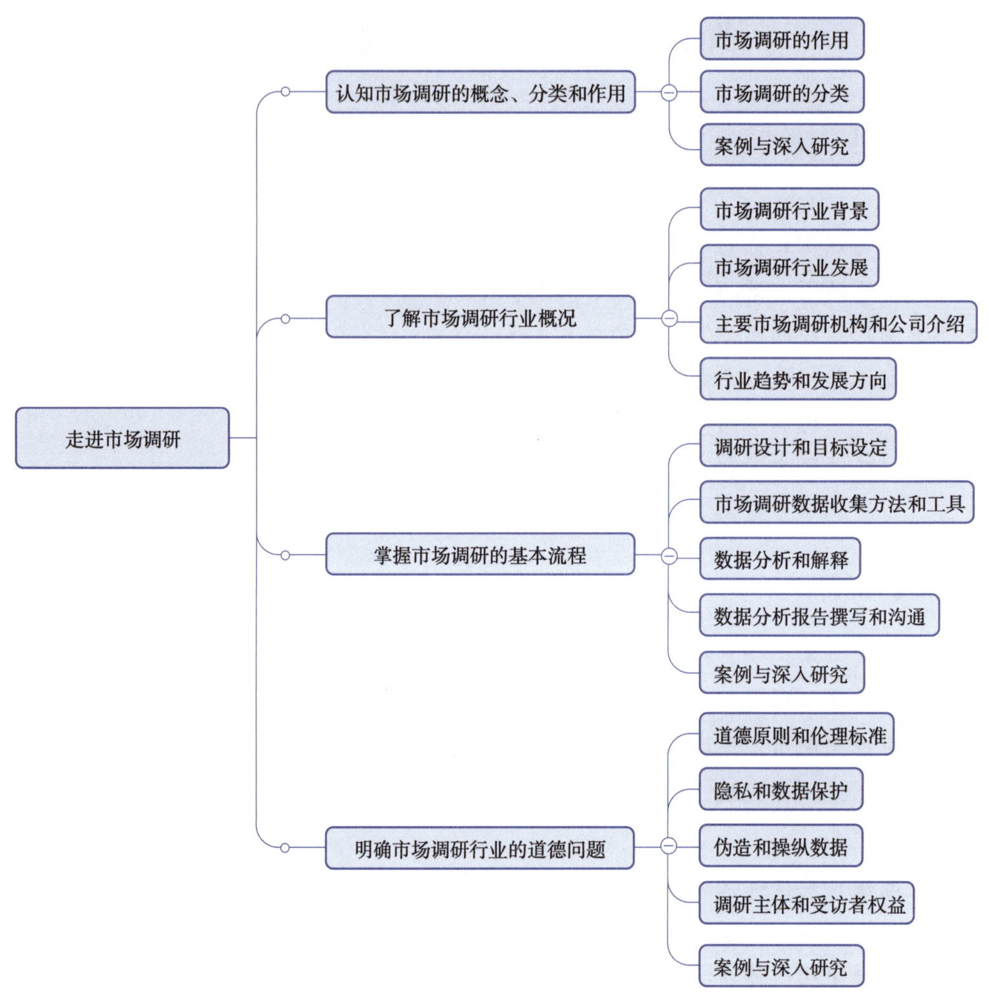

【引入案例】

某手机制造公司在推出新款智能手机之前，决定进行市场调研，以了解消费者对新功能和设计的需求。他们委托市场调研公司进行消费者调研，以收集有关市场趋势、竞争对手产品和潜在目标市场的信息。经过全面的市场调研后，该公司能够针对消费者的需求开发出一款符合市场趋势的新产品，从而在竞争激烈的手机市场中取得了成功。

问题：

(1) 为什么这家手机制造公司在推出新产品之前选择进行市场调研？

(2) 市场调研如何帮助该公司了解消费者需求和市场趋势？

(3) 市场调研对该公司在竞争激烈的手机市场中取得成功有何作用？

任务一　认知市场调研的概念、分类和作用

市场调研是一个历史悠久且不断发展的领域。早在商业发展初期，人们就开始关注市场信息和消费者需求的调研。在过去的几个世纪里，市场调研的定义和方法有着不同的流派和观点。

在19世纪末和20世纪初，市场调研的概念主要围绕着市场研究和市场调研员的工作展开。例如，美国统计学家查尔斯·斯特华特在20世纪20年代提出的定义将市场调研视为一种研究方法，旨在收集和解释与市场相关的数据，以支持决策制定和市场营销。

另一个重要的流派是行为主义流派，强调消费者行为和心理学因素对市场的影响。行为主义者认为市场调研应该关注消费者的态度、偏好和购买行为，以便更好地了解市场需求和开发营销策略。在20世纪中叶，行为主义者如菲利普·科特勒（Philip Kotler）等人对市场调研的定义和方法进行了进一步的发展和扩展。

随着科技的发展和数据分析的进步，市场调研的概念也逐渐发展成为一种全面且科学的研究方法。现代市场调研强调数据收集的客观性和准确性，注重统计分析和定量研究，以支持市场决策和战略规划。

现代市场调研是一种系统性的研究方法，通过收集、分析和解释与市场相关的数据和信息，以了解消费者需求、评估市场竞争、指导产品开发和制定市场策略。它源远流长，并在不同历史时期受到不同学派的关注和发展，逐渐演变为一种科学而多样化的领域。

一、市场调研的作用

市场调研是企业确定目标市场及其需求、了解竞争对手、设计营销策略、决策市场营销方案的重要手段。它为企业提供了关于目标市场、竞争情况、产品需求、市场规模、消费理念、价格接受度及消费者反应等信息，为企业制定市场营销策略和制定产品规划提供支持。在企业经营过程中，市场调研正成为越来越重要和不可缺少的工具，因为它在企业决策中具有以下重要的作用。

首先，市场调研有助于确定目标市场及其需求。企业需要确定面向哪些客户，分析潜在客户的需求，判断市场上目前供应的产品和服务是否能满足他们的需求。市场调研可以了解目标市场的市场规模、市场结构、市场份额、竞争情况以及客户的购买习惯等方面的信息。企业可以依据市场调研的结果，制定合理的定位策略，将产品或服务优化、差异化地提供给目标客户，增强产品或服务的竞争力。

其次，市场调研有助于了解竞争对手。市场竞争激烈，许多企业都在同一行业内竞争。在这种情况下，企业需要了解竞争对手的产品、营销策略、价格策略、服务、促销策略、市场定位等方面的信息，并制定合理的竞争策略。市场调研的结果可以帮助企业了解竞争对手的优缺点，分析其市场策略的优劣，从而制定出更好的市场策略，规避风险，提高效益。

再次，市场调研有助于设计营销策略。企业需要设计吸引消费者购买的营销策略。市场调研可以了解消费者对产品或服务的需求和期望、消费者购买决策的影响因素、消费者购买

习惯等方面的信息。企业可以借助市场调研的结果，针对不同目标消费者，设计出符合其需求的营销策略，如广告宣传、促销活动、产品差异化等策略。营销策略的设计应具有灵活性和针对性，以最大限度地满足不同消费者的需求。

最后，市场调研有助于决策市场营销方案。企业需要决策一系列的市场营销方案。市场调研可以帮助企业进一步了解市场的需求和竞争情况，基于市场信息制定新的市场营销方案。市场营销方案旨在提高企业的产品或服务在市场上的竞争力和实现更好的市场结果。通过市场调研的结果，企业可以制定出最优化的市场营销方案。

市场调研在企业的营销决策中扮演着不可或缺的角色。市场调研可以帮助企业了解市场需求，寻找新的需求和新机遇，同时也可以了解竞争对手的优势、劣势和市场策略，及时调整企业策略，增加市场份额和经济效益。

二、市场调研的分类

市场调研是指企业和组织通过不同的方法，对消费者、市场和竞争对手等进行系统性的调研和研究，以了解市场的需求、竞争情况和市场营销的有效性等方面的信息，为企业进行决策提供依据和参考。通过市场调研，企业可以更好地了解市场，制定更好的市场营销策略，提高运营效率和市场份额。市场调研的分类是企业进行市场营销活动的基石，下面将对市场调研进行分类介绍。

（一）按照研究的内容分类

1. 消费者市场调研

消费者市场调研是对消费者需求、消费习惯、消费心理等方面进行调研的活动。该项调研主要通过问卷调研、访谈、焦点小组讨论等方式进行。在进行消费者市场调研时，企业需要掌握的信息是目标消费者的人口构成、购买渠道、消费偏好、消费能力等相关信息。

2. 产品市场调研

产品市场调研是指对企业的产品、服务等方面进行调研的活动。通过对产品功能、质量、价格、品牌等方面的调研，企业可以了解产品的市场竞争力、改进产品的方向和策略，从而制定更好的产品营销策略和市场营销计划。产品市场调研通常采用的调研方法包括问卷调研、销售数据统计、竞争产品对比等。

3. 分销渠道市场调研

分销渠道市场调研是指对企业销售渠道、销售网络等方面的调研。企业可以通过了解市场分销渠道的发展趋势、市场竞争情况等信息，制定更适合市场需求的分销策略和市场营销计划。

（二）按照调研的对象分类

1. 定性调研

定性调研是指对市场和产品特性进行非数值、系统性的评估和描述的调研方法。这种方法通常强调主观经验以及调研对象的综合评价，常被用于深入了解消费者的购买行为和动机，以及产品的特征等方面，不使用具体的数字和统计数据来表示。通常，焦点小组讨论和深度访谈是常用的定性调研方法。

2. 定量调研

定量调研是指通过数值和统计数据对市场、产品和消费者等方面进行客观描述和分析的调研方法。这种方法通常利用参与者的经验数据、问卷调研、观察和实验等方法来获取信息。定量调研可以提供精确的数据，用于进行定量分析、提取结论和制定策略。

（三）按照发放调研的方式分类

1. 网络调研

网络调研是指通过互联网、社交媒体、微信等在线平台实现的市场调研。网络调研因为其成本低、获取信息迅速、覆盖面广而成为市场调研的主要方式之一。常用的网络调研包括问卷调研、搜索引擎分析、网络观察和在线讨论等方法。

2. 传统调研

传统调研是指采用传统的调研方式进行市场调研，包括电话调研、邮寄调研、面对面调研等方法。这种方法的优点是质量高、数据采集准确、个人信息受到保护，但是成本高、样本规模较小、时间周期较长。

（四）按照调研周期分类

1. 一次性调研

一次性调研是指通过时间短暂的调研活动获取一系列市场信息，通常用于特定市场或特定产品的调研。企业可以通过一次性调研获得市场的主要需求、竞争情况和前景等信息，以指导企业的市场营销和决策。

2. 长期调研

长期调研是指对市场进行长时间的跟踪调研，并且不间断地更新数据，常用于对市场趋势、特定产品、竞争对手进行长期、系统性的跟踪和研究。通常，长期调研采用的方法包括样本调研、市场趋势分析、数据挖掘等。

三、案例与深入研究

（一）案例一：新产品市场调研

一家化妆品公司计划推出一款全新的护肤产品线。他们进行了市场调研来评估市场需求和潜在竞争。调研方法包括定性研究和定量研究。

1. 定性研究

通过焦点小组讨论，公司了解到消费者对于天然成分和环保理念的关注度越来越高。他们还认识到年轻女性对抗衰老和保湿效果的追求。这些洞察帮助公司确定了产品定位和关键卖点。

2. 定量研究

公司发放了问卷调研给目标消费者群体，以量化了解他们对产品特征、定价和购买意愿的看法。通过数据分析，公司发现大多数消费者倾向于选择价格合理、天然成分和抗衰老效果明显的产品。

3. 相关分析内容

（1）定性研究：通过焦点小组讨论，分析消费者的关注点和需求，确定产品定位和关键卖点。

(2) 定量研究：通过问卷调研，量化了解消费者对产品特征和定价的看法，以及他们的购买意愿。

(3) 数据分析：对问卷调研结果进行统计分析，揭示出消费者的主要偏好和需求。

(二) 案例二：竞争对手分析

一家汽车制造商计划进入电动汽车市场。他们进行了竞争对手分析，以了解市场现状和竞争对手策略。调研方法包括信息收集和市场观察。

1. 信息收集

公司收集了竞争对手的产品信息、市场份额、定价策略以及广告宣传活动等数据。他们还研究了竞争对手的技术实力和研发投入。

2. 市场观察

公司对电动汽车市场进行了实地考察，观察消费者的购买行为、充电基础设施的建设情况以及政府对电动汽车的政策支持。

3. 相关分析内容

(1) 竞争对手信息收集：收集竞争对手的产品信息、市场份额和定价策略等数据，评估他们的竞争力。

(2) 技术实力分析：研究竞争对手的技术实力和研发投入，了解他们的产品创新能力和未来发展潜力。

(3) 市场观察分析：观察市场现状和消费者行为，了解电动汽车市场的发展趋势和机会，评估市场的竞争程度和可行性。

任务二　了解市场调研行业概况

市场调研行业的主要任务是帮助企业了解市场趋势、消费者偏好、竞争对手策略等关键信息。通过科学的调研方法和工具，调研人员能够收集大量的数据，并通过分析和解释揭示市场的本质和变化。市场调研的结果和洞察力能够指导企业制定有效的市场营销策略，提升产品竞争力，实现商业成功。

市场调研行业的发展呈现出多样化和专业化的趋势。从传统的面对面调研到现代的在线调研和社交媒体监测，调研方法和工具的多样化为行业带来了更大的灵活性和效率。同时，随着大数据和人工智能的应用，市场调研行业也在不断探索新的技术和方法，以更准确、实时地捕捉市场动态和消费者行为。

一、市场调研行业背景

市场调研是企业在市场竞争中获取信息和了解顾客需求的关键活动。随着全球经济的发展和竞争的日益激烈，市场调研行业成为一个蓬勃发展的领域。市场调研通过收集、分析和解释市场数据，为企业提供决策支持和战略规划。

市场调研行业的主要目标是帮助企业了解消费者行为、市场趋势、竞争对手和产品定位。这些信息对企业决策非常重要，可以指导产品开发、定价策略、市场推广和销售渠道选择等方面的工作。

市场调研行业的发展离不开科技进步和信息化的推动。互联网的普及和数据分析技术的提升使得市场调研变得更加高效和精确。通过互联网和社交媒体，市场调研机构可以更轻松地收集大量的数据，并利用数据分析工具进行深入挖掘和洞察。

另外，全球市场的日益一体化也促进了市场调研行业的发展。企业在进入新的市场时需要了解当地的文化、消费习惯和法规等因素，以制定适应性的市场营销策略。因此，跨国市场调研的需求不断增长，为市场调研行业带来了更多的机遇和挑战。

图 1-1 所示为 2013—2021 年中国市场调研市场规模及增速。

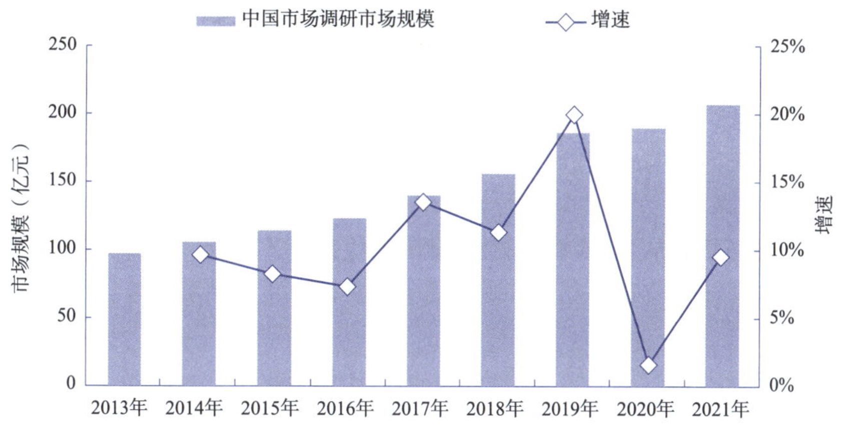

图 1-1　2013—2021 年中国市场调研市场规模及增速

二、市场调研行业发展

（一）市场调研行业的发展阶段

市场调研行业经历了几个发展阶段。初期阶段，市场调研主要依赖传统的调研方法，如面对面访谈和电话调研。随着计算机和互联网的兴起，市场调研开始向在线调研和数据分析转变，这为行业带来了更多的便利和效率。

当前，市场调研行业正处于数字化和智能化的发展阶段。大数据和人工智能技术的应用使得市场调研更加精细化和个性化。通过数据挖掘和机器学习算法，市场调研可以深入洞察消费者的需求和行为，提供更有针对性的市场营销建议。

表 1-1 所示为中国市场调研行业发展阶段。

表 1-1　中国市场调研行业发展阶段

阶　段	时　间	内　容
行业起步阶段	1988—1999 年	20 世纪 80 年代初期，中国尚未出现专业市场调研企业，最早开展市场调研业务的机构为国家统计局调研团队与信息咨询服务中心。1988 年 4 月，中国第一家市场调研企业（广州市场研究公司）成立，标志着中国市场调研行业的正式起步。进入 20 世纪 90 年代后，大量知名外资品牌进入中国（如宝洁、雀巢、可口可乐等），此类企业为开拓中国市场，需对特定行业及目标消费者进行调研，促进了市场调研需求，推动了市场调研行业发展。1998 年，中国市场研究协会筹备委员会成立，负责制定行业规范与秩序，促使市场调研行业朝健康、有序方向不断发展

续表

阶　段	时　间	内　容
快速发展阶段	2000—2012 年	随着市场调研企业积累的行业经验逐渐丰富、业内企业专业度大幅上升，市场调研行业逐步朝细分化方向发展，如零售研究、媒介收视率研究、用户研究等方向。2004 年，中国市场信息调研业协会成立，负责完善行业执业标准（涵盖从业人员资质标准、企业服务标准与收费标准等）、监督行业行为并组织业内从业者进行业务培训与交流。此阶段，市场调研行业发展迅速，逐步走向成熟
技术革新阶段	2013 年至今	伴随科技快速发展，市场调研应用技术手段不断革新（朝电子化、信息化、远程化方向发展）。以焦点人群调研为例，其调研新技术涵盖电子人群访问（与传统方式不同，参与者无须现场参与焦点人群座谈会，仅需通过电子写字板便可发表意见，其意见可被实时数据化，有效提升了访问效率）、焦点人群录像会议（通过视频会议的方式连接各地调研参与者，为企业节省调研时间成本）等

（二）市场调研行业的发展趋势

1. 数据驱动决策

市场调研行业正逐渐从主观判断向数据驱动的决策模式转变。通过大数据分析和预测模型，企业可以更准确地预测市场趋势和顾客需求，从而优化产品和服务。

2. 智能化调研工具

随着人工智能技术的发展，智能调研工具的应用越来越广泛。例如，自然语言处理和情感分析可以帮助企业更好地理解消费者的意见和情感。虚拟助手和聊天机器人也可以提供更便捷和交互性的调研体验。

3. 多渠道数据收集

市场调研行业正面临着多渠道数据的挑战。除了传统的调研方法，社交媒体、移动应用和物联网设备等新兴渠道也成为数据收集的重要来源。因此，市场调研人员需要掌握多样化的数据收集技能，并整合各种数据源进行分析。

4. 全球化市场调研

随着全球市场的扩张，跨国市场调研变得越来越重要。不同国家和地区的文化、消费习惯和法规差异对市场调研提出了新的要求。市场调研人员需要具备跨文化交流和国际业务的能力，以适应全球化的市场竞争。图 1-2 所示为 2016—2021 年全球市场调研市场规模和增速。

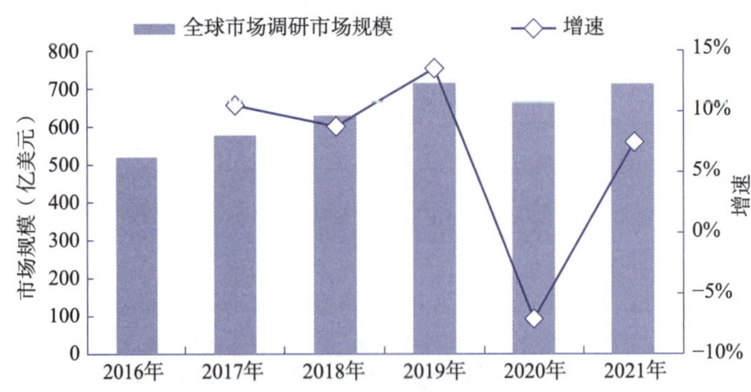

图 1-2　2016—2021 年全球市场调研市场规模和增速

市场调研行业作为企业决策和战略规划的重要支持，正处于数字化和智能化的发展阶段。随着数据驱动决策、智能化调研工具、多渠道数据收集和全球化市场调研等趋势的出现，市场调研行业将继续发展壮大，为企业提供更准确、全面的市场信息和洞察。

三、主要市场调研机构和公司介绍

市场调研是企业获得市场信息和了解顾客需求的重要手段，而市场调研机构和公司则扮演着提供专业调研服务和数据分析的关键角色。在市场调研行业中，有一些知名的机构和公司在全球范围内享有声誉。

（一）国内主要市场调研机构和公司

（1）艾瑞咨询（iResearch）是中国领先的市场调研和咨询公司之一。其专注于互联网、数字媒体、电子商务和消费者研究等领域。艾瑞咨询以其深入的行业见解和全面的市场数据而闻名，为客户提供精准的市场洞察和决策支持。

（2）腾讯研究院（Tencent research institute）是中国著名的互联网科技公司腾讯旗下的研究机构。其致力于互联网和数字化领域的研究和分析。腾讯研究院以其丰富的数据资源和行业洞察力而著称，为企业和政府提供关于互联网发展、消费行为和创新趋势的研究报告和咨询服务。

（3）中国互联网络信息中心（CNNIC）是中国政府主管的机构，负责研究和监测中国互联网发展的情况。其发布的《中国互联网发展状况统计报告》是中国互联网行业的重要参考。CNNIC 通过调研和数据分析，提供关于互联网用户数量、在线行为和网络安全等方面的详细报告和数据。

（二）国外主要市场调研机构和公司

（1）麦肯锡（McKinsey & Company）是一家全球管理咨询公司，在中国市场也有较大影响力。其提供广泛的咨询服务，包括市场调研、战略规划、组织优化等。麦肯锡以其专业的咨询团队和丰富的行业经验而闻名，为客户提供定制化的解决方案和战略建议。

（2）尼尔森（Nielsen）是全球领先的市场调研和数据分析公司之一。其提供广泛的市场研究解决方案，包括消费者行为、媒体观众、零售销售等领域。尼尔森以其强大的数据收集和分析能力而闻名，通过各种调研方法和技术，帮助客户了解市场趋势、消费者偏好和竞争情况。

（3）Kantar 是一家全球市场调研和咨询公司，拥有丰富的市场数据和洞察力。其提供广泛的研究服务，包括品牌战略、消费者洞察、创新和产品开发等方面。Kantar 以其深入的行业专业知识和全球网络而著称，能够为客户提供定制化的市场研究解决方案。

（4）Ipsos 是一家全球性市场研究公司，提供广泛的调研和咨询服务。其专注于消费者研究、广告效果评估、品牌价值评估和舆情分析等领域。Ipsos 以其创新的研究方法和全球化的覆盖能力而闻名，为客户提供准确、可靠的市场数据和洞察。

（5）GfK 是一家全球性的市场研究公司，致力于为客户提供关键的市场信息和商业洞察。其服务范围涵盖消费者调研、零售市场、媒体研究等领域。GfK 凭借其专业的调研技术和广泛的行业经验，为客户提供全面的市场分析和战略建议。

（6）除了大型市场调研机构外，还有一些调研问卷平台公司，如问卷网、易观分析等。这些平台提供在线调研工具和服务，使个人和小型团队能够轻松创建和分发调研问卷，并收集和分析数据。它们提供灵活的定制选项和数据报告功能，适用于各种规模和需求的市场调研项目。

以上这些市场调研机构和公司在行业中都具有广泛的影响力和专业性。无论是大型跨国企业还是中小型企业，它们都可以根据客户的需求提供全面的市场研究解决方案。在选择市场调研合作伙伴时，企业应根据自身需求和预算考虑，选择最适合的机构或公司，以获得准确、可靠的市场数据和洞察。

四、行业趋势和发展方向

市场调研行业是一个不断演变和创新的领域，随着科技的发展和市场环境的变化，行业呈现出一些明显的趋势和发展方向。

1. 数据驱动决策

数据驱动决策是市场调研行业的一个明显趋势。随着数据收集和分析技术的不断进步，企业能够更加准确地了解消费者行为、市场趋势和竞争情况。大数据分析、人工智能和机器学习等技术的应用，使得市场调研人员能够从海量的数据中提取有价值的洞察，帮助企业做出更明智的决策和战略规划。

2. 多渠道数据收集

随着数字化时代的到来，市场调研人员面临着多渠道数据的挑战。传统的电话调研和面对面访谈仍然重要，但新兴渠道如社交媒体、移动应用和物联网设备等也成为重要的数据来源。市场调研人员需要掌握多样化的数据收集方法，并整合各种数据源进行分析。同时，随着移动互联网的普及，移动调研和在线调研也将成为市场调研的主要趋势。

3. 智能化调研工具

智能化调研工具是市场调研行业的发展方向之一。自然语言处理、情感分析、虚拟助手和聊天机器人等技术的应用，使得调研过程更加智能化和自动化。例如，虚拟助手可以帮助企业进行在线调研，提供更便捷和交互性的调研体验；情感分析可以帮助企业了解消费者的情感和偏好，从而更好地定位产品和服务。随着人工智能技术的进一步发展，智能化调研工具将在市场调研中发挥越来越重要的作用。

4. 跨文化调研和国际化

全球化市场竞争的加剧使得跨文化调研和国际化成为市场调研行业的一个重要趋势。不同国家和地区的文化、消费习惯和法规差异对市场调研提出了新的挑战。跨文化调研需要深入了解不同文化背景下的消费者行为和市场特点，并采用适当的研究方法和工具。同时，随着中国经济的快速发展，中国市场也成为国际企业的重要目标，因此，国际市场调研公司需要加强对中国市场的研究和洞察。

5. 整合营销和消费者洞察

市场调研行业越来越重视整合营销和消费者洞察。传统的市场调研仅仅提供数据和信息，而现在的市场调研要求更加关注消费者的情感、体验和需求。市场调研人员需要从消费者的角度出发，了解他们的心理和行为，为企业提供更加深入的洞察。同时，整合营销要求市场调研和其他营销手段的有机结合，通过市场调研的数据支持来制定更有效的营销策略和沟通方案。

6. 隐私和数据安全保护

随着数据的日益重要，隐私和数据安全保护也成为市场调研行业不可忽视的问题。市场调研机构和公司需要遵守相关的法律法规，保护消费者的隐私和数据安全。此外，透明度和道德操守也是影响市场调研行业发展的重要因素，市场调研人员需要保持诚信可靠的形象，以赢得客户和消费者的信任。

任务三　掌握市场调研的基本流程

掌握市场调研的基本流程是进行有效和准确调研的关键。无论是为了了解市场趋势、评估竞争环境还是研究消费者需求，正确的市场调研流程能够帮助我们获取可靠的数据和洞察，从而做出明智的商业决策。

市场调研的基本流程包括确定调研目标、设计研究方案、收集数据、分析和解释结果，以及撰写报告和沟通结果。这一流程的每个阶段都具有重要的作用，必须严格遵循，并根据实际情况进行灵活调整。

一、调研设计和目标设定

在进行市场调研之前，一个关键的步骤是进行合理的调研设计和明确的目标设定。市场调研的设计和目标设定阶段决定了整个调研过程的质量和有效性。通过合理的调研设计和明确的目标设定，市场调研可以为企业提供宝贵的市场洞察和消费者见解，帮助制定有效的市场策略和决策。同时，也能够提高调研的质量和有效性，为企业的发展和竞争提供有力支持。

（一）市场调研设计的基本原则

市场调研设计是实施成功的市场调研的关键一步。在进行市场调研之前，一个组织或企业必须精心规划和设计调研的方法和过程，以确保获得准确、可靠且有价值的数据和见解。在市场调研设计中，有一些基本原则需要遵循，以确保调研的有效性和质量。通过遵循这些原则，组织和企业能够更好地设计和执行市场调研，获取准确、有意义的市场洞察，并为业务决策提供有力支持。

1. 确定调研目的

在进行市场调研之前，首先要明确调研的目的和所要解决的问题。这可以帮助确定调研的重点和范围，以及采取合适的调研方法和工具。

2. 选择适当的调研方法

根据调研目的和所要解决的问题，选择合适的调研方法。常见的调研方法包括问卷调研、访谈调研、观察调研和实验调研等。不同的调研方法适用于不同的情境和研究目标。

3. 制定合理的样本设计

样本设计是指选择代表性的样本进行调研。样本的选择要具有代表性和可行性，以确保调研结果的可靠性和有效性。常见的样本设计方法包括随机抽样、分层抽样和便利抽样等。

4. 编制问卷或调研指南

在进行问卷调研或访谈调研时，需要编制问卷或调研指南。问卷或调研指南应该简洁明了，问题清晰，并遵循逻辑顺序。同时，要确保问题的客观性和中立性，避免引导性或偏见性的问题。

5. 确保数据质量和可靠性

为了确保调研数据的质量和可靠性，需要在调研过程中采取相应的措施，包括培训调研员，确保数据采集的一致性和准确性，以及进行数据的有效验证和清理。

6. 考虑时间和成本因素

在市场调研设计中，需要合理考虑时间和成本因素。确定调研的时间周期和资源投入，以确保调研能够按时完成，并在可接受的成本范围内实施。

7. 分析和解读数据

根据调研目标和研究问题，对收集的数据进行分析和解读。将调研结果与预期目标进行比较，提取有价值的信息，并为业务决策提供支持。

（二）目标设定

目标设定是市场调研设计的重要环节。明确的目标可以帮助指导调研的方向和范围，并确保调研结果与预期目标一致。目标设定的作用主要体现在以下几个方面：

1. 确定研究问题

通过目标设定，可以明确研究问题，并将其转化为具体的调研目标。这有助于将调研的重点和方向与市场需求和业务目标对齐。

2. 指导调研设计

明确的目标可以指导调研设计，包括选择合适的调研方法、样本设计和数据分析方法。这可以确保调研能够有效地回答研究问题并获取有价值的信息。

3. 评估业务绩效

通过设定明确的目标，可以对市场调研的结果进行绩效评估。通过与预期目标进行比较，可以评估市场调研的有效性和对业务决策的影响。

4. 提高决策质量

通过目标设定，可以提高决策的质量和准确性。调研结果可以为业务决策提供可靠的依据，降低决策风险，并提供有效的解决方案。

二、市场调研数据收集方法和工具

市场数据收集是市场调研工作中至关重要的一环。无论是企业制定市场战略、产品开发还是市场营销推广，都需要准确、全面的市场数据作为依据。市场数据可以提供消费者行为、市场趋势、竞争情报等关键信息，帮助企业做出明智的决策和优化业务运营。然而，市场数据的收集并非一项轻松的任务，需要设计合适的方法和工具，并且在数据采集、处理和分析过程中需要注重数据的质量和准确性。

1. 问卷调研

问卷调研是一种常见且广泛应用的数据收集方法，通过向被调研对象提供一系列问题，以收集他们的意见、偏好和行为信息。问卷调研可以采用多种形式，包括纸质问卷、在线问卷和电话调研等。

（1）特点和优势：

● 大规模数据收集：问卷调研可以同时收集大量的数据，适用于覆盖广泛的目标群体。

● 匿名性：被调研者可以保持匿名性，从而更自由地表达观点和意见。

● 数据可量化：问卷调研的数据通常可以被转化为数字形式，方便进行统计分析和比较。

（2）局限性：

● 受访者主观性：被调研者的回答可能受到主观因素的影响，存在一定的主观偏差。

● 缺乏深入理解：问卷调研难以获取被调研者的详细解释和背后的动机。

● 回收率问题：在一些情况下，问卷调研可能面临回收率低的问题，影响数据的代表性和可靠性。

2. 访谈调研

访谈调研是一种面对面或电话沟通的数据收集方法，通过与被调研者进行直接交流，收集详细的信息和意见。访谈调研可以分为结构化访谈、半结构化访谈和非结构化访谈等形式。

（1）特点和优势：

● 深入了解：访谈调研可以深入探索被调研者的观点、经历和动机，获得更全面的信息。

● 灵活性：访谈调研可以根据被调研者的回答进行灵活的追问和探究，以获取更多细节和解释。

● 面对面交流：面对面交流可以建立更好的人际关系，提高信任和合作度。

（2）局限性：

● 资源消耗：访谈调研通常需要较多的时间和人力资源，成本较高。

● 受访者选择性：被调研者可能选择性地回答问题或提供有利于自身形象的信息。

● 个体差异：访谈调研结果可能受到调研员个体差异的影响，包括问法、解释和引导方式等。

3. 观察调研

观察调研是一种通过观察和记录被调研对象的行为和环境来收集数据的方法。观察调研可以进行实地观察或通过视频、照片等媒介进行远程观察。

（1）特点和优势：

● 真实性：观察调研可以捕捉到被调研者真实的行为和反应，避免了回忆偏差和主观性的影响。

● 具体细节：观察调研可以提供详细的细节信息，包括行为顺序、时间分布、空间布局等。

（2）局限性：

● 解读难度：观察调研需要对观察对象进行准确的解读和分析，可能存在主观判断和解释的难题。

● 行为影响：被观察者的行为可能受到观察者的存在和观察行为的影响，导致行为的改变。

4. 数据采集工具

除了传统的问卷调研、访谈调研和观察调研，现代市场调研还使用了各种数据采集工具来收集和分析数据。这些工具包括在线调研平台、社交媒体分析工具、大数据分析工具等。

1）在线调研平台

通过在线调研平台，可以方便地创建、发布和管理问卷调研，并自动收集和整理数据。中国国内有几个常用的市场调研在线调研平台，它们提供了便捷的创建、发布和管理问卷调研的功能，并具有广泛的用户基础和丰富的功能选项：

（1）问卷星：是中国最大的在线调研平台之一（见图 1-3），拥有强大的问卷设计和数据分析功能。用户可以自定义问卷样式、设置逻辑跳转和数据验证，并通过数据报告和分析工具获取详细的数据结果。

图 1-3　问卷星网站首页

（2）网易问卷：是由网易旗下的市场研究部门推出的在线调研平台（见图 1-4）。它提供了简洁易用的问卷设计界面，支持多种题型和逻辑设置，同时具备实时数据分析和报告生成功能。

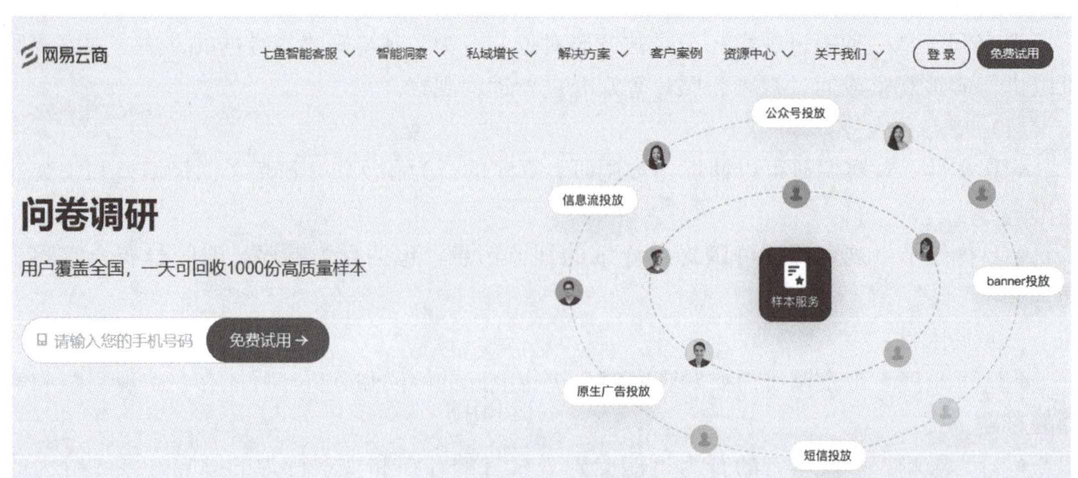

图 1-4　网易问卷网站首页

(3) 问卷网：是一家专注于在线调研的平台（见图 1-5），提供了丰富的问卷设计选项和数据分析功能。用户可以根据需要选择合适的问卷模板，通过数据可视化工具快速分析结果。

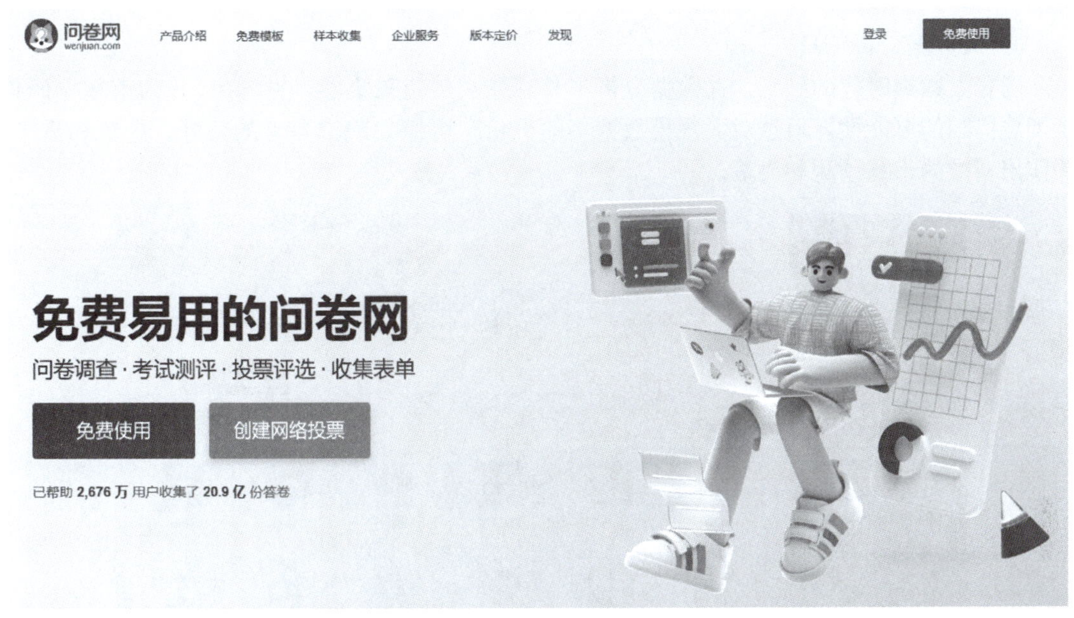

图 1-5　问卷网网站首页

(4) 易观分析：是一家专注于市场调研和数据分析的服务商（见图 1-6），提供了在线调研平台和数据分析工具。用户可以通过易观分析的平台创建和管理问卷调研，并利用其数据分析功能进行深入的市场洞察。

图 1-6　易观分析网站首页

这些平台在市场调研领域有着较高的知名度和用户认可度，用户可以根据自身需求选择合适的平台进行市场调研和数据收集。需要注意的是，每个平台都有其特点和付费模式，用户应根据实际情况进行选择和使用。

2）社交媒体分析工具

社交媒体成为了获取消费者观点和行为数据的重要渠道。通过社交媒体分析工具，可以收集和分析用户在社交媒体平台上的言论、评论和互动信息，了解消费者对产品和品牌的看法。

3）大数据分析工具

随着大数据时代的到来，大数据分析工具（如八爪鱼采集器，见图 1-7）为市场调研提供了更广阔的可能性。通过对大规模数据集的分析，可以发现消费者的偏好、趋势和需求，并作出精准的市场预测和决策。

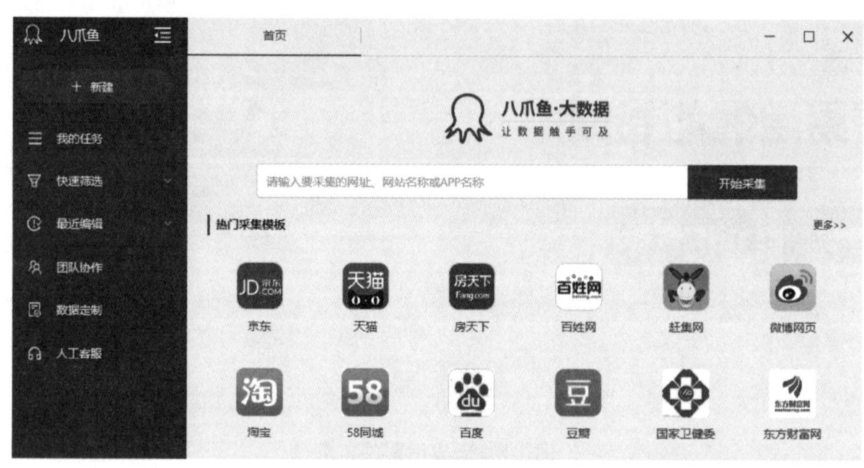

图 1-7　八爪鱼采集器

通过综合运用问卷调研、访谈调研、观察调研和数据采集工具等多种方法，市场调研可以获取多角度、全面的数据，并深入了解消费者的需求和市场趋势。在选择和应用数据收集方法和工具时，需要根据调研目的、目标群体和研究问题来进行合理的选择，以确保数据的准确性、可靠性和适用性。

三、数据分析和解释

数据分析和解释是市场调研工作中至关重要的一环。通过对收集到的市场数据进行系统性的分析和解读，可以揭示出潜在的市场趋势、消费者行为模式以及竞争对手的优势和劣势。这些洞察可以为企业决策和市场战略制定提供有力的支持。

（一）数据分析的基本概念

数据分析是市场调研工作中至关重要的一环，它通过对收集到的市场数据进行系统性的分析和解读，揭示潜在的市场趋势和消费者行为模式，为企业的决策和战略制定提供有力支持。在进行数据分析之前，需要进行数据整理与准备、描述性统计分析、探索性数据分析和统计推断分析等步骤，以确保数据的质量和准确性。数据分析的目标是发现数据中的模式、关联和趋势，并通过可视化分析、数据交叉分析、时间序列分析和因素分析等方法，深入理解数据的含义和背后的驱动因素。通过合理的数据分析，市场调研人员能够把握市场动态，为企业提供科学依据，推动业务增长和市场竞争力的提升。

1. 数据整理与准备

在进行数据分析之前，需要对收集到的数据进行整理和准备，包括数据清洗、数据转换和数据标准化等步骤，以确保数据的质量和一致性。

2. 描述性统计分析

描述性统计分析用于对数据进行总体概括和描述，包括均值、中位数、频数分布等。这些统计指标可以帮助我们了解数据的基本特征和趋势。

3. 探索性数据分析

探索性数据分析旨在发现数据中的模式、关联和异常值等信息。通过可视化工具、相关性分析和聚类分析等方法，可以揭示出数据中的潜在规律和趋势。

4. 统计推断分析

统计推断分析用于从样本数据中推断总体的特征和差异。通过假设检验、置信区间和回归分析等方法，可以对样本数据的结果进行推断，并得出统计显著性的结论。

（二）数据分析的方法和技巧

数据分析的方法和技巧是市场调研工作中的关键环节，帮助研究人员更好地理解和解读市场数据，揭示出数据中的模式和趋势，为决策提供有力支持。在数据分析过程中，可视化分析、数据交叉分析、时间序列分析和因素分析等方法被广泛应用。

1. 可视化分析

利用图表、图像和可视化工具，将数据转化为直观的图像，帮助我们更好地理解数据和发现模式。常用的可视化图像包括柱状图、折线图、散点图和热力图等。

2. 数据交叉分析

通过将不同维度的数据进行交叉分析，可以发现不同因素之间的关系和相互影响。例如，可以对不同产品和消费者群体之间的购买行为进行交叉分析，以了解其关联性和差异。

3. 时间序列分析

对于具有时间属性的数据，时间序列分析可以帮助我们发现数据的趋势、季节性和周期性。通过趋势线拟合、移动平均和季节性分解等方法，可以揭示出数据的演变规律。

4. 因素分析

因素分析用于确定影响数据变化的关键因素和维度。通过统计方法和因子旋转技术，可以将多个相关变量归纳为少数几个有意义的因子，简化数据分析的复杂性。

（三）数据解释的关键要素

数据解释是数据分析过程中的关键要素之一，它涉及对数据分析结果进行准确和清晰的解读，将数据转化为有意义的见解和决策支持。在数据解释过程中，有几个关键要素需要注意。首先，结果解读要基于实际数据和统计推断，避免过度解读或主观猜测。其次，上下文分析是不可或缺的，将数据分析结果与实际市场情境和业务背景相结合，可以更好地解释数据结果并提出有针对性的建议。此外，还需要明确相关性和因果关系之间的区别，在解释数据时要注意不将相关性误解为因果关系。最后，简明清晰的表达是成功数据解释的关键，使用易懂的语言和图表，避免使用过于专业的术语和复杂的统计方法，使数据解释更具可读性和可理解性。通过充分考虑这些关键要素，市场调研人员能够将数据分析结果转化为有洞察力的见解，为企业决策提供有力支持。

1. 结果解读

在进行数据解释时，需要对分析结果进行清晰和准确的解读。避免过度解读或主观猜测，要基于实际数据和统计推断得出结论。

2. 上下文分析

将数据分析结果与实际市场情境和业务背景相结合进行分析。了解市场的特点、竞争环境和消费者行为，可以更好地解释数据结果并提出有针对性的建议。

3. 相关性和因果关系

在解释数据时，需要区分相关性和因果关系。相关性表明两个变量之间存在关联，但并不意味着其中一个变量是另一个变量的原因。需要慎重评估数据之间的因果关系。

4. 简明清晰的表达

将数据解释和分析结果以简明清晰的方式呈现，使用易懂的语言和图表，避免使用过于专业的术语和复杂的统计方法。

通过合理的数据分析和解释，可以将市场调研数据转化为有价值的洞察和决策支持。在进行数据分析和解释时，应注重科学性、客观性和可靠性，并将结果与实际市场情况结合，为企业的发展和竞争提供有力的支持。

四、数据分析报告撰写和沟通

数据分析报告是市场调研工作的最终成果，它将经过精心分析和解释的数据转化为结构化的报告形式，以便于管理层和相关利益相关方理解和利用。撰写高质量的数据分析报告不仅需要准确和清晰的表达，还需要考虑报告结构、信息层次和可视化展示等方面，以确保报告的有效性和可读性。

（一）数据分析报告的结构

数据分析报告的结构是确保报告内容有条理、易读且能够清晰传达分析结果的重要因素。一个结构良好的报告能够帮助读者快速获取关键信息并理解分析的主要发现和结论。典型的数据分析报告结构包括封面和摘要、引言和背景、方法和数据收集、数据分析和解释、结果和讨论、结论和建议、参考文献和附录等部分。

1. 封面和摘要

封面和摘要包括报告的标题、日期、编写人员和摘要等基本信息。摘要部分应简洁明了地概述报告的核心内容和主要结论，方便读者快速了解报告的要点。

2. 引言和背景

介绍报告的目的和背景，明确调研的背景、目标和研究问题，为后续内容提供上下文和框架。

3. 方法和数据收集

描述调研所采用的方法和数据收集过程，包括样本选择、数据收集工具和调研方法等。提供足够的信息，使读者能够评估数据的可靠性和适用性。

4. 数据分析和解释

将数据分析的结果进行详细的解读和说明，包括描述性统计分析、探索性数据分析和统计推断分析等。使用适当的图表、表格和图像等可视化工具，直观展示数据的趋势、关联和差异。

5. 结果和讨论

对数据分析的结果进行深入讨论，解释发现的模式、趋势和关联。分析数据的潜在含义，回答研究问题，提出结论和建议。

6. 结论和建议

总结报告的主要发现和结论，提出相应的建议和行动计划。建议应基于数据分析的结果，并针对企业的实际需求和目标。

7. 参考文献和附录

列出使用的参考文献和相关资料，并在需要时提供数据收集工具、问卷调研等附录内容。

（二）数据分析报告的撰写要点

数据分析报告的撰写要点包括明确目标和受众、清晰的结构和重点强调。报告的目标是指明写作报告的目的和意义，受众是指报告的读者群体。明确目标和受众有助于确定报告的内容和重点，并使报告更具针对性。报告的结构要清晰有序，使用标题和段落来组织报告的各个部分，确保逻辑连贯。此外，在报告中要强调关键的分析结果和洞见，通过图表、表格和可视化工具等方式将数据呈现出来，使读者能够快速理解和记忆报告的重要内容。

1. 简洁明了

报告要言之有物，避免冗长的描述和无关紧要的细节。用简练的语言表达观点和结论，避免使用专业术语和复杂的语句结构。

2. 逻辑清晰

报告应有清晰的逻辑结构，内容之间要有明确的连贯性和关联性。使用段落和标题等来组织报告，使读者能够快速找到所需信息。

3. 数据可视化

运用适当的图表、表格和图像等可视化工具，将数据转化为直观的形式。确保图表的清晰性和易读性，标注必要的单位和数据解释。

4. 实例和案例

通过引入实际案例和具体数据来支持报告的观点和结论。案例和实例的使用能够使报告更具说服力和可信度。

5. 诚实和客观

在撰写报告时要保持诚实和客观，不夸大或歪曲数据的含义和结论。对数据的限制和不确定性进行适当的说明。

（三）数据分析报告的沟通与呈现

数据分析报告的沟通与呈现是将数据分析结果有效传达给目标受众的关键环节。在进行报告的沟通与呈现时，需要考虑受众的需求和背景，并使用清晰简洁的语言和可视化工具来传达核心信息。故事性的结构和案例可以吸引读者的兴趣，并提供明确的行动建议，使报告更具实际应用性和影响力。通过这些要点，可以确保数据分析报告能够有效沟通并产生实际效果。

1. 目标受众

了解报告的受众群体，并根据他们的需求和背景进行信息呈现。根据读者的专业水平和背景，选择适当的语言和技术术语。

2. 可视化展示

在报告的沟通和呈现过程中，使用图表、图像和表格等可视化工具来增强信息的理解和记忆。确保图表的简洁性和清晰性，注重视觉效果和信息传递。

3. 演讲和解释

在与相关人员的沟通和呈现过程中，用清晰、流畅的语言进行解释和说明。准备好演讲稿和提纲，注意语速和语调的控制，与听众建立有效的沟通。

4. 问答环节

给予听众提问和发表意见的机会，积极回应和解答问题。倾听听众的反馈和观点，与他们进行积极的互动和讨论。

通过有效的数据分析报告撰写和沟通，市场调研人员能够向相关利益相关方提供准确、有力的数据支持，促进决策的制定和执行。报告的质量和可读性对于报告的有效性至关重要，因此，需要注重结构、信息层次和可视化展示，并在沟通和呈现过程中与听众建立良好的交流和互动。

五、案例与深入研究

市场调研的基本流程在新产品开发中的应用

引言

市场调研是企业在新产品开发过程中至关重要的一步。通过市场调研，企业能够了解目标市场的需求、竞争状况以及潜在机会，从而制定有效的市场战略和产品定位。本案例将以一家电子产品制造公司为例，详细介绍市场调研的基本流程在其新产品开发中的应用。

背景

XYZ 电子公司计划推出一款智能手表，旨在满足现代消费者对健康追踪、通信和时尚的需求。在开始产品开发之前，他们决定进行市场调研，以了解目标市场的潜在机会和消费者的偏好。

阶段一：确定研究目标和问题

在这一阶段，XYZ 电子公司明确研究的目标和问题。他们希望了解智能手表市场的现状、竞争对手的情况以及消费者对智能手表的需求和期望。他们制定了以下研究问题：

- 智能手表市场的规模和增长趋势是怎样的？
- 主要竞争对手有哪些？他们的产品特点和市场份额如何？
- 消费者对智能手表的关注点是什么？他们对功能、设计和价格有何偏好？

阶段二：设计研究方法和采样

XYZ 电子公司选择了混合研究方法，包括定性和定量研究，以获取全面而深入的市场洞察。他们制定了调研问卷和焦点小组讨论的指南，并确定了目标受众，即年龄在 25～40 岁的消费者群体。

阶段三：数据收集和分析

在数据收集阶段，XYZ 电子公司首先进行了定性研究，组织了一系列焦点小组讨论，探讨消费者对智能手表的看法、偏好和使用习惯。同时，他们还进行了在线调研，收集更广泛的数据样本。收集到的数据被整理和编码，并通过统计软件进行定量分析。

阶段四：解释和应用结果

在数据分析完成后，XYZ 电子公司开始解释和应用研究结果。他们发现智能手表市场正处于快速增长阶段，竞争激烈。主要竞争对手的产品注重健康追踪和通信功能，但设计风格相对传统。消费者更关注智能手表的健康追踪和通信功能，同时也希望手表具备时尚、个性化的外观。

基于这些结果，XYZ 电子公司制定了以下市场调研应用策略：

- 在产品设计上注重健康追踪和通信功能的提升，同时加强设计团队，推出时尚、个性化的外观。
- 加强品牌宣传，突出产品的功能特点和与竞争对手的差异化。
- 设计多样化的定价策略，以满足不同消费者群体的需求。

阶段五：监测和评估

最后，XYZ 电子公司设立了一个监测和评估机制，以持续监测市场的变化和消费者的反馈。他们定期进行市场调研和竞争对手分析，以及对产品销售数据和客户满意度进行评估。这有助于他们及时调整市场战略和产品策略，以保持竞争优势。

结论

通过市场调研的基本流程，XYZ 电子公司获得了有关智能手表市场的宝贵洞察。这些洞察帮助他们在新产品开发过程中做出了明智的决策，从而推出一款符合消费者需求并具有竞争优势的智能手表。市场调研为企业提供了可靠的市场信息和指导，有助于企业在竞争激烈的市场中取得成功。

任务四　明确市场调研行业的道德问题

明确市场调研行业的道德问题对于从业人员和研究者来说至关重要。道德问题涉及在调研过程中如何正确处理和使用数据，如何尊重被调研者的权益，以及如何确保研究的透明度和可信度。道德原则和伦理标准是市场调研行业的基石，它们不仅保障了研究的合法性和道德性，也维护了调研行业的声誉和可持续发展。在市场调研行业中，道德原则和伦理标准贯穿于整个调研过程，从调研设计到数据收集、分析和报告撰写，直至沟通研究结果。

一、道德原则和伦理标准

道德原则和伦理标准在市场调研行业中起着至关重要的作用。它们为从业人员提供了指导和规范，确保他们在进行市场调研时遵循道德规范，并对相关利益方负责。遵循道德原则和伦理标准有助于保证调研的公正性、受访者权益的保护以及行业声誉的建立。在市场调研工作中，从业人员应时刻牢记这些原则和标准，并将其融入实践中，以确保市场调研的可靠性和可信度。

（一）道德原则和伦理标准的重要性

道德原则和伦理标准在市场调研行业中具有重要意义。

首先，它们确保调研的公正性和客观性。市场调研需要提供准确、可靠的数据和信息，以支持决策制定和业务发展。遵循道德原则和伦理标准可以保证调研过程不受个人偏见或利益干扰，以实现真实的调研结果。

其次，道德原则和伦理标准保护受访者的权益。市场调研涉及与消费者、企业和其他利益相关方进行交流和数据收集。尊重受访者的隐私权、保护其个人信息的机密性，以及确保调研过程中的公平性和透明度，是维护受访者权益的重要方面。

最后，道德原则和伦理标准有助于建立行业信任和声誉。遵循道德规范的市场调研公司或从业人员能够树立良好的声誉，并赢得客户和利益相关方的信任。这对于行业的长期发展和持续成功至关重要。

（二）常见的道德原则和伦理标准

市场调研行业的道德原则和伦理标准可以从多个方面来考虑，以下是其中的一些常见的道德原则和伦理标准：

● 诚实和诚信：从业人员应当诚实、真实地呈现调研目的、调研方式和调研结果，避免误导和虚假宣传。

● 尊重隐私权和机密性：调研过程中应尊重受访者的隐私权，确保个人信息的保密性，仅在获得合法授权的情况下使用和共享数据。

● 公平和公正：确保调研的公平性和公正性，避免歧视、偏见和不公平的行为。对待所有受访者应一视同仁，不偏袒任何一方。

● 自愿参与和知情同意：确保受访者自愿参与调研，明确告知调研目的、内容和使用方式，并获得其知情同意。

● 保护利益相关方利益：从业人员应当考虑到所有利益相关方的权益，包括客户、受访者、企业和社会大众的利益，避免产生冲突或偏向某一方。

（三）道德原则和伦理标准的应用

道德原则和伦理标准需要在实践中得到有效的应用。以下是市场调研行业应用道德原则和伦理标准的一些实践方法：

● 建立行业准则和规范：行业组织或专业协会可以制定行业准则和伦理规范，明确规定从业人员的职业道德要求和行为准则。

● 培训和教育：为市场调研从业人员提供道德和伦理的培训和教育，使其了解并掌握正确的道德原则和伦理标准，并能够在实践中应用。

● 监督和监测：建立监督机制，监测市场调研的实施过程，确保从业人员遵守道德原则和伦理标准，并及时处理违反行为。

● 隐私保护和数据安全：采取适当的措施，保护受访者的隐私权和个人数据安全，包括数据加密、权限管理和数据存储安全措施等。

● 外部审查和认证：市场调研公司可以接受第三方的审查和认证，以证明其遵守道德原则和伦理标准，树立公信力和信任度。

二、隐私和数据保护

隐私和数据保护在市场调研中是至关重要的议题。随着技术的进步和数据的广泛应用，保护受访者的隐私和个人数据安全成为一项重要的责任和挑战。对于确保调研的合法性、公正性和受访者权益的保护至关重要。从业人员应该熟悉相关法规和最佳实践，采取适当的措施和方法来保护隐私和数据的安全。

（一）隐私和数据保护的重要性

隐私和数据保护是市场调研中不可或缺的要素。以下是其重要性的几个方面：

● 法律合规：隐私和数据保护是法律法规的要求。各国和地区都制定了相关的法律和法规，要求组织和从业人员在处理个人数据时遵守一定的规定，以保护受访者的隐私权和数据安全。

● 建立信任：保护隐私和数据有助于建立信任关系。受访者对于个人信息的泄露和滥用非常关注，如果调研组织能够确保数据的安全和保密，受访者将更愿意积极参与调研并提供真实准确的信息。

● 受访者权益保护：保护隐私和数据是尊重受访者权益的表现。受访者有权决定是否参与调研以及提供哪些信息，保护其隐私和数据意味着尊重其自主权和自由意志。

（二）隐私和数据保护的法规和应用

（1）在市场调研中，遵守相关的法规是确保隐私和数据保护的基础。以下是一些常见的法规：

●《中华人民共和国个人信息保护法》于 2021 年 11 月 1 日正式施行。该法规定了个人信息的收集、处理、使用、传输和披露的规则，明确了个人信息保护的法律责任和违法行为的处罚。

●《中华人民共和国电信条例》对电信运营商的个人信息保护进行了规定，要求电信运营商保护用户的个人信息安全，禁止非法收集、使用、泄露用户的个人信息。

●《国家标准信息安全技术　个人信息安全规范》（GB/T 35273—2020）规定了个人信息的分类、收集、存储、传输、处理和销毁的要求，以及个人信息安全管理的技术要求。

●《互联网信息服务管理办法》：互联网信息服务提供者必须依法保护用户的个人信息安全，明确个人信息收集和使用的规则，要求获得用户的明示同意。

此外，还有其他相关法律法规和部门规章对个人信息保护进行了规定，如《中华人民共和国网络安全法》《中华人民共和国消费者权益保护法》等。

（2）数据收集和使用目的：明确数据收集的目的，并仅在合法、透明的情况下收集和使用数据。受访者应清楚知道他们的数据将用于何种目的，并知情同意。

（3）数据最小化原则：仅收集和使用必要的数据，避免不必要的数据收集和保留。在设计调研问卷和数据收集工具时，应注意只收集与调研目的相关的数据。

（4）数据安全和保护措施：采取适当的技术和组织措施，确保数据的安全性和保密性，包括数据加密、访问控制、数据备份和恢复等措施，以防止数据泄露和未经授权的访问。

（5）匿名化和脱敏：对收集到的个人数据进行匿名化和脱敏处理，以确保受访者的个人身份无法被识别。在报告和分析中，应使用聚合数据和统计信息，而不是个人身份信息。

（6）数据存储和处理地点：确保数据存储和处理地点符合法律要求，并具备安全的数据存储和处理环境。特别是对于跨境数据传输和处理，需要遵守相关的法律和协议。

（三）保护隐私和数据的方法和措施

在市场调研中，采取一系列方法和措施来保护隐私和数据的安全是至关重要的。以下是一些常见的方法和措施：

● 数据安全管理：建立健全的数据安全管理制度，包括数据访问控制、数据传输加密、网络安全防护等措施，以确保数据的机密性和完整性。

● 数据处理合同：与数据处理方签订明确的数据处理合同，约定数据保护责任和义务，确保数据处理方按照法律和合同要求处理数据。

● 员工培训和意识提升：为从业人员提供隐私和数据保护方面的培训和教育，加强他们对隐私和数据保护的意识和责任意识。

● 数据访问权限管理：限制数据访问权限，确保只有经过授权的人员可以访问和处理数据。控制数据的流动和传输，减少数据泄露和滥用的风险。

● 数据处理审计和监控：建立数据处理的审计和监控机制，定期检查和审计数据的处理过程，及时发现和纠正潜在的问题和风险。

三、伪造和操纵数据

伪造和操纵数据是市场调研中存在的严重道德问题，对调研结果的准确性和可靠性造成严重的影响。调研从业人员应牢记职业道德和责任，秉持诚信和公正的原则，为客户和决策者提供真实、准确的市场信息。

（一）伪造和操纵数据的概念

伪造数据指的是有意地篡改或捏造数据，使其不真实或具有误导性。操纵数据则是有意地干扰数据的采集、分析和报告过程，以达到特定目的或满足特定利益。这些行为违背了诚信和公正原则，损害了市场调研的可信度和专业性。

伪造和操纵数据的方式多种多样，包括以下几种常见的情况：

（1）数据篡改：对收集到的数据进行修改、删除或添加，以改变数据的结论或影响调研结果。

（2）抽样偏倚：有意地选择或操纵样本，以获取偏向特定结果的数据。

（3）数据误导：通过引导问题、模糊语言或误导性解读等手段，操纵受访者的回答，以获取符合特定预期的结果。

（4）数据隐藏：有意地隐瞒或删除不符合预期结果的数据，以减弱或排除其对整体结论的影响。

（5）虚假报告：编写虚假的调研报告或分析结果，故意误导客户或他人。

（二）伪造和操纵数据的影响

伪造和操纵数据会对市场调研产生严重的负面影响，包括以下几个方面：

（1）信任破坏：伪造和操纵数据破坏了调研的诚信和可信度，使受访者、客户和决策者对调研结果的真实性产生怀疑。

（2）决策错误：基于伪造和操纵的数据做出的决策往往是错误的，可能导致企业采取错误的战略方向或错失商机。

（3）资源浪费：依据虚假数据进行的投资和资源配置可能是不准确的，导致资源的浪费和效益的降低。

（4）市场失调：伪造和操纵数据会扭曲市场信息，影响市场的正常运作和竞争环境。

（三）预防和应对伪造和操纵数据

为了确保市场调研的准确性和可靠性，应采取一系列的预防和应对措施，包括以下几点：

（1）诚信意识：调研从业人员应树立诚信意识，明确伪造和操纵数据的严重性，始终坚守道德底线，遵守职业道德规范。

（2）规范操作：建立规范的数据采集、处理和报告流程，明确责任分工和审核机制，确保数据的准确性和完整性。

（3）抽样方法：采用科学的抽样方法，确保样本的代表性和随机性，避免样本偏倚对结果的影响。

（4）数据验证：对收集到的数据进行验证和审查，检查数据的合理性和一致性，及时发现和纠正异常数据。

（5）匿名保护：在收集个人信息时，采取隐私保护措施，确保受访者的个人信息安全和保密性。

（6）报告透明：编写调研报告时应明确数据来源、调研方法和处理过程，将数据的限制和不确定性进行适当的说明。

（7）独立审查：对关键数据和报告进行独立的审查和验证，确保结果的客观性和可信度。

四、调研主体和受访者权益

调研主体和受访者权益是市场调研中的重要议题，涉及调研主体（如研究机构、企业）和受访者（如消费者、受访群体）之间的权益平衡和保护。市场调研中调研主体和受访者之间的权益保护是确保调研活动合法、公正、透明的基础。调研主体应承担起诚信和责任，保护受访者的隐私和知情权，建立健康、平等的调研关系，为市场调研的可持续发展提供保障。

1. 调研主体的责任和义务

● 合法性：调研主体应遵守相关法律法规和行业规范，确保调研活动的合法性和合规性。

● 诚信性：调研主体应诚信开展调研活动，不得故意误导受访者或篡改调研结果。

● 保密性：调研主体应对收集到的个人信息和调研数据进行保密，确保受访者的隐私权不受侵犯。

● 透明度：调研主体应向受访者提供充分的信息，包括调研目的、调研方法、数据处理和报告用途等，确保受访者知情同意。

2. 受访者的权益保护

● 隐私保护：调研主体应采取措施保护受访者的个人隐私信息，遵守相关隐私法律法规，仅收集必要的信息并且明确告知受访者使用目的。

● 自愿参与：受访者应自愿参与调研，在没有被强迫或操纵的情况下提供真实和准确的回答。

● 匿名保护：调研主体应尽量保护受访者的匿名性，对调研数据进行去标识化处理，确保受访者身份的保密性。

● 数据保护：调研主体应采取合理的安全措施，防止未经授权的数据访问、使用和泄露，确保受访者数据的安全性和保密性。

3. 知情同意和参与权

● 知情同意：调研主体应明确告知受访者调研的目的、方法和预期结果，以及数据的处理和使用方式，征得受访者的知情同意。

● 参与权：受访者有权选择是否参与调研，有权拒绝回答某些敏感或个人隐私相关的问题，调研主体应尊重受访者的选择。

4. 调研伦理和道德原则

● 尊重和公正：调研主体应尊重受访者的人格尊严和权益，不歧视、不操纵、不伤害受访者。

● 公开透明：调研主体应公开调研目的、方法和结果，尊重受访者的知情权，对调研过程和结果负责。

五、案例与深入研究

市场调研是商业决策和战略制定的重要依据，然而，在市场调研的过程中，存在一些道德问题，如数据操纵、隐私侵犯和诚信缺失等。本案例分析将重点探讨市场调研行业的道德问题，并提供一些建议以帮助读者更好地理解和应对这些问题。

（一）案例一：数据操纵与不当分析

1. 背景

某市场调研公司接到一家食品企业的委托，要求进行产品市场调研并提供报告。该公司为了满足客户的期望，故意操纵了调研数据，夸大了产品的市场需求，并以此为依据制定了不合理的市场营销策略。

2. 道德问题

● 数据操纵：该市场调研公司违背了诚信原则，故意篡改调研数据，为客户提供不真实的市场情报，违背了市场调研行业的基本道德准则。

● 不当分析：该公司没有对数据进行合理的分析和解释，片面夸大了产品的市场需求，给客户提供了错误的决策依据。

3. 影响

● 企业决策的错误：由于依赖虚假的市场调研数据，该食品企业在产品上市后面临销售困境，导致经济损失和声誉受损。

● 行业信誉的下降：该市场调研公司的不诚信行为对整个行业的声誉造成负面影响，客户对市场调研行业的信任度降低。

4. 应对措施

● 遵守伦理准则：市场调研公司应严格遵守行业准则和道德规范，拒绝进行数据操纵等不诚信行为。

● 数据质量保证：采用科学的数据采集和处理方法，确保数据的准确性和可靠性，避免不当分析和误导客户的情况发生。

● 透明度和沟通：与客户建立诚信和透明的合作关系，向客户提供真实、准确的市场情报，并对数据的限制和不确定性进行充分的沟通和解释。

（二）案例二：隐私侵犯与数据保护

1. 背景

一家调研机构为了获取消费者购物习惯的数据，利用隐蔽的方式在商场内安装了摄像头，未经消费者同意，搜集了大量的个人隐私信息，包括消费行为、购买偏好等。

2. 道德问题

● 隐私侵犯：该调研机构未经消费者同意，搜集了个人隐私信息，侵犯了消费者的隐私权。

● 数据保护：该机构没有采取有效的措施保护个人数据的安全，导致个人信息可能被滥用或泄露。

3. 影响

● 个人权益受损：消费者的隐私权被侵犯，个人数据可能被不法分子滥用，造成经济损失和个人形象受损。

● 行业合规要求：隐私侵犯事件可能引发监管部门的关注，对整个市场调研行业提出更加严格的数据保护要求。

4. 应对措施

● 合规和知情同意：调研机构应遵守相关隐私法律法规，征得消费者的知情同意，明确告知数据的收集目的和使用范围。

● 数据安全保护：采取有效的技术和管理措施，保护个人数据的安全性和保密性，防止数据被不当使用、滥用或泄露。

● 透明度和信任建立：与消费者建立透明和信任的关系，向消费者解释数据收集的目的和用途，加强沟通和合作，确保个人数据的合法使用。

市场调研行业的道德问题是需要引起重视的议题，调研主体应遵守道德原则和伦理标准，保护受访者权益，确保调研活动的合法性、透明性和诚信性。通过遵循合规要求、保护隐私和数据安全，行业可以建立可信赖的声誉，为企业决策和消费者提供准确可靠的市场情报。

【项目小结】

在本项目中，我们深入了解了市场调研的基本概念、分类和作用，以及市场调研行业的情况。通过任务一，我们认识到市场调研在商业决策和市场营销中的重要性，以及它对企业和消费者的影响。任务二使我们对市场调研行业有了更全面的了解，包括行业的背景、发展趋势以及相关的机构和公司。我们认识到市场调研行业的多样性和竞争激烈的特点。任务三让我们熟悉了市场调研的基本流程，从问题定义到数据分析，再到报告撰写和沟通。我们了解到每个阶段的重要性和相互关联性，以及如何有效地进行市场调研。通过任务四，我们深入思考了市场调研行业所涉及的道德问题，认识到隐私和数据保护以及调研主体和受访者权益是市场调研中需要特别关注的问题。

通过项目一的学习，我们对市场调研行业有了全面的认知，掌握了市场调研的基本概念、分类和作用。了解了市场调研行业的现状和发展趋势，掌握了市场调研的基本流程，以及面临的道德问题和伦理标准。这为我们进一步深入学习市场调研打下了坚实的基础，使我们能够更加专业地应对市场调研工作的挑战，并做出准确和有效的市场决策。

【同步训练】

一、任务名称

市场调研方法选择与应用。

二、任务要求

（1）了解不同市场调研方法的特点、优缺点以及适用场景。

（2）能够根据实际情况选择合适的市场调研方法，并解释选择的理由。

（3）运用所学知识设计和实施一个小型市场调研项目，并分析和解释调研结果。

三、任务步骤

（1）阅读相关教材和资料，了解常见的市场调研方法，如问卷调研、访谈、焦点小组讨论等。掌握每种方法的优势和局限性。

（2）阅读一些实际的市场调研案例，分析该案例所采用的调研方法，并思考为什么选择这种方法。讨论这种方法的优势和可能的限制。

（3）小组讨论或个人研究一个具体的市场调研场景，例如了解消费者对某个产品的满意度、评估市场对某个新产品的需求等。

（4）在给定的市场调研场景下，根据已学知识选择一个合适的市场调研方法，并解释选择的理由。考虑调研目的、样本规模、数据收集方式等因素。

（5）设计一个调研问卷或访谈指南，包括明确的问题和选项，确保问题的有效性和可量化性。

（6）实施调研，并收集数据。确保数据的准确性和完整性。

（7）分析和解释调研结果，运用适当的统计方法和数据可视化工具展示结果，提取有意义的洞察力。

（8）撰写一份市场调研报告，包括调研目的、方法、主要发现和建议等。确保报告的逻辑性和可读性。

（9）报告的展示和讨论。小组或个人向其他同学展示自己的调研报告，接受反馈和建议，并进行讨论和交流。

【素质园地】

创新市场调研的思考

王强是一家科技公司的市场调研经理，他最近负责一项关于智能家居产品的市场调研。公司希望通过这次调研了解消费者对智能家居产品的接受程度和需求特点。在调研准备阶段，王强意识到仅仅依靠传统的问卷调研可能无法深入挖掘消费者的真实想法。因此，他提出了一种创新的调研方法——结合线上问卷和线下体验活动。他希望通过这种方式，让消费者亲身体验智能家居带来的便利，以获得更真实的反馈。调研活动吸引了众多消费者参与。他们不仅填写了问卷，还亲自体验了智能家居产品。在体验过程中，王强和他的团队仔细观察并记录了消费者的反应和意见。

通过这次调研，王强和团队发现虽然消费者对智能家居产品感兴趣，但普遍关心价格和隐私安全问题。这些宝贵的反馈帮助公司在后续的产品开发和市场策略中做出了重要调整。更重要的是，这次市场调研让王强深刻体会到了创新的力量。他意识到，作为市场调研者，不仅要收集数据，更要能够深入理解和解析这些数据背后的真实需求和潜在问题。

【练习】

一、判断题

1. 市场调研的作用是帮助企业了解市场需求和竞争环境。（　　）
2. 市场调研行业的发展主要受到政府政策的影响。（　　）
3. 隐私和数据保护是市场调研行业中的一个道德问题。（　　）
4. 伪造和操纵数据在市场调研中是被广泛认可和接受的行为。（　　）
5. 调研主体和受访者的权益在市场调研中应受到重视和保护。（　　）
6. 市场调研的主要目标是为了销售更多产品和服务。（　　）
7. 在市场调研的基本流程中，数据收集是最后一个步骤。（　　）

二、单选题

1. 市场调研的主要目的是（　　）。

　A. 找到竞争对手的弱点　　B. 发现新的市场机会

　C. 增加产品的售价　　D. 减少企业的成本

2. 市场调研行业中的主要机构包括（　　）。

　A. 宝洁公司　　B. 联合利华公司　　C. 可口可乐公司　　D. 麦肯锡咨询公司

3. 市场调研的基本流程包括（　　）。

　A. 问题定义　　B. 数据分析　　C. 市场定位　　D. 报告撰写

4. 隐私和数据保护是市场调研中的一个重要问题，（　　）是隐私和数据保护的原则之一。

　A. 透明性　　B. 数据伪造　　C. 调研结果公开　　D. 数据操纵

5. 伪造和操纵数据会对市场调研的结果产生（　　）的影响。

　A. 提供准确的市场信息　　B. 扭曲决策的依据

　C. 提高调研的信度　　D. 加强企业的竞争力

三、简答题

1. 请简要解释市场调研的基本流程。
2. 为什么隐私和数据保护在市场调研中是一个重要内容？

项目二　设计市场调研方案

【知识目标】

- 熟悉市场调研目标的确定方法。
- 理解市场调研方案的重要意义和作用。
- 掌握制定市场调研方案的一般格式。
- 掌握发现营销管理问题的方法。
- 掌握界定市场调研问题的方法。
- 了解市场调研方案制定的技巧与注意事项。
- 掌握市场调研方案制定的一般步骤。

【技能目标】

- 能确定市场调研目标。
- 能够根据实际项目初步制定市场调研方案。
- 能够对市场调研方案进行评价和提出修改意见。

【素养目标】

- 树立围绕目标设计调研方案的思维习惯。
- 培养学生设计可行性调研方案的意识。
- 培养学生团队协作能力。

【项目导读】

周密的调研方案是市场调研的行动指南，是市场调研科学有序进行的保证，是确保调研效度和信度的重要措施。

本项目是整个市场调研工作的基础，直接决定市场调研工作有效成果的输出，是整个市场调研工作的核心内容。调研方案的设计师对调研工作各个方面和全过程通盘考量，包括了整个调研工作过程的全部内容。一份良好的市场调研方案直接决定了相关的市场调研意图是否可以有效实现，是整个调研成败的关键。

【知识导图】

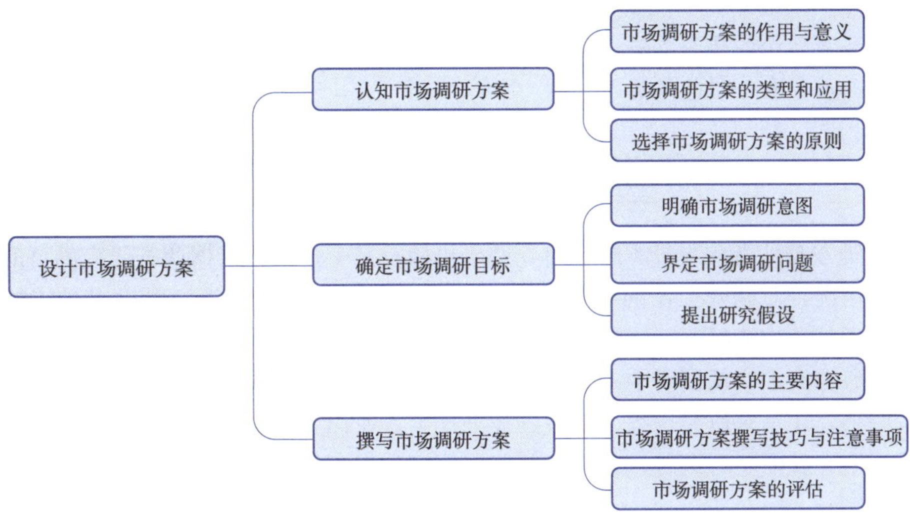

【引入案例】

我国北宋时候，有一个著名的画家，名叫文与可，是画竹子的高手。

文与可为了画好竹子，不管春夏秋冬，刮风下雨，还是天晴天阴，常年都在竹林里钻来钻去。三伏天气，太阳像一团火烤得地面发烫。可是文与可照样跑到竹林里，对着太阳，站在阳光下，全神贯注地观察竹子的变化。他一会儿用手指量一量竹子的节把有多长，一会儿又记一记竹叶有多密。他脸上流着汗，汗水浸透了衣衫，可他抹也没抹一下，就跟没事儿似的。

有一次，刮起一阵狂风，接着电闪雷鸣，眼看着一场暴雨就要来临，人们纷纷往家跑。可坐在家里的文与可却急急忙忙抓过一顶草帽，往头上一扣，就向山上的竹林奔去，他刚走出大门，瓢泼大雨就下开了。文与可一心要看风雨当中的竹子，哪里还顾得上雨急路滑。他撩起袍襟，爬上山坡，气喘吁吁地跑进竹林，没顾上抹一下流到脸上的雨水，就两眼一眨不眨地观察起竹子来了，只见竹子在风雨的吹打下摇来晃去。文与可细心地把竹子受风雨吹打的姿态记在心头。

由于文与可长年累月对竹子进行细微的观察和研究，竹子在春夏秋冬的形状有什么变化？在阴晴雨雪天颜色有什么不同？在强烈的阳光照耀下和在明净的月光映照下又有什么两样？不同的竹子有哪些不同的样子？他都摸得一清二楚。所以画起竹子来，根本用不着画草图。

有个名叫晁补之的人称赞文与可，说文与可画竹，早已胸有成竹了。

昔日的故事已经演化成今天的成语，用来比喻人们在办事情以前早就打好了主意，心里有个准谱了。市场调研方案的制定，就是要在调研活动实施前，做到胸有成竹。

问题：

(1) 在市场调研方案设计中，如何实现“胸有成竹”的效果，即确保在调查开始之前已有明确和详细的计划？

（2）对竹子的细致观察和研究在市场调研中意味着什么，以及如何将这种细致的研究方法应用于市场调研中？

（3）借鉴对竹子的观察方法，市场调研中应如何选择和确定研究对象和数据收集方法，以确保获得高质量和有用的数据？

任务一　认知市场调研方案

市场调研方案是指在调研实施之前，调研机构及其工作人员依据调查研究的目的和调研对象的实际情况，对调研工作的各个方面和全部过程做出总体安排，以提出具体的调研步骤，制定合理的工作流程。

市场调研方案在市场调研中有着极其重要的作用，它是整个项目研究的大纲，又是研究计划的说明书，还是对研究过程、方法的详细规定。所以，有了方案，研究就有了方向、目的；有了方案，就便于对调研过程实施监督、管理和控制。

一、市场调研方案的含义与意义

1. 含义

市场调研方案又可以称为市场调研计划，是指在调研实施之前，调研机构及其工作人员依据调查研究的目的和调研对象的实际情况，对调研工作的各个方面和各个阶段进行的通盘考虑，并对此做出整体安排，提出具体的调研步骤，制定出合理的工作程序。

市场调研的范围可大可小，但无论是大范围的调研，还是小规模的调研，都会涉及相互联系的各个方面和各个阶段。这里所讲的调研工作的各个方面是对调研工作的横向设计，就是要考虑到调研所要涉及的各个组成项目。

例如，对某市商业企业竞争能力进行调研，就应将该市所有商业企业的经营品种、质量、价格、服务、信誉等方面作为一个整体，对各种相互区别又有密切联系的调研项目进行整体考虑，避免调研内容上出现重复和遗漏。

这里所说的全部过程，则是对调研工作纵向方面的设计，它是指调研工作所需经历的各个阶段和环节，即调研资料的搜集、调研资料的整理和分析等。只有对此事做先出统一考虑和安排，才能保证调研工作有秩序、有步骤地顺利进行，减少调研误差，提高调研质量。

2. 意义

市场调研是一项复杂、严肃、技术性较强的工作，一项全国性的市场调研往往要组织成千上万人参加，为了在调研过程中统一认识、统一内容、统一方法、统一步调，圆满完成调研任务，就必须事先制定出一个科学、严密、可行的工作计划和组织措施，以使所有参加调研工作的人员都依此执行。具体来讲，市场调研方案设计的意义有以下三点：

（1）从认识上讲，市场调研方案设计是从定性认识过渡到定量认识的开始阶段。虽然市场调研所搜集的许多资料都是定量资料，但应该看到，任何调研工作都是先从对调研对象的定性认识开始的，没有定性认识就不知道应该调研什么和怎样调研，也不知道要解决什么问题和如何解决问题。

例如，要研究某一工业企业生产经营状况，就必须先对该企业生产经营活动过程的性质、特点等有详细的了解，设计出相应的调研指标以及搜集、整理调研资料的方法，然后再去实施市场调研。可见，调研设计正是定性认识和定量认识的连接点。

(2) 从工作上讲，调研方案设计起着统筹兼顾、统一协调的作用。现代市场调研可以说是一项复杂的系统工程，对于大规模的市场调研来讲，尤为如此。在调研中会遇到很多复杂的矛盾和问题，其中许多问题是属于调研本身的问题，也有不少问题则并非是调研的技术性问题，而是与调研相关的问题。

例如，抽样调研中样本量的确定，按照抽样调研理论，可以根据允许误差和把握程度大小，计算出相应的必要抽样数目，但这个抽样数目是否可行，要受到调研经费、调研时间等多方面条件的限制。

(3) 从实践要求上讲，调研方案设计能够适应现代市场调研发展的需要。现代市场调研已由单纯的搜集资料活动发展到把调研对象作为整体来反映的调研活动，与此相适应，市场调研过程也应被视为市场调研设计、资料搜集、资料整理和资料分析的一个完整工作过程，调研设计正是这个全过程的第一步。

具体来说，市场调研方案作为调研活动的必备文案，主要有以下三个方面的作用：

一是用来提供给客户，即调研委托方审议检查使用，以作为双方遵照执行的协议。

二是用来作为调研者实施执行调研的纲领和依据，即调研全过程的工作指南。

三是用来作为争取调研项目经费时，或与其他调研机构竞争某个项目时，甚至在投标时说服招标者的重要资料。

二、市场调研方案的类型和应用

从调研方案的作用、性质、调研方式等不同角度出发。调研方案大致可以分为探索性调研、描述性调研和因果关系性调研三种。

（一）探索性调研

1. 含义

探索性调研方案也称为非正式市场调研，其主要目的是对市场进行初步探索。探索性调研是在情况不明时，为了找出问题的症结和明确进一步深入调研的具体内容和重点而进行的非正式的初步调研。此时，调研者往往对问题缺乏足够的了解，对某个调研问题难以全面掌握。这时，需要进行探索性市场调研。例如营销过程中，发现某种商品的销售粉丝群突然发生变化。要弄清原因，就需要在关键的几个维度上进行探索：是商品质量问题、价格问题，还是己方人员的沟通问题。这就需要用探索的调研方法来寻找答案，逐步发现问题的症结，为进一步调研做好准备。

例 2-1 某公司 A 产品的市场份额在 2020 年出现了断崖式下降，公司无法一一查明原因，就可用探索性调研来发现问题，来了解具体时间段内，是经济环境的影响、广告支出的减少、销售代理效率的降低，还是消费者习惯的改变等。

2. 应用范围

探索性调研，一般不需要制定严密的调研方案，往往采取简便的方法。但这样的操作需要调研人员有敏锐的洞察力、高度的想象力和创造力，及时掌握一些初步的信息资料，以利于快速得出调研的初步结论。一般是在调研专题的内容与性质不太明确时，为了了解问题的性质，确定调研的方向与范围而进行的初步搜集资料的调研。通过这种调研，可以了解情况，发现问题，从而得到关于调研项目的某些假定或新设想，以便进一步调查研究。

在下列情况下，可以使用探索性调研：

（1）需要更精确地设计或确定问题的范围。

（2）需要确认可能的行动过程。

（3）需要形成假设。

（4）需要分离出主要变量及其之间的关系，以便对它们做进一步的考查。

（5）需要为寻求解决问题的方法做尝试性工作。

（6）需要为进一步调研进行择优排序。

总之，在研究人员对调研项目的开展没有足够了解的情况下，探索性调研是必要的过程。

3. 方法

探索性调研的方法主要有：

（1）收集二手资料，如政府统计公报、学术刊物的研究文章等。

（2）访问熟悉调研主题的专家、业务人员、用户等。

（3）参考以往的数据信息。

当市场调研人员确信他们已经找到了这一问题的主要特性时，探索性调研就结束了。他们可能已经定义了一系列的问题，可作为详细的调研设计的具体指导；或者他们可能已经发展出许多潜在性想法，这些想法可能是由于某一具体重要问题引发的；他们也可能已经确定其他某些因素的可能性是极小的，在进一步的调研中可以有把握地忽视这些因素。最后，调研人员可能结束探索，因为他们认为进一步的调研是不必要的，或者他们认为由于时间、资金或其他条件的限制，进一步的调研在当前是不可行的。

（二）描述性调研

1. 含义

描述性调研是指对需要调研的客观事实的有关资料进行收集、记录、分析的正式调研。这类调研比探索性调研更深入精细，需要事先拟订调研方案，进行实地调研，搜集第一手资料。其目的是要摸清问题的过去和现状，并在此基础上寻求解决问题的办法与措施。

2. 应用范围

描述性调研通常用于对市场特征和功能的描述，具体表现为：

（1）可以描述相关群体的特征。相关群体包括顾客、销售人员、机构以及市场等。例如：我们对王府井百货大楼的经常性顾客进行的总体描述。

（2）可以估计在某个具体的群体中，具有特定行为特征的人所占的比重。例如：估计那些既光顾名牌市场又光顾打折商品的顾客比重。

（3）可以判断顾客对产品特征的理解力。例如：我们可以判断家庭消费者如何理解不同商品的显著特点。

（4）可以判断营销变量的相互联系程度。例如：我们可以判断到商店购物和离家吃饭的联系程度究竟有多大。

（5）可以做具体的预测。例如：我们可以预测具体的商品（如流行服装）在某地区的零售销售额将达到多少。

3. 方法

在描述性调研中，通常采用的方法包括：二手资料分析法、实地调研法、小组座谈会法、观察法、模拟法。

4. 应用

描述性调研必须对调研对象进行具体详细的描述。其应用范围很广，绝大多数市场调研都采用描述性调研方法，常见的应用有：

（1）市场研究，即描述市场规模、消费者购买力、分销商的销售力等。

（2）市场份额研究，即确定企业和其竞争者各自的市场份额。

（3）销售分析研究，即通过地域情况、产品生产线、市场覆盖面来描述销售情况。

（4）形象研究，即确定消费者对企业和企业产品的认知程度。

（5）产品用途研究，即描述消费模式。

（6）分销研究，即确定运输方式、分销商的数量和分销网点的布局。

（7）价格研究，即描述价格变动幅度和频率，以及消费者对价格变动可能出现的反应。

（8）广告研究，即描述顾客的媒体消费习惯，以及观众对特定媒体的消费状况。

（三）因果关系调研

1. 含义

因果关系调研就是为了弄清有关市场变量之间的因果关系而进行的专题调研。因果关系调研以搜集有关市场变量的相关数据资料为主，并运用统计分析和逻辑推理的方法，找出它们之间的相互关系，判明谁是原因（自变量），谁是结果（因变量）。所以，因果关系调研是在描述性调研的基础上，对某些问题调研的进一步深化，是为了找出问题关键、探讨解决办法的一个重要步骤。

2. 应用范围

通常，因果关系调研是为了实现下述目的：辨别哪些变量是原因变量，哪些变量是结果变量；确定原因变量和结果变量之间的关系。

3. 应用

因果关系调研的目的是为了确定变量之间的因果关系，以便做出决策。

在市场经营中，常常是多种因素影响商品的销售，某些因素之间存在着因果关系，如价格与销售量、广告与销售量、销售渠道与销售量的关系等。在众多影响销售的因素中，哪一个因素起主导作用？这就需要对它们之间的因果关系或变化规律进行调研分析。

三、选择市场调研方案的原则

由于开展调研的目的不同，相应地，调研的方案也会有所不同。探索性调研、描述性调研和因果性调研是调研设计的主要类别，但是不能将它们之间的区别绝对化。一项具体的营销调研项目可能会设计几种调研方案以实现多种目标。应该选择哪几种调研方案取决于调研问题的特征。

市场调研方案设计必须考虑的原则如下：

1. 对调研问题了解较少时需要从探索性调研开始

探索性调研适用于以下几种情况：

（1）在调研初期，由于调研问题及涉及范围不是很清楚，需要精确界定。

（2）原调研思路失效，需要寻找替代行动方案。

（3）需要设计调研疑问或假设。

2. 用来验证探索性假设时选用描述性调研

探索性调研是整个调研设计框架的第一个步骤，在大多数情况下，探索性调研之后会采用描述性调研或因果性调研。例如，根据探索性调研做出的假设，用描述性调研或因果性调研进行统计上的验证。探索性调研的研究结果一般被视为对进一步调研的尝试或投入。

3. 揭示深层原因时选用因果性调研

调研设计如何开始，取决于调研问题被界定的确切程度和调研人员对找到调研问题答案的确定程度。调研设计也可以从描述性调研或者因果性调研开始。例如，一个企业每年针对消费者满意程度而开展的调研没有必要涉及探索性调研阶段。

尽管探索性调研在一般情况下都是调研的第一步，但这并不是必然规律。有时，探索性调研也被排在描述性调研和因果性调研的后面。例如，当描述性调研和因果性调研的结果很难使管理人员理解的情况下，探索性调研就可以为理解这些调研结果提供更多的相关信息。

总之，探索性调研、描述性调研和因果性调研是相辅相成的，在设计调研方案的过程中应该灵活选择，不能将它们之间的区别绝对化。

任务二　确定市场调研目标

调研者面对所需的调研项目，首先就要确定调研目标。调研目标是指挥棒，只有目标明确，后面的调研实施才不会有偏离。

如何确定调研目标呢？调研目标是对调研问题的界定，所以首先要明确市场调研意图和界定市场调研问题，其次要广泛收集调研项目的各种资料，对调研任务背景进行分析，最后再确定调研目标。精心制定的目标可以作为实施调研项目的路线图，也可以作为管理者评估调研质量与价值的一个标准。

一、明确市场调研意图

在实际企业运营管理过程中，决策者经常会遇到无法确定究竟应采取什么措施来抓住市场营销活动中出现的各种机会和应对明显可以预见的困难。在市场营销中会面临许多状态的决策和可能产生的结果。企业各自的产品与服务竞争优势各不相同，需要决策者在调研了解各种状态的效益和风险的基础上进行权衡后作出决定。

调研者需要根据决策者的要求进行市场调研和预测。但实践表明，能够清楚获取决策者的真实意图并不是一项简单任务，需要市场调研人员对企业的营销环境、经营情况以及决策者的真实想法有清楚的了解，并据此将决策者的基本意图转换为调研问题，并将调研目标明确地表示出来。在此阶段，调研者与决策者之间的良好沟通显得尤为重要，双方的沟通使调研人员了解到企业决策者在企业经营管理中面临的问题，即什么是决策者所要解决的问题。显然，市场调研要经受经营管理的影响和制约，不理解决策者意图的调研方案，不会是一个好的方案。只有充分理解调研意图，最终的调研才会有意义。在此期间，还需注意决策者可能会受到外部事件和人员的影响，进行重大要求内容的变更。

明确调研目的和调研目标非常重要。只有将所要调研的问题明晰而准确地提出来，才能有的放矢地进行调研设计，恰当地选择调研方法，并收集合适的调研资料，从而为制定决策、解决问题提供正确的依据。

明确市场调研意图在提出问题、确定调研目标的过程中，通常需要考虑并明确的问题包括：

（1）调研的目的是什么？是为了解决当前面临的难题，还是为了发现新的机会？

（2）决策者需要什么信息？

（3）市场营销活动的机会与困难是什么？

（4）调研所取得的资料有何用处，将如何利用？

（5）基于这些现有的信息能否进行决策？还需要收集哪些信息？

（6）是否有必要进行深入调研？

（7）利用这些信息，确实可以解决经营管理中的问题吗？

二、界定市场调研问题

市场调研人员必须仔细区别症状与真正的问题。症状是由于其他事物的存在而出现的一种现象。例如，管理者经常谈论销路不佳、利润下滑、消费者投诉增加、消费者背叛等问题。每个问题只是更深层次问题的一个症状。也就是说，某一因素正在导致公司消费者的流失，是竞争者提供了更低的价格？或者是竞争者提供了更好的服务？关注于症状而非真正的问题通常被称为“冰山原则”。一座冰山约10％是露出海面的，剩下的90％在海面以下。仅仅全神贯注于能够看见的障碍，管理者可能不会理解隐藏的深层次问题。

一旦识别了真正的管理决策问题，就必须将其转化为市场调研问题。市场调研问题详细规定了解决问题需要什么信息，以及如何有效率、有效果地获得这些信息。市场调研目标就是目标陈述，它界定了解决市场调研问题所需要的具体信息。管理者必须将这些信息与他们自身的经验以及其他相关信息联系起来，以做出恰当的决策。相比市场调研问题，管理决策问题是行动导向的。管理决策问题的范围更广，远比市场调研问题笼统。调研要想成功的话，必须严密界定市场调研问题并使其具体化。有时需要开展几项调研才能解决一个宽泛的管理决策问题。

调研者首先与客户或决策者进行充分的沟通，然后可以通过业务会议设置调研组成员及工作内容，一般包括以下几方面内容：

1. 材料数据的收集

（1）查阅公司提供的资料。

（2）检索公司本身和行业内竞争企业网站信息。

（3）检索相关报刊及文献。

2. 数据信息汇总

（1）企业运营相关信息，主要包括企业当前状况、生产仓储能力、人员储备情况。

（2）产品市场信息，主要包括产品特点、行业产品构成情况、产品发展周期等。

（3）消费者信息，主要包括消费者构成、购买特点，年龄、职业分布情况等。

3. 明确调研问题

（1）认识问题的征兆。

（2）探察问题的可能原因。

（3）给出可能的问题解决方案。

（4）预测这些举措的可能结果。

（5）评估已有信息的状况。

这些资料的获取，使项目组对企业主营产品市场有了基本的了解，并对企业的金融状况及实力有了进一步的了解，这些都非常有助于调研组准确把握调研意图，明确调研目标。

一般情况下，为了明确哪些信息是调研所需要的，调研人员需要掌握与企业和所属行业相关的各种历史资料及发展趋势，包括销售额、市场份额、盈利性技术、人口统计、生活方式等。有时一个企业的销售与整个行业的销售同时下降，有时企业的销售额下降，而行业的销售额上升。两种不同情况反映的问题是截然不同的。此外，调研人员还要找出并分析企业的各种资源和面临的制约要素，如调研资金、技能、费用、时间等，同时要了解消费者或顾客的购买行为，以及法律环境、经济环境、文化环境、企业的人员组织结构、文化决策风格等因素。

确保已经界定了真正的问题并不是一件容易的事。管理者和市场调研人员必须要有创造力和良好的判断力。深入一个问题的核心有一点像剥洋葱，你必须一次剥掉一层，这种排除症状的方法是问："这是什么引起的?"当调研人员不能回答这一问题时，真正的问题就在眼前了。

例如，美国圣路易斯市水泵制造商从上年度以来销售额下降了7%，管理者问："这是什么引起的?"查看产品线的销售额后，管理者发现除重型潜水泵以外，所有产品的销售额都在上升或者大体没变，而重型潜水泵的销售额下降了近60%。然后他们接着问："这是什么引起的?"与上年度相比，东部与中部的销售额基本未变。然而，在西部地区的销售额却为零！他们再次问："这是什么引起的?"进一步的调研显示，一家日本厂商正在西部市场以它们售价的约50%倾销某种类似的重型潜水泵，这才是真正的问题。于是该厂商游说司法部门，让司法部门对日本公司进行罚款，并发布终止这一行为的命令。

在这里要注意决策问题与调研问题的差异。决策问题面对管理中出现的症状，决策者应该做什么、怎么做，以行动为导向。而调研问题是要作出管理决策需要什么信息、如何获得这些信息，是以信息为导向的。

例如某百货商场顾客流量研究决策问题：如何增加该商场购物的人数？调研问题：找出本商场与主要竞争者在影响顾客惠顾方面的优势与差距。①顾客选择百货商场的主要标准是什么？②根据这些标准，顾客对本商场及其主要竞争者的相对评价如何？③本商场顾客的人口学和心理学特征是什么？是否与主要竞争者的顾客有显著差别？④能否根据对商场的评估结果和顾客特征预测商场的客流量和偏好？⑤增加商场客流量的有效措施是什么？

三、提出研究假设

假设是指研究人员对两个或多个变量之间关系的描述，而变量需要依据一定基本理论或分析模型确定。假设可能是研究问题的一个答案，也可能是实施某种举措后所导致的结果。在进行科学研究时，不仅需要科学研究的相关结果，而且还需要了解可能的原因和对策，需要设想执行对策及其结果。但实际情况可能未必如预料的那样，因为还存在很多不确定的因素。决策者不能确定的关键性假设，可能会成为研究问题的关键所在。调研将有助于消除或减少这种不确定性，当管理层对假设存在较大分歧时，调研将有助于确定其中哪些假设是正确的，从而找出解决问题的真正方法。提出假设，有助于调研机构确定研究方向。一个好的假设应该目的明确，条件清晰，能够指明变量的分布与大小，能够指出需要解释现象的数据资料并进行统计检验，对其余样本特征进行推断，应具有较高的有效性。提出假设的步骤如下：

（1）明确要检验的内容。

（2）合理建立原假设与备择假设。

（3）构建一个可解释的调研问题分析框架。

（4）掌握假设检验的分析技术。

任务三　撰写市场调研方案

在确定了调研目标后，必须对整个调研活动按照一定的程序进行全面设计。市场调研方案是依据市场调研策划形成的书面文件，应遵循的程序主要包括调研目的、对象、内容、方法、步骤和时间安排等，这一程序是顺利和高效完成调研的前提和保证。市场调研方案设计要具有科学性，可行性、有效性。

一、市场调研方案的主要内容

市场调研方案的一般格式。不同市场调研方案的格式有所区别，但大同小异，主要根据调研性质、目标及调研意图的不同而有所差异。下面列示了两种调研方案的撰写框架，如图 2-1、图 2-2 所示。

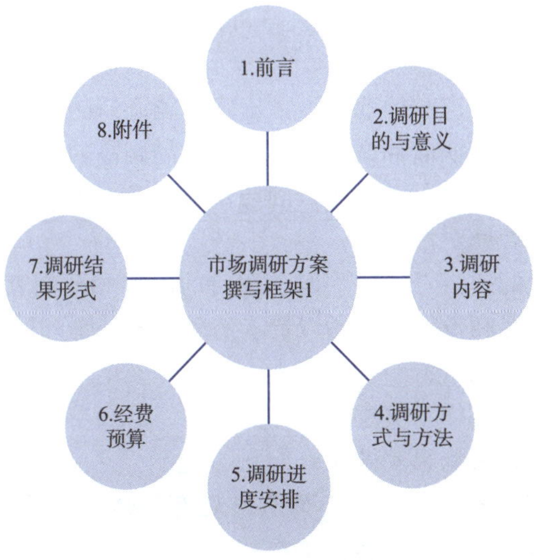

图 2-1　市场调研方案撰写框架 1

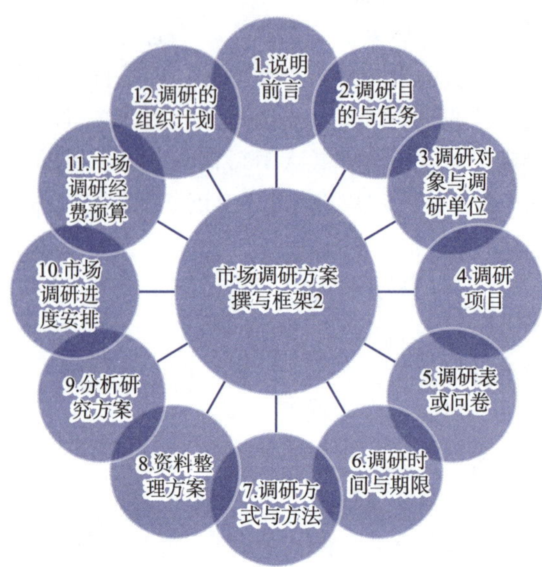

图 2-2 市场调研方案撰写框架 2

下面以图 2-2 中的市场调研方案撰写框架进行具体说明。

1. 说明前言

说明前言也就是方案的开头部分，要简明扼要地介绍整个调研项目的情况或背景。

例 2-2 轿车经销商甲在 A 市从事轿车代理经销多年，有一定的经营实力，商誉较好，知名度较高。但近两年，A 市又新出现了几家轿车经销商。这对经销商甲的经营造成了一定的冲击，轿车销售量有所下降。为了应对市场竞争，经销商甲急需了解 A 市居民私家车的市场普及率和市场需求潜力，了解居民对轿车的购买欲望、动机和行为，了解现有私家车用户关于轿车使用方面的各种信息，以便调整公司的市场营销策略。为此，经销商甲要求市场调研部门组织一次关于 A 市居民轿车需求与用户反馈为主题的市场调研。

2. 调研目的与任务

在背景分析和掌握决策者意图的前提下，确定市场调研的目的。调研任务是指在调研目的既定的条件下，市场调研应获取什么样的信息以满足调研的要求。明确调研目的与任务是调研方案设计的首要问题，因为只有调研目的与任务明确，才能确定调研的对象、内容和方法，才能保证市场调研具有针对性。

这是调研过程中关键的一步，目的不同，调研的内容和范围就不同。如果目的不明确，就无法确定调研对象、内容和方法等。所以要弄清楚以下三个问题：

（1）客户为什么要进行调研？

（2）客户想通过调研获得什么信息？

（3）客户利用已获得的信息想要做什么？

例 2-3 调研目的在于获取居民轿车需求与现有用户使用等方面的各种信息，为公司调整、完善市场营销策略提供信息支持。调研任务在于准确、系统地收集 A 市私家车市场普及率、市场需求潜力、购买动机与行为、用户使用状况等方面的信息，以及本公司经销店的商圈情况与竞争对手的经营情况，并进行分析研究，从中发掘出一些对调整经营结构和市场营销策略有价值的启示。

3. 调研对象与调研单位

调研对象与调研单位是为了明确向谁调研和由谁来提供资料的问题。调研对象是根据调研目的与任务确定的一定时空范围内的所要调研的总体，它是由客观存在的具有某一共同性质的许多个体单位所组成的整体。调研单位就是调研总体中的各个个体单位，它是调研项目的承担者或信息源。

对于调研对象总体的选择，常常会从个体背景部分来甄别。例如根据调研的题目所给的对象范围，我们经常在年龄上对调研总体加以限制。对于调研总体限制，在问卷调研的甄别部分也明确给予界定。

例 2-4 调研对象为 A 市的全部居民家庭，只包括本市东、西、南、北四区的居民家庭，不包括市辖县的居民家庭。其中市区内的每户居民家庭为调研单位。据市统计局提供的资料，市区内共有居民家庭 20 万户，拟采用抽样调研的组织方式，样本量为 1 000 户。

4. 调研项目

调研项目是向调研单位调研的内容。调研项目的确定取决于调研的目的与任务，以及调研对象的特点与数据资料收集的可能性。在确定调研项目时，要注意以下几个方面内容：

（1）必须围绕调研目标进行各种调研活动，否则多余项目的调研就是无用的调研，会对人力物力和财力造成浪费。

（2）调研项目的表达应该是清晰的，应该保证能够获得精确调研结果信息。必要时可以附上对调研项目的详细解释，以确保调研项目的明确性。

（3）调研项目之间最好要有联系，有时可能存在着内在逻辑关系或相互的因果关系，所以在调研项目中会先提出一些假设，并希望在今后的调研中得到进一步验证。

例 2-5 调研的内容与项目主要包括以下几个方面：

（1）被调研家庭的基本情况，主要项目包括户主的年龄、性别、文化程度、职业、家庭人口、就业人口、人均年收入、住房面积、车库面积等。

（2）居民家庭是否拥有私家车，如有，则私家车的类型、品牌、价位、购入时间等情况。

（3）用户车况与使用测评，主要包括节油性能、加速性能、制动性能、座位及舒适度、外观造型、平稳性、车速、故障率、零配件供应、空调、内部装饰、售后服务等项目的满意度测评。

（4）私车市场需求情况调研，主要包括新买或重新购车的购买愿望、何时购买、购买何种类型、品牌、价位、购买目的、选择因素、轿车信息获取等方面的测评。

（5）经销店商圈研究，主要包括本经销店顾客的地理分布、职业分布、收入阶层分布、文化程度分布、行业分布等，以及商圈构成要素项目。

（6）竞争对手调研，主要包括竞争对手的数量、经营情况及经营策略等。

5. 调研表或问卷

调研项目确定之后，即可设计调研表或者问卷，作为收集市场调研资料的工具。调研表或问卷既可作为书面调研的记载工具，亦可作为口头询问的提纲。调研表用纵横交叉的表格按一定顺序排列调研项目；问卷是根据调研项目设计的对被调研者进行调研、询问、填答的测试试卷，是市场调研收集资料的常用工具。后面的项目将专门介绍调研表或问卷的设计。

6. 调研时间与期限

调研时间是指调研资料的所属时间，即应收集调研对象何时的数据。确定调研时间是为了保证数据的统一性，否则，数据无法分类和汇总，导致市场调研失效。在确定调研时期（收入、支出、产量、产值、销售额、利润额等流量指标）时，应确定数据或指标项目的起止时间；在确定调研时点（期末人口、存货、设备、资产、负债等存量指标）时，应明确规定统一的标准时点（期初、期末或其他时点）。确定调研时间，就是规定调研工作的开始时间和结束时间，拟定调研活动进度表，主要考虑两方面的问题：一方面是考虑客户的时间要求，即信息的时效性；另一方面是考虑调研的难易程度，在调研过程中可能出现的问题。

调研期限是指整个调研工作所占用的时间，即一项调研工作从调研策划到调研结束的时间长度。一般来说，应根据调研课题的难易程度、工作量的大小、时效性确定合理的调研期限，并制定调研进度安排表。

例 2-6

（1）调研时间：私家车拥有量的调研标准时点为本月末，私家车需求量的调研时距为近 3 年之内（今年、明年、后年）。

（2）调研期限：要求本次调研从本月 1 日到下月 30 日共计 60 天完成，包括调研策划、调研实施和调研结果处理等调研工作，并提交调研报告。

实践中，各阶段所占调研时间比重可以参照表 2-1 的分配办法酌情安排。

表 2-1 调研时间安排表

序　　号	调研阶段	所占时间比重（%）
1	调研目标的确定	5
2	调研方案设计	10
3	调研方法确定	5
4	调研问卷的制作	10
5	试调研	5
6	调研数据收集整理	40
7	调研数据分析	10
8	市场调研报告的写作	10
9	市场调研反馈	5
10	合计	100

7. 调研方式与方法

市场调研方式是指市场调研的组织形式，通常有市场普查、重点市场调研、典型市场调研、抽样市场调研、非概率抽样调研等。调研方式应根据调研的目的和任务、调研对象的特点、调研费用的多少、调研精度的要求作出选择。

调研方式有面谈法、电话访问、邮寄调研、留置调研、座谈会、网上调研等方法，至于具体采用什么方法，往往取决于调研对象和调研任务。

市场调研方法应考虑调研资料收集的难易程度、调研对象的特点、数据取得的源头、数据的质量要求等作出选择。若调研课题涉及面大、内容较多，则应选择多种调研方法获取数据和资料，既要获取现成的资料，又要获取原始的资料。

选取样本的方法有很多，比如按抽样概率，就分为抽样调研和非随机抽样调研。在随机抽样中，又有简单随机抽样、系统随机抽样、分层随机抽样等方法可以选择。在非随机抽样中，有判断抽样、配额抽样、滚雪球抽样等常用方法可以选择。选择不同的调整方式和抽样方法，调研结果会有所不同，有时会产生很大差别。

例 2-7 调研方式：居民私家车需求与用户调研采用抽样调研方式，样本量为 1 000 户。本经销店商圈研究对本经销店建立的用户信息库作全面的调研分析。

调研方法：

(1) 居民私家车需求与用户调研采用调研员上门访问（问卷测试）。

(2) 走访统计局、交警大队了解本市居民私家车的社会拥有量和普及率。

(3) 购买本市的统计年鉴用以研究本市居民的消费收支情况及社会经济发展状况。

(4) 利用本经销店的用户信息库进行分类统计和信息开发。

(5) 召开一次用户焦点座谈会。

(6) 竞争对手调研主要采用现场调研及用户测评等获取相关信息。

8. 资料整理方案

资料整理是对调研资料进行加工整理、系统开发的过程，其目的在于为市场分析研究提供系统化、条理化的综合资料。为此，应确定资料整理的方案，对资料的审核、订正、编码、分类、汇总等作出具体的安排。大型的市场调研还应对计算机自动汇总软件开发或购买作出安排。

例 2-8

(1) 用户数据的系列开发，包括用户特征分布数列，私家车类型、品种、价位、购入时间等分布数列，私家车使用满意度测评数列等的编制。

(2) 需求数据的系列开发，包括需求者特征分布数列，购买欲望、购买动机、购买行为、购买时间、购买选择、信息获取等分布数列的编制。

(3) 本经销店商圈层次划分数列，包括客户的分类统计数列的编制。

(4) 定性资料的分类归类，要求条理化。

(5) 居民私车市场普及率统计、市场需求潜量测定、市场占有率测定。

9. 分析研究方案

市场调研资料的分析研究是对调研数据进行深度加工的过程，其目的在于从数据导向结论，从结论导向对策研究。为此，应制定分析研究的初步方案，对分析的原则、内容、方法、要求、调研报告的撰写、成果的发布等作出安排。

例 2-9

(1) 用户分布与满意度分析，重点揭示用户的特征，为调整营销目标提供信息支持；用户满意与不满意的要素分析，为改进营销工作提供依据，并作为选择供货商的依据。

（2）需求潜力、需求特征、需求分布、需求决定因素研究，为市场营销策略的制定、调整、完善提供信息支持，应重点揭示向谁营销、营销什么、如何营销。

（3）本经销店竞争优势与劣势研究，即怎样提高市场竞争力的策略研究。

（4）撰写市场调研报告，重点揭示调研所得的启示，并提出相应的对策建议。

10. 市场调研进度安排

在实际调研活动中，安排各个阶段工作时，要具体、详细地安排需要做哪些事项，由何人负责，提出注意事项，必要时制作时间进度表，以保证调研活动能按时完成。

11. 市场调研经费预算

调研费用根据调研工作的种类、范围不同而不同，即使同一种类，也会因质量要求差异而不同，不能一概而论。另外，在预算时，要将需要的费用尽可能考虑全面，以免将来出现一些不必要的麻烦而影响调研的进度。例如，预算中没有鉴定费，但是调研结束后需要对成果作出科学鉴定，否则无法报账。在这种情况下，课题组将面临十分被动的局面。当然，没必要的费用就不必列上，必要的费用也应该认真核算出一个合理的估计，切不可随意多报乱报。不合实际的预算将不利于调研方案的审批或竞标，因此既要全面细致，又要实事求是。

常见的费用有：资料收集复印费、问卷设计印刷费、实地调研劳务费、数据处理费、报告撰写费、打印装订费及组织管理费等。根据若干市场调研方案，可以总结一般的经费预算比例：策划费占20%，运营费占40%，统计费占30%，报告费占10%。

12. 调研的组织计划

调研的组织计划，是指为了确保调研工作的实施而制定的具体的人力资源配置计划，主要包括调研的组织领导、调研机构的设置、调研员的选择与培训、课题负责人及成员、各项调研工作的分工等。企业委托外部市场调研机构进行市场调研时，还应对双方的责任人、联系人、联系方式作出规定。

附件部分包括参加者的名单，并可简要介绍团队成员的专长和分工情况，附件部分还可包括抽样方案的技术说明及细节说明，原始问卷及问卷设计中有关记事说明，以及数据处理方法、所用软件等方法的说明。

二、市场调研方案撰写技巧与注意事项

市场调研方案撰写一般需注意以下几个方面：

1. 调研目标的陈述

此部分可以适当交代研究项目的来龙去脉，说明方案的局限性，以及需要与决策者协商的内容。

2. 研究范围

为了确保调研范围与对象的准确、易于查找，在撰写方案的时候，调研范围一定要具体明确，界定准确，能够运用定量的指标来表述，要将调研的地域、调研的对象量化并说明清楚。

3. 调研方法

为了顺利完成市场调研任务，要对策划的调研方法进行精炼准确的陈述。具体撰写中，对被调研者的数量、调研频率、调研的具体方法、样本选取的方法等要进行详细的规定。

4. 调研时间安排

实践中，各阶段所占调研时间比需要根据实际情况进行分配与安排，一般格式可参考表 2-2。

表 2-2　市场调研进度安排表的一般格式

活动内容	时　　间	参与单位及活动小组	活动负责人及团队成员	备　　注

5. 经费预算

除去上述调研内容中有关经费预算的说明之外，为保证问卷的回收量及被调研者的配合度，往往还需要支付一部分的礼品费。要注意礼品的发放不能使被调研者改变自己的态度，不能影响调研结果的可信度。

6. 研究人员预算

研究人员预算要陈述清楚，不同类型研究人员的配比问题要明示。相关人员包括市场分析、财务分析、访谈人员等专业人士。可以根据具体的项目适当调配各类人员的配比关系。

三、市场调研方案的评估

对于调研方案的评估主要从以下三个方面去评价：

1. 方案设计是否基本上体现了调研的目的和要求

例如，关于××品牌从专卖店商业选址的目的出发，根据方案确定的调研内容、调研范围和调研单位，设置一系列完整的观察指标体系，基本上能体现优秀商业地段应具备的条件。

2. 方案设计是否科学完整和适用

例如，关于××品牌专卖店商业选址对商业氛围、交通条件、网络环境、卫生环境、居民居住、休闲娱乐等各方面的要求，设置了许多相互联系、相互制约的指标，形成了一套比较完善的指标体系，其特点是全面、系统、适用性强。

3. 方案设计的可操作性是否强

例如，在某饮料广告效果调研方案中，除了考虑到可操作性外，还特别考虑到了访问员采用市场营销专业的大学生。一来大学生形象好，不会给对方形成威胁感，可使访问更容易成功；二来可以给大学生提供一个社会实践的机会，是个双赢的选择。

【项目小结】

在本项目中，我们深入了解了市场调研方案的作用、如何确定市场调研目标、制定市场调研方案的具体内容和评估市场调研方案的要点。通过任务一，让我们了解了场调研方案的作用与意义、市场调研方案的类型和应用和选择市场调研方案的原则。通过任务二的学习，我们知道了如何明确市场调研意图、确定市场调研目标和界定市场调研问题以及提出研究假设。通过任务三的学习，我们知道了市场调研方案的主要内容、市场调研方案撰写技巧与注意事项和如何开展市场调研方案的评估。

【同步训练】

(1) 某综合购物广场开展一项市场调研，旨在了解购物广场中的所有商户对于商场各项服务的满意程度，要完成此项目的调研方案，应该怎样研究项目的调研背景？如何确定调研内容和调研项目？应该如何考虑调研内容和调研项目两者之间的关系？

(2) 某酒店为了了解顾客满意度和员工满意度，以便改进酒店的管理，组织了一次顾客和员工满意度调研，调研内容包括：①顾客对酒店的知晓度、来本店的次数、大堂满意度、客房满意度、餐厅满意度、服务满意度、卫生满意度、酒店设施满意度等；②员工对酒店的用人机制、物质激励、精神激励、人际关系、劳资关系、企业文化、技术培训、发展期望、企业管理、愉快感、信任感、员工安心度等方面的满意度。请按照这样的调研内容设计调研方案。

(3) 案例分析。

养老市场调研项目策划书

1. 摘要前言

随着中国经济以及各方面的快速发展，我们也面临着各种各样的问题，其中，人口老龄化是一个严峻问题，所以养老问题也就自然而然成了一个很重要的问题。应该怎样让自己的父母亲人能够老有所依、老有所乐是我们现在应当所考虑的问题。所以“养老”市场有很大的前景。

2. 背景

从调查研究来看，我国面临着人口老龄化，现在养老需求服务面对的问题很多，比如养老机构的有效需求和有效供给不足、相应的管理人员专业水平较低、老年活动场所少等。在这样的背景下去研究养老市场是很有必要的。而居家式养老已经成为最适合的一种养老方式。

3. 调研目的和意义

通过调研养老市场的现状并且对现状进行分析、研究，从而充分了解养老市场的发展空间和需求，更好地开发养老市场、合理规划养老计划提供有用的资料。我们作此调研有利于充分了解市民和老人的需求，然后更好地去服务有养老需求的人们。不仅仅从物质上，还要从精神上去让更多的老人们能够老有所依、老有所乐，保障老年人的生活质量。

4. 调研内容

宏观市场的调研：① 宏观经济及政府规划；② 养老市场现状。

需求市场调研：① 市民的住房要求；② 市民的生活质量需求；③ 市民价格支付能力；④ 购买人群；⑤ 购买决策；⑥ 购买偏好。

竞争市场调研：① 竞争者的项目情况（包括他们的楼盘开发状况、楼盘的档次以及布局、他们的物业管理方式等）；② 竞争者的市场营销策略；③ 竞争者的市场细分的依据及方法。

项目自身情况调研：① 自身项目的整体研究及特性；② 项目的地理位置及费用问题；③ 项目公司的组成。

5. 调研范围

烟台地区，在这些区域内对一些养老行业内相关的商家、厂商、业务销售员以及客户进行访谈，从中获得自己所需要的资料。

6. 调研采用的方式和方法

调研的方式方法有很多，例如文献法（通过书面材料、统计数据等文献对研究对象进行间接调研）、观察法（现场观察，凭借感觉搜集数据资料），而我们最常用的一种就是问卷调研法，即向有关人员发放调研问卷，然后收取，根据有关人员的回答进行分析研究。当然，调研中应当注意的问题有很多，例如调研老人的一些喜好、习惯，以及调研过程中的经费等。

7. 资料分析及结果提供形式

进行资料分析的方法也有很多，通过对相关人员的访问调研来搜集资料，采用表格等方法，进行分析进而得出结论，然后够帮助我们做好下一步工作。分析资料后的结果可以用图表等方式表达出来，也可写一份调研报告。

8. 调研进度安排和经费预算表

调研进度安排和经费预算表见表 2-3。

表 2-3　调研进度安排和经费预算表

工作项目	时间安排	经费预算
搜集调研所需资料	2 天	1 000 元
设计调研问卷	2 天	1 000 元
问卷的分发收取	5 天	3 000 元
对问卷进行分析整理	3 天	2 000 元
得出最后结论	1 天	1 000 元
合计	13 天	8 000 元

9. 附件

养老需求调研问卷……

讨论题：

（1）通过本案例，思考市场调研方案都包括哪些内容。

（2）设计调研方案时都应该注意什么？

（3）对于本案例的设计调研方案，你有什么好建议？

【综合实训】

项目列表：

在小组讨论的基础上，从下面给出的指导性题目中选择一个，或者自选题目（结果指导教师认可）完成市场调研方案的制作。

①大学生求职意向及职业规划调研。

②汽车4S店消费者满意度调研。

③大学生消费状况调研。

④大学生使用手机情况的调研。

⑤大学生手游/网游消费状况的调研。

⑥大学生对食堂满意度的调研。

⑦居民对社区服务的满意度调研。

⑧日用消费品价格上涨对城市生活影响程度的调研。

……

实训目的：

①通过实际操作训练，使学生了解到市场调研方案在整个调研的过程中的重要性和实施步骤。

②通过实际操作训练，使学生掌握市场调研方案编写的基本技能。学生能够根据所选的调研项目，设计制作有效的调研方案，提高学生的动手能力和创新思维。

③通过实训使学生在实际操作中提高自身的专业能力与职业素养。

实训内容及要求：

①以小组（每组6人左右）为单位设计一份完整的市场调研方案。

②在班级进行小组间的交流，每个小组推荐1人说明其所做的调研方案。

③由教师与评议小组根据其所做调研方案及发言情况进行评价。

实训步骤：

①明确市场调研方案策划的主要内容。

②了解调研项目背景、调研目的。

③组织项目小组，讨论调研内容、调研对象及调研方法、经费预算、调研日程安排等。

④小组成员共同商讨后初步确定调研方案。

⑤组长向教师汇报，教师指导学生对调研方案进行修改。

⑥组长与组员共同修改完善调研方案。

组织形式：

以小组为单位组成调研项目小组，在项目列表中选择调研项目，针对选择的调研项目，完成市场调研项目方案的制作。

考核要点：

①市场调研方案的格式合规性。

②市场调研方案的完整性、可行性。

③小组合作过程中的协作性和凝聚力。

④整个工作过程中思政要点的体现。

可参考下表进行评量：

市场调研与分析“撰写市场调研方案”评量表

姓名：　　　　　　　　　组别：　　　　　　　　　班级：

各位同学：请教师针对下列评量项目并参照评量标准，选择 A、B、C、D 进行自评，教师审定后确定最终成绩，满分 100 分。					
评量项目	分　值（自评）				教师
	A	B	C	D	审定成绩
1. 调研方案结构与内容（30）					
2. 抽样、调研方法的选择（30）					
3. 调研方案设计（20）					
4. 小组合作（10）					
5. PPT 制作及展示效果（10）					
备注：各项目之 A、B、C、D 分值分别为 100%、90%、80%、70%，此项评量分数上限为 100 分。					

评量标准				
项目	撰写市场调研方案			
评量标准	A	B	C	D
调研方案结构与内容	调研方案结构完整、格式正确、阐述清晰准确、内容完整充实	调研方案结构较完整、格式正确、阐述清晰、内容较完整充实	调研方案结构缺少两部分以上、格式有错误、每个标题下方有阐述	调研方案结构缺少三部分以上、格式有错误、没有阐述清楚
调研方式方法的选择	调研方式方法有创新，能结合调研主题准确选择和使用相应的调研方式方法	能结合调研主题准确选择和使用相应的调研方式方法	能结合调研主题选择和使用相应的调研方式方法，但存在方式方法选择偏差	调研方式方法选择或表述错误
调研方案设计	调研方案设计有创新，具有可执行性，符合调研主题需要，设计理念鲜明，能体现职业素养	调研方案设计具有可执行性，符合调研主题需要，体现设计理念和职业素养	调研方案体现设计意图，可执行性不强	调研方案没有体现设计意图
小组合作	学习过程中小组同学有明确分工，并全员参与共同完成学习任务	学习过程中小组同学有分工，部分参与完成学习任务	学习过程中小组同学部分参与完成学习任务，分工不明确	学习任务由个别成员完成
PPT 制作及展示效果	清晰、美观、重点突出。用语礼貌、准确并得到同学们的认可和共鸣	清晰、重点突出、内容正确，用语比较礼貌和准确，现场效果良好	能正确反映表述内容，能得到部分同学认可	制作内容存在错误，结构不够完整
总分				
备注：此项评量分数上限为 100 分，占期末总成绩 10%。				

【素质园地】

"手慢无"？直播间购物套路满满"电商捧哏"是否合法合规？

"双 11"临近，直播购物竞争多样。除了明星助阵和低价抢客，短视频平台出现了新的角色，被称为"电商捧哏"。

他们是电商直播间的"气氛组"，营造热闹氛围，协助销售，例如倡导"1、2、3，上链接"或"大家把屏幕上的小红心点一点"等。有人认为这是专业化表现，有人认为是套路设计。这些现象是否合法？

电商直播的"气氛组"，即"电商捧哏"，近日成为热搜话题。他们通常是知名主播的助手或电商中控人员，负责设备、后台操作、维护秩序、数据复盘、烘托气氛等，工作多样，门槛低，竞争激烈，工作时间长。

在直播前，中控人员与团队设想可能问题，写互动话题，预告直播，提高热度。在直播时，频繁操作商品上下架、发放红包、优惠券、活动报名等。

"电商捧哏"的重要作用之一是"逼单"。主播反复强调最低价、库存有限、涨价等关键词，制造购买决策压力，"捧哏"附和，催促用户下单。有些还通过多台手机创造紧张感，评论区显示虚假数据。

"电商捧哏"误导消费者，侵犯消费者知情权，违反了法律。网络直播营销管理规定不得发布虚假信息、欺骗用户，不得宣传假货，不得虚构数据。"电商中控"应该受直播营销管理，因其对购买有影响。

有的直播间还雇佣"职业弹幕人"，为商家提供刷虚假好评、刷量控评服务，涉嫌违法。

2023 年前三季度全国直播电商销售额 1.98 万亿元，如何加强监管？现有法规已指导规制虚假数据和直播造假，但对直播乱象处罚力度低，需要制定更严格的法律和规定。直播平台也应提醒消费者警惕"电商捧哏"和"职业弹幕人"，理性对待他们的套路。

【课后练习】

一、单项选择题

1. 市场调研策划案就是把已经确定的市场调研问题转化为具体的（　　）。

   A. 调研内容　　B. 调研目标　　C. 调研方法　　D. 调研资料

2. 下列（　　）不属于按课题的作用划分调研课题。

   A. 探索预测性调研课题　　B. 理论性调研课题

   C. 描述性调研课题　　D. 解释性调研课题

3. 一个调研方案制定的最主要依据就是这个调研的（　　）。

   A. 内容　　B. 目的　　C. 方法　　D. 资料

4. 下列不属于调研方案可行性分析的方法是（　　）。

   A. 大众分析法　　B. 经验判断法　　C. 逻辑分析法　　D. 试点调研法

5. 市场调研方案包括选择恰当的调研课题、调研内容和（　　）。

   A. 调研资料　　B. 调研方法　　C. 调研结论　　D. 调研时间

6. 市场调研方案的制定要在实地市场调研（　　）。

A. 边进行边策划　B. 之后　C. 之中　D. 之前

7. 下列选项不属于市场调研方案的原则的是（　　）。

A. 科学性　B. 经济性　C. 有效性　D. 可行性

8. 市场调研课题的步骤中不包括（　　）。

A. 背景分析　B. 确定课题的相关工作

C. 试点调研　D. 课题的确定

9. 下列选项中不属于市场调研方案内容的是（　　）。

A. 调研目的　B. 确定调研对象和调研单位

C. 市场调研报告撰写　D. 调研项目的费用与预算

二、多项选择题

1. 市场调研方案的作用有（　　）。

A. 定性认识到定量认识转换　B. 调研内容转化为调研表

C. 统一协调的作用　D. 了解市场调研的背景

2. 市场调研课题的分类可以按照以下类型划分（　　）。

A. 课题的大小　B. 课题的性质　C. 课题的作用　D. 课题的目的

3. 确定调研课题的相关工作包括（　　）。

A. 和决策者交流　B. 请教专家　C. 二手资料分析　D. 设计调研问卷

4. 市场调研方案的内容包括（　　）。

A. 前言部分

B. 市场调研课题的目的和意义

C. 市场调研课题的内容和范围

D. 市场调研将采用的方法

E. 课题的研究进度和有关经费开支预算

F. 附件部分

5. 运用试点调研方法进行调研方案的可行性研究，还应注意以下几个常见问题：（　　）。

A. 应尽量选择规模小、具有代表性的试点单位

B. 事先建立一支精干的调研队伍

C. 调研方法和调研方式应保持适当的灵活性

D. 二手资料调研的时效性

E. 及时做好总结工作

6. 进行市场调研方案时应考虑的因素包括（　　）。

A. 调研对象和范围　B. 调研目的

C. 天气　D. 资金

E. 调研方式方法

项目三　选择市场调研的方式与方法

【知识目标】

- 理解全面调研与非全面调研。
- 熟知抽样调研的基本方法。
- 认知抽样误差与非抽样误差。
- 熟知间接调研法的含义和作用。
- 掌握访谈调研法的含义和作用。
- 掌握实验调研法的含义和作用。

【技能目标】

- 能够作出全面或非全面调研判断。
- 能根据调研项目选择合适的调研方式。
- 能对调研总体进行合理抽样。

【素养目标】

- 培养学生去伪存真、追求真理的思维能力。
- 树立学生吃苦耐劳、持之以恒的工匠精神。
- 培养学生遵守市场调研人员的职业道德和职业责任。

【项目导读】

在市场调研工作中，最重要的一项任务就是调研信息的收集，调研信息的准确性关系着企业分析市场和制定营销决策的成效。因此，企业必须采用恰当的调研方式和方法搜集信息，以保证信息的准确、可靠、有效。

【知识导图】

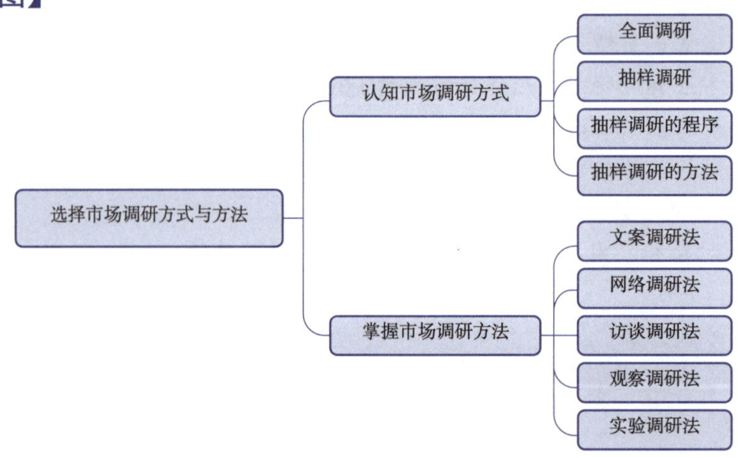

【引入案例】

中国内地某科技公司。计划推出一款针对年轻消费者的智能手表。为了更好地满足目标市场的需求，公司决定进行市场调研来指导产品的设计和营销策略。经过内部商讨，市场调研团队选择了多种方法进行调研。

（1）在线问卷调查：通过社交媒体和电子邮件，向年轻人发放问卷，收集关于智能手表功能偏好、价格敏感度和设计喜好的数据。

（2）焦点小组讨论：组织数个小型的讨论会，邀请目标消费群体的代表参与，深入探讨他们对智能手表的期望和使用场景。

（3）竞品分析：分析市场上现有的智能手表品牌，研究它们的产品特点、市场定位和用户评价。

（4）实地观察：在商场和电子产品零售店进行实地观察，了解消费者在选择智能手表时的行为和偏好。

这次市场调研帮助公司深入理解了年轻消费者对智能手表的具体需求，如运动追踪功能的重视、对时尚设计的偏好以及价格的敏感性。调研结果直接影响了产品的功能定位、设计风格和定价策略，为公司在激烈的市场竞争中找到了明确的方向。

问题：

（1）公司在市场调研中采用了多种方法（如问卷调研、焦点小组等）。这种多元化的调研方式有哪些优势？它是如何帮助公司更全面地理解市场和消费者的？

（2）在市场调研过程中，其收集的数据如何有效转化为产品开发和市场策略的决策依据？这对于提高产品的市场竞争力有哪些具体影响？

任务一　认知市场调研方式

当市场调研的目的确定后，接下来就是选取恰当的调研方式和调研方法，这项工作对于信息搜集的准确性至关重要，它也决定着调研结果的正确与否。通常，调研人员都会选择用一手资料进行研究，因为一手资料是通过科学的、系统的调研方法从市场取得的信息。一手资料相对二手资料来说更全面、更准确。一手资料能客观反映出市场的变化，同时也是企业制定营销决策的重要依据之一。

按调研样本选取的方式划分，一手资料的获取可分为两大类，分别是全面调研和抽样调研。

一、全面调研

（一）全面调研的含义

全面调研，又称普遍调研、普查，是对调研对象的全部单位，无一例外的逐个加以调研的一种调研方式。例如要掌握全国人口总数及构成情况，就需要对全国每一户居民进行调研。各种普查和多数定期统计报表都属于全面调研。全面调研需要耗费较多的人力、物力、财力和时间，因此通常只用来反映最基本、最重要的社会经济现象。

（二）全面调研的特点

（1）精确性。全面调研的特点之一是精确性，即所有指标都准确无误，没有推断和增减。由于操作过程中不可避免地存在人为因素，会出现误差，但相对于部分样本的调研，准确程度更高。例如，第七次全国人口普查结果显示，全国人口共141 178万人，与2010年第六次全国人口普查数据相比，增加7 206万人，增长5.38%，年平均增长率为0.53%，比2000年到2010年的年平均增长率0.57%下降0.04个百分点。数据表明，我国人口10年来继续保持低速增长态势。

（2）全面性。全面调研一般针对调研对象做多项目调研，这就使全面调研呈现一种指标的全面性。调研项目多，各项指标详尽，调研内容广泛，力图从各方面反映调研对象的特征。反映的各类指标越多，指标体系越全面、完备，对调研对象的了解也就越深入，对不同调研个体所呈现的各类共性特征和个性特征的认识也就越深刻。例如，企业在进行全面调研时，会调研企业的人力、财务、产品线、研发能力、生产能力等多方面内容。企业全面调研所包含的内容，见表3-1。

表3-1　企业全面调研所包含的内容

序　号	调研部门/类别	调研内容
1	企业基本信息	企业背景、发展历史、股东信息、注册资本及构成、参股企业、子公司等
2	人力资源	组织机构、主要经营者信息、员工人数、员工构成、各部门员工人数、薪酬结构、考核标准、激励机制、员工培训等
3	财务状况	资产负债表、利润表、现金流量表、销售收入、销售成本、利润率、产品收入及成本等财务指标
4	产品线	产品线、产品明细、种类、详细介绍（规格、型号、性能、用途）、产品服务、产品技术含量（技术水平、技术参数、技术性能）产品价格体系等
5	研发能力	研发体系（人数、结构）、技术人员情况、新产品介绍、研发成果、研发投入、技术装备、合作机构、关键研发项目的进展等
6	生产能力	生产线情况（核心设备明细、技术水平、生产能力、使用率、净值率）、生产环境、生产直通率、生产报废占BOM的百分比、人均销售额、保修期内翻修率、制造费用结构及占销售比等
7	营销	（1）销售明细：客户名称、产品名称、型号规格、单价、数量、金额、销售日期 （2）营销策略：主要目标市场、客户群特征、营销策略等 （3）渠道策略：渠道模式、渠道结构、渠道价格体系、渠道管理制度等 （4）客户分析：客户集中度分析、客户分布、销售区域分布、客户所在行业分布、客户维护模式等
8	售后服务	产品保修/保修期限、服务响应速度、服务网络建设、服务程序、投诉/退货处理等
9	采购	（1）原材料明细：供应商名称、产品名称、型号规格、采购量、价格、金额、采购日期等 （2）供应商分析：核心供应商、产品、支付情况、合作模式等；原材料采购成本、供货能力
10	竞争策略	企业SWOT分析、主要竞争优势分析、主要竞争对手、竞争策略等
11	发展战略	生产、产品结构调整、投资、融资、管理层变动、合作、技术开发及各职能部门战略

（3）周期性。因为调研涉及面广、调研单位多，需要耗费大量人力、物力和财力，通常需要间隔较长的时间，如每隔 10 年进行一次。我国的人口普查和第三产业普查都经历了周期性，每逢末尾数字为“0”的年份进行人口普查，每逢“3”的年份进行第三产业的普查，每逢“5”的年份进行工业普查，每逢“7”的年份进行农业普查，每逢“1”或“6”的年份进行统计基本单位普查。

（三）全面调研的缺点

（1）耗时费力，资金消耗大。由于全面调研涉及的面比较广，工作量大，无法在短时间之内把资料收集全，且有大量的数据与资料需要处理分析。

（2）实施困难。由于全国调研方法要高度统一集中，因此就要求每次全面调研，必须有一个高度集中的组织协调班子来监管。有严密的计划，有规定统一的调研时间，且调研标志不能太多。这样就使全面调研的实施具有很大的困难。

（3）不深入，不细致。全面调研往往只限于对现象最一般最基本的描述，无法反映深度的变化和细微的差别，因此，只有全面调研资料，仍然只能得到对事物宏观上的了解，因而需要结合其他调研方法，并取得更好的调研资料。

由于社会主义市场经济的发展，各种经济成分的多元化，全面调研已经不太适应当前的形势，只是作为一种补充性的统计调研方式。目前主要是在各类规模以上的企业调研中运用。

二、抽样调研

（一）抽样调研的含义

抽样调研是一种非全面调研，抽样调研是根据随机的原则从总体中抽取部分实际数据进行调研，并运用概率估计方法，根据样本数据推算总体相应的数量指标的一种统计分析方法。抽样调研虽然是非全面调研，但它的目的却在于取得反映总体情况的信息资料，因而也可起到全面调研的作用。

（二）抽样调研的特点

（1）经济性。和全面调研相比较，抽样调研能节省人力、费用和时间，而且比较灵活。抽样调研的调研单位要比全面调研的单位少得多，因此既能节约人力、费用和时间，又能比较快地得到调研的结果，这对很多工作是很有利的。例如，农业产量全面调研的统计数据要等收割完毕以后一段时间才能得到，而抽样调研的统计数据在收获的同时就可以得到，一般能早两个月左右。这对于安排农产品的收购、储存、运输等都是很有利的。

由于调研单位少，有时可以增加调研内容。因此，有的国家在人口普查的同时也进行人口抽样调研，一般项目通过普查取得资料，另一些项目则通过抽样调研取得资料。这样既可以节省调研费用和时间，又丰富了调研内容。

（2）灵活性。抽样调研的组织工作方便灵活，调研项目可多可少，考查范围可大可小，既适用于专题的研究项目，也适用于经常性的调研项目，只要需要，随时都可以组织实施。

（3）随机性。抽样调研是从总体样本中抽选出来部分样本进行调研，是按照随机原则抽选出来的，由于不受任何主观意图的影响，因此总体中各个单位都有被抽出来的可能性，这样能够保证被抽中的调研样本在总体中的更合理、均匀分布，调研出现倾向性、偏差的可能性极小，样本对总体的代表性很强。

（4）周期短、时效快。与全面调研相比较，抽样调研有所不同的是，规模小，接受调研单位少，因此能够在很短时间内掌握调研对象的总体状况，这种时效性特别有利于在市场信息千变万化的时候得出比较准确的调研结论，从而不会因市场发生新的变化而耽误决策时机。

（三）抽样调研的适用范围

（1）不能进行全面调研的事物。有些事物在测量或试验时有破坏性，不可能进行全面调研，如人体白细胞数量的化验、灯泡的耐用时间试验等。

（2）有些总体从理论上讲可以进行全面调研，但实际上不能进行全面调研的事物，如了解某个森林有多少棵树、每个树能结多少个果实等。

（3）抽样调研方法可以用于工业生产过程中的质量控制。抽样调研不但广泛应用于生产结果的核算和估计，而且有效应用于对成批或大量连续生产的工业产品，在生产过程中进行质量控制，检查生产过程是否正常，及时提供有关信息，以便于采取措施预防废品的发生。

（4）利用抽样推断的方法，可以对于某种总体的假设进行检验，来判断这种假设的真伪，以决定取舍。如新产品开发或促销策略的使用是否有明显效果，需对未知的或不完全知道的总体做出一些假设，然后利用抽样调研的方法，根据实验材料对所做假设进行检验，作出判断。

（四）抽样调研中常用的专业术语

（1）总体：是指所要研究对象的全体。它是根据一定研究目的而规定的所要调研对象的全体所组成的集合，组成总体的各研究对象称为总体单位。

（2）个体：是指总体中的每一个考查对象。

（3）样本：是总体的一部分，它是由从总体中按一定程序抽选出来的那部分总体单位所组成的集合。

（4）样本的容量：样本中个体的数量。

（5）抽样框：是指用以代表总体，并从中抽选样本的一个框架，其具体表现形式主要包括总体全部单位的名册、地图等。抽样框在抽样调研中处于基础地位，是抽样调研必不可少的部分，其对于推断总体具有相当大的影响。

（6）抽样比：是指在抽选样本时，所抽取的样本单位数与总体单位数之比。对于抽样调研来说，样本的代表性如何、抽样调研最终推算的估计值真实性如何，首先取决于抽样框的质量。

（7）置信度：也称为可靠度或置信水平、置信系数，即在抽样对总体参数作出估计时，由于样本的随机性，其结论总是不确定的。因此，采用一种概率的陈述方法，也就是数理统计中的区间估计法，即估计值与总体参数在一定允许的误差范围以内，其相应的概率有多大，这个相应的概率称作置信度。

（8）抽样误差：在抽样调研中，通常以样本作出估计值对总体的某个特征进行估计，当二者不一致时，就会产生误差。因为由样本作出的估计值是随着抽选的样本不同而变化，即使观察完全正确，它和总体指标之间也往往存在差异，这种差异纯粹是抽样引起的，故称之为抽样误差。

（9）偏差：也称为偏误，通常是指在抽样调研中除抽样误差以外，由于各种原因而引起的一些偏差。

（10）均方差：在抽样调研估计总体的某个指标时，需要采用一定的抽样方式和选择合适的估计量，当抽样方式与估计量确定后，所有可能样本的估计值与总体指标之间离差平方的均值即为均方差。

由于抽样调研能节约费用，快速、及时，而且能够提高资料的准确性和可靠性，所以，目前世界上许多国家在产品产量调研、土地资源利用调研、饮水、住宅、人民健康和社会福利调研、环境污染调研、人口调研、工业调研等很多领域均有广泛应用。

三、抽样调研的程序

无论采用什么样的方法进行抽样调研，在调研之前都要制定一个周密完整的抽样方案，以指导整个调研工作。抽样调研的完整过程一般包括以下 8 个步骤，如图 3-1 所示。

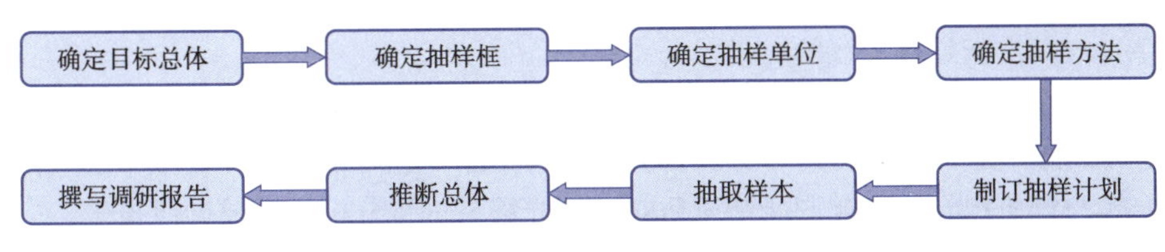

图 3-1　抽样调研的程序

（1）确定目标总体。目标总体是指由调研对象的全部单位所构成的集合体，确定目标总体就是要确定调研对象的全体。首先要根据调研目的，确定调研范围及总体单位。总体的确定必须包含如下要素：抽样单位、抽样范围和抽样时间。例如，在一个企业关于其产品社会集团购买量的调研中，调研总体可以定义为“在过去 3 年中，中国境内，所有购买我们产品的机关、学校、企事业单位”，即抽样单位是所有购买过其产品的机关、学校、企事业单位，抽样范围是全国，抽样时间是 3 年。缺少这些因素，抽样总体的界定就是不清楚的。

（2）确定抽样框。理想的抽样框应该满足这样一个条件：抽样总体中的每一个元素都在抽样框中出现一次，且仅出现一次。在实际的调研中，调研者一般选择户籍簿、员工名册、电话簿和地图等为抽样框。例如，调研某城市公交公司多条线路在某一时段的载客率时，可以把它的全部路线以相邻站点之间的路段为单位排列起来，对抽中路段内的车辆进行调研，这就是将空间以逻辑关系排列成抽样框。如果要调研全天的平均载客率，就会形成一个由时间和空间混合而成的逻辑关系顺序表。

（3）确定抽样单位。抽样单位是容纳总体的基本单位，它可以等同于也可以不等同于样本元素。与总体元素的确定相比，抽样单位的确定具有某种主观性或任意性，可以由调研人员根据具体情况来选定。例如，欲从 13 岁以上的男性中抽取一个样本，调研者可以根据身份证显示的有关资料，以公安局提供的名单为样本框直接抽取，也可以根据户口簿先抽取一些家庭，然后对一个家庭中 13 岁以上的男性进行调研。这两种情况下，样本元素虽然没有变，都是 13 岁以上的男性，但是抽样单位变了。

（4）确定抽样方法。抽样调研是从被调研总体中抽取一部分对象进行调研。抽样方法有很多，一般可分为随机抽样和非随机抽样两类，而每一类又包含多种方式，如随机抽样中有分层随机抽样调研、分群随机抽样调研等。选择的抽样方式不同，具体的做法也会不同。

只有采用随机抽样时才需要对总体中的每一个个体进行编号，然后采用抽样技术，选出更具代表性的个体。在调研工作中，如果调研总体中的个体很多，则编号工作量会很大，这时一方面要考虑采用非随机抽样技术，另一方面要分析能否采用分群随机抽样技术或多级多阶段技术。

（5）制订抽样计划。抽样计划要制订具体实施步骤并详细说明如何做出和执行每一项决定。例如，当进行入户调研时，若应答者不在家怎么办？是否需要再访？若需要，什么时间再访？对于这一类问题，抽样计划中都应给予具体的说明或规定。

（6）抽取样本，简称抽样，依据是否遵循随机原则分为概率抽样和非概率抽样。概率抽样，具有统计推算的功能，能实际算出样本的代表性程度。非概率抽样主要用于母体过于庞大、复杂，对其没有足够了解的时候。

（7）推断总体。用样本调研的结果推断总体是抽样调研的重复步骤，也是抽样调研的目的，以样本来推断总体，既可按百分比推算法进行推断，也可以按平均数推算法进行推断。

（8）撰写调研报告。抽样调研结束后，对抽样结果进行分析，形成调研报告。

四、抽样调研的方法

抽样调研又分为随机抽样和非随机抽样两种类型。

（一）随机抽样

随机抽样又称为概率抽样，是指按随机原则从总体中抽取样本的抽样方式。在随机抽样当中，总体的每一个个体都有同样的概率被选中成为样本。这种抽样方法排除了主观的随意性，使样本更具有代表性。随机抽样根据采取的抽样技术不同，又分为简单随机抽样、系统随机抽样、分层随机抽样和分群随机抽样。

1. 简单随机抽样

简单随机抽样技术是以基本单位作为抽样单位，从总体的 N 个单位中直接抽取 n 个单位作为样本，每次抽取时，使总体中任一单位被抽中的概率相等的抽样方法。

（1）抽取方法应用。简单随机抽样方式的具体做法主要有三种：

第一，直接抽选法，是指直接从调研对象中随机抽选。例如，从仓库中存放的所有同类产品中随机指定若干件产品进行质量检验；从粮食仓库中不同的地点取出若干粮食样本进行含杂量、含水量的检验等。

第二，抽签法，即先将涉及总体各个单位按照某种自然的顺序编号，并做成号签，再把号签掺合起来，任意抽取所需单位数，然后按照抽中的号码取得对应的调研单位加以登记调研。

第三，查随机数表法。随机数表是指含有一系列组别的随机数字的表格。这种表格既可以借助电子计算机编制，也可以采用数码机编制或自己编制。表中数字的出现及其排列是随机形成的。查随机数表时，可以竖查、横查、顺查、逆查，可以用每组数字左边的头几位数，也可以用其右边的后几位数，还可以用中间的某几位数字。这些都需事先决定好。但一经决定采用某一种具体做法，就必须保证对整个样本的抽取完全遵从同一规则。

例 3-1　要从 80 户居民中抽取 10 户进行收入调研，现将 80 户居民从 1～80 进行编号，然后假设从随机数表（见表 3-2）中第二行的第八列的第一个数字开始自左向右、自上向下取样，顺序取得的样本号为 60、75、12、45、17、31、66、76、65、02。由于 98、97、87、82、95 这 5 个数字大于 80，故舍去不用。

表 3-2　随机数表

03474	37386	36964	73661	46986	37162	33261	68045	60111	41095
97742	46762	42811	45720	42533	23732	27073	60751	24517	98973
18766	82769	56502	67107	32907	97853	13553	85859	88975	41410
12568	59926	96966	82731	05037	29315	57121	01421	88264	98176
55595	63564	38548	24622	31624	30990	06184	43253	23830	13030
16227	79439	49544	35482	17379	32378	87352	09643	84263	49164
84421	75331	57245	50688	77047	44767	21763	35025	83921	20676
63016	37859	16955	56719	98105	07175	12867	35807	44395	23879
33211	23429	78645	60782	52420	74438	15510	01342	99660	27954
57608	63244	09472	79654	49174	60962	90528	47727	08027	34328
18180	79245	44171	65809	79838	61962	06765	00310	55236	40505
26623	89775	84160	74499	83114	63224	20148	58845	10937	28871
23424	06474	82977	77781	07453	21408	32989	40772	93857	91075
52362	81995	50922	61197	00567	63138	80220	25353	86604	20453
37859	43512	83395	00830	42340	79688	54420	68798	35852	94839

（2）简单随机抽样的优缺点。①优点：简单随机抽样的抽样理论较为成熟，其他抽样方法都是在简单随机抽样的基础上发展起来的，在所有抽样方法中，简单随机抽样是最简单的一种抽样方法，同时也是抽样效率较高的，在相同的样本量下，简单随机抽样的精度比许多实际抽样要高，也是在实践中应用较广的一项抽样技术。② 缺点：第一，完整的总体名册不易取得，获取的成本很大，实行困难；第二，当总体样本单位过多时，抽样作业相对不方便进行；第三，样本分配分散时，会增加作业难度；第四，样本单位差异很大时，样本的代表性不足。

（3）简单随机抽样适用条件。简单随机抽样是抽样中最基本也是最单纯的形式，它适用于总体单位数不是太多的均匀总体，即调研总体中各单位之间差异较小的情况，或者调研对象不明，难以分组分类时的情况。如果市场调研范围较大，总体内部各单位之间的差异程度较大，则要同其他随机抽样技术结合使用。

2. 系统随机抽样

系统随机抽样又称机械抽样、等距抽样。它是先将总体单位按一定标志排列起来，而后按固定顺序和一定距离来抽取样本单位的抽样方式：

（1）系统随机抽样的方法。采用机械抽样对总体单位进行排队，必须选择一定的标志。标志的选择有两种情况，即无关标志和有关标志。无关标志就是和研究现象毫无关系的一个标志，如对某市职工的月收入进行抽样调研，在抽取样本单位时，将职工以姓氏笔画为标志进行排队就是按无关标志排队。有关标志就是和被研究现象有关系的标志，如在上例中抽取样本单位时，将职工按收入的高低排队就是按有关标志排队。

等距抽样除排队的标志外，还需要考虑抽样间隔的问题。设 N 为总体单位数，n 为样本单位数，k 为抽样距离，则 $k=N\div n$。

例 3-2　母体若为 10 000 个消费者，抽 200 人作为样本进行调研，则样本区间为 10 000÷200=50，假定从 01 到 50 中随机抽出 06，则样本单位的号码依次为 06，56，106，156……直到抽出 200 个样本为止。

（2）系统随机抽样应用场合。

第一，当总体信息名录不容易找到，或者总体数量大、编制信息名录工作量大的时候，等距抽样会使得样本的抽取简便易行，简化抽样手续。因为等距抽样所需的只是总体单位的顺序排列，只要随机确定一个（或少数几个）起始单位，整个样本就自然确定，在某些场合下甚至可以不需要抽样框。比如，对上海地区的车辆进行某种特性的抽样检测就可以对车辆牌照采用系统抽样，譬如车牌号码尾数为 39 的车辆必须到检测所参加测试就是每 100 单元中抽一个系抽样。

第二，样本单位在总体中分布比较均匀时，利用等距抽样技术有利于提高估计精度。如果调研者对总体的结构有一定了解，可以利用已有信息对总体单位进行排列，即按有关标志对总体单位排序，这样采用有序系统抽样就可以有效地提高估计的精度。

第三，当调研人员不熟悉抽样专业技术时，这种方法容易被非专业人员所掌握，而且还因其较易保留抽样过程的原始记录而便于监督和检查，因此，在一些大规模抽样调研中，经常采用等距抽样代替简单随机抽样。

系统随机抽样的优点：方便简单，省去了一个个抽样的麻烦，适用于大规模调研，还能使样本均匀地分散在调研的总体中，不会集中于某些层次，增加了样本的代表性。

3. 分层随机抽样

根据调研的要求，将总体 N 分为若干个子总体 N_1，N_2，…，N_i（通常用总体或子总体的容量大小来表示总体或子总体本身），实质上是将总体分为 i 层。独立地在各层中进行抽样，称为分层抽样。如果在各层中的抽样都是简单随机进行，则称为分层随机抽样，所得的样本称为分层随机样本。

如何分层是一门学问。一般来说，按照调研的目的，从地区、民族、指标的反映程度等因素出发考虑分层。因为一项社会经济调研，常常不仅需对总体的有关参数进行估计，而且对一定群体的相应参数也需要估计。例如，调研全国的消费物价指数，同时想知道各省市的消费物价指数，根据这种要求自然以全国所有省市作为层来进行抽样。

（1）分层随机抽样的方法。

第一，等比例分层抽样。等比例分层抽样法是按照各层中样本单位的数目占总体单位数目的比例分配各层的样本数量。

例 3-3　某地共有居民 20 000 户，按经济收入高低进行分类，其中：高收入居民为 4 000 户，占总体的 20%；中等收入居民为 12 000 户，占总体的 60%；低收入居民有 4 000 户，占总体的 20%。从中抽取 200 户进行购买力调研，则各类型应抽取的样本个数计算如下：

第一步，计算各层在总体中的比例。

高收入户：4 000÷20 000×100%＝20%

中等收入户：12 000÷20 000×100%＝60%

低收入户：4 000÷20 000×100%＝20%

第二步，样本单位数的抽取是按各类经济收入的单位数量占总体单位数量的比例进行的抽选，各类型应抽取的样本单位数分别为：

高收入户的样本单位数目：200×20%＝40（户）

中等收入户的样本单位数目：200×60%＝120（户）

低收入户的样本单位数目：200×20%＝60（户）

第三步，在各层中采取等距抽样方法抽取样本单位。

这种方法简单易行，分配合理，计算方便，适用于各类型之间差异不大的分类抽样调研，如果各类型之间差异过大，则不宜采用，而应采用非等比例分层抽样。

第二，非等比例分层抽样。非等比例抽样又称分层最佳抽样，它不按各层中样本单位数占总体单位数的比例分配分层样本数，而是根据各层标准的大小来调整各层样本数目。该方法既考虑了各层在总体中所占比重的大小，又考虑了各层标准差的差异程度，有利于降低各层的差异，以提高样本的可信度。

例 3-4　假设还是按上例的数字，即抽取的样本为 200 户，高、中、低收入户分别为 4 000 户、12 000 户、4 000 户。假定其标准差估计值，家庭收入高、中、低户分别是 30 万户、20 万户、5 万户。为了便于计算观察，可见表 3-3。

表 3-3　确定样本量的数据表

层（不同经济收入）	每层中调研单位总数（万户）	各层标准差估计值（万户）	单位数×标准差
高	0.4	30	12
中	1.2	20	24
低	0.4	5	2
合　计	2	—	38

采用分层最佳抽样法，计算各层应抽的样本数，具体如下：

高收入居民户＝200×(12/38)＝63（户）

中收入居民户＝200×(24/38)＝126（户）

低收入居民户＝200×(2/38)＝11（户）

从以上两个例子抽取样本的结果可以看出，相比于等比例分层抽样法，由于分层最佳抽样法各层标准差大小不同，家庭收入高的样本增加了 23 户（63－40），中等收入的分层样本增加了 6 户（126－120），而低收入家庭样本减少了 29 户（40－11）。由于购买家用电器的潜在需求水平同家庭收入水平成正比例关系，所以，增加高中档层的样本数，相应减少低档层的样本数，将有利于提高样本的准确率。

(2) 分层抽样应用场合。分层抽样适合于调研标的在各单位的数量分布差异较大的总体。因为对这样的总体进行合理的分层后可将其差异较多地转化为层间差异，从而使层内差异大大减弱。

当总体有周期现象时，用分层比例抽样法可以减少抽样方差。通常，在满足上述条件时，分层在精度上会有很大的益处：总体是由一些大小差异很大的单位组成的；分层后，每层所包含的总体单位数应是可知的，也即分层后各层的权重是确知的或可以精确估计的；要调研的主要变量（标志）与单位的大小是密切相关的：对单位的大小有很好的测量资料可用于分层，也即分层变量容易确定。

分层随机抽样技术与简单随机抽样技术相比，人们往往选择分层随机抽样技术。因为分层随机抽样的优点通常表现为：一是抽样效率高；二是样本代表性好；三是各层的抽样方法可以不同；四是便于组织实施；五是可以推算总体及各层的参数。

4. 分群随机抽样

分群随机抽样，又称整群抽样、聚类抽样。它与前几种抽样的最大区别在于，它的抽样单位不是单个的个体，而是成群的个体。它是将总体各单位划分成若干群，然后以群为单位，从中随机抽取一些群，对中选群的所有单位进行全面调研的抽样方式。

（1）分群随机抽样操作方法。

第一步，选择群单位，将总体划分为若干个群。整群抽样只是在各群之间抽取一部分群进行调研，群间差异的大小直接影响到抽样误差的大小，而群内差异的大小则不影响抽样误差，群实际上是扩大了的总体单位。这就决定了分群的原则应该是：尽量扩大群内差异，而缩小群间差异。整群抽样中的“群”大致可分为两类，一类是根据行政或地域形成的群体，如学校、企业或街道，对此采用整群抽样是为了方便调研、节省费用；另一类群则是调研人员人为确定的，如将一大块面积划分为若干块较小面积的群，这时，就需要考虑如何划分群，以使在相同调研费用下抽样误差最小。

第二步，编制群单位的信息框，抽取样本群。整群抽样是对群进行随机抽样，抽到的群的所有单位全部入样，因此抽取群单位的时候并不需要总体单位的基本信息。调研人员只需要编制关于群单位的信息框就可以了。另外，在抽取群单位的时候通常可以采取简单抽样的方法。

例 3-5　某校有学生 2 000 名，计划从中抽 160 名进行调研。可将学生宿舍作为抽样单位。假设该校共有学生宿舍 250 个，每个宿舍住 8 个学生。我们可以从 250 个宿舍中随机抽取 20 个，其中男生宿舍 10 个，女生宿舍 10 个，对抽中的每个宿舍的所有学生进行调研，这 20 个宿舍共 160 名学生就是此次抽样的样本。

（2）分群随机抽样与分层随机抽样区别。分群随机抽样与分层随机抽样的内容要求不同：分层随机抽样要求所分各层之间有差异，分层内部的分子具有相同性；分群随机抽样恰恰相反，要求各群体之间具有相同性，每个群体内部的分子具有差异性。从抽样方式上说，分层抽样每类都按一定比例抽取样本，而分群抽样是从总群中抽出若干群，抽出的群的所有单位全部为样本。

（3）分群随机抽样适用场合：

第一，调研人员对总体的组成很不了解。

第二，调研人员为省时省钱而把调研局限于某一地理区域内。

（4）分群随机抽样的优缺点。分群随机抽样作为一种抽样组织形式，具有的优点：一是，调研单位比较集中，进行调研比较方便，可以减少调研人员来往于调研单位之间的时间和费用。例如，在进行农村居民户收入情况调研时，在一个县抽 5%的村庄，对其所有居民户进行调研，明显比从全县直接抽进行调研更便于组织，节省人力、旅途往返时间及费用。二是，设计和组织抽样比较方便。例如，调研农村居民住户，不必列出农村所有居民住户的抽样框，可以利用现成的行政区域，如县、乡、村，将农村划分为若干群，这给抽样设计方案带来很大方便。尤其是对那些无法事先掌握总体单位情况的总体，采用分群随机抽样更为合适。分群随机抽样的缺点如下：由于调研单位只能集中在若干群上，而不能均匀分布在总体的各个部分，因此，分群随机抽样的精度比简单随机抽样要低一些。

（二）非随机抽样

非随机抽样又称为非概率抽样，是对总体中每一个个体不给予平等抽取的机会，而是调研者根据自己的主观标准来抽取样本的抽样方式。由于它不是严格按照随机抽样原则来抽取样本，也就无法确定抽样误差，无法正确地说明样本的统计值在多大程度上适合于总体。虽然根据样本调研的结果也可以在一定程度上说明总体的性质和特征，但不能从数量上推断总体。非随机抽样又分为方便抽样、判断抽样、配额抽样和滚雪球抽样。

1. 方便抽样

方便抽样是偶遇抽样、任意抽样，即研究者将在某一时间和环境中所遇到的每一总体单位均作为样本成员。“街头拦人法”就是一种偶遇抽样。某些调研对被调研者来说是不愉快的、麻烦的，这时为方便起见就采用以自愿被调研者为调研样本的方法。方便抽样是非随机抽样中最简单的方法，省时省钱，但样本代表性因受偶然因素的影响太大而得不到保证。

方便抽样由于对调研条件要求较低，在操作时的难度较小。因为并不严格限制受访者，所以访谈成功率能更高一些，访谈成本也相对较低，同时访谈的进度更容易控制。由于调研对象的选择是随意的，对访谈员也无须过多地进行监督，可以简化调研控制环节。在许多商业调研中，虽然某些阶段可能使用较严格的抽样程序，但另一些阶段可以遵循便利抽样的原则。

便利抽样并不意味着对受访对象丝毫不加控制，相反，便利抽样更需要进行身份甄别，即确定某一受访者是否符合调研要求。

例如，关于计算机产品的调研可能要求受访者有一定的计算机知识，此时便利抽样是针对确定的计算机用户进行的，访谈员可以根据现场情况选择最便于调研的人员，但被选中的人员如果不能满足调研要求，就只能够放弃。

2. 判断抽样

判断抽样又称立意抽样，即研究人员从总体中选择那些被判断为最能代表总体的单位作样本的抽样方法。判断抽样适用于调研总体构成单位极不相同，调研单位总数比较少，样本数很小的情况。

当研究者对自己的研究领域十分熟悉，对研究总体比较了解时采用这种抽样方法，可获得代表性较高的样本。这种抽样方法多应用于总体小而内部差异大的情况，以及在总体边界无法确定或因研究者的时间与人力、物力有限时采用。

3. 配额抽样

配额抽样是将总体依某种标准分层（群），然后按照层样本数、层总体数成比例的原则主观抽取样本。配额抽样与分层概率抽样很接近，最大的不同是分层概率抽样的各层样本是随机抽取的，而配额抽样的各层样本是非随机的。采用配额抽样，事先要对总体的所有单位按其属性、特征分为若干类型，这些属性、特征称为“控制特征”，如被调研者的姓名、年龄、收入、职业、文化程度等。然后，按照各个控制特征分配样本配额。

例如，在一次调研中，要求受访者20%为农民，40%为学生，40%为其他职业，则访谈员在进行访谈时，就需要严格按照这一配额进行。当接受访谈的受访者中某一身份达到配额要求后，就不能再采访此类身份的人员了。

配额抽样是对判断抽样的程序化限制，将对受访者的限制由访谈员主观确定转化为设计人员规定，从而有效地保证了样本的代表性。在非概率抽样中，配额抽样是最常见的一种。

配额抽样尽管具有费用低、灵活性强、速度快等优点，但是存在定性标志（如人们的态度、观点等）无法分配的问题，另外，由于调研者有极大的自由去选择样本个体，这种方法常因调研者的偏好及个人方便性而使样本丧失代表性，从而降低调研的估计准确度。

4. 滚雪球抽样

滚雪球抽样是以若干个具有所需特征的人为最初的调研对象，然后依靠他们提供认识的合格的调研对象，再由这些人提供第三批调研对象，依次类推，样本如同滚雪球般由小变大。

例如，某研究部门在调研某市劳务市场中的保姆问题时，先访谈了7名保姆，然后请他们提供其他保姆名单，从而逐步将样本扩大到近百人。通过对这些保姆的调研，对保姆的来源地、从事工作的具体内容、经济收入等状况有了较全面的掌握。

滚雪球抽样的具体操作过程包括以下几个步骤：

第一步，认定访谈一个或几个具有所需特征的人，依据他们所提供的情况，去寻找其他受访者。

第二步，访谈第一批受访者提供的第二批受访者，并让他们推荐下一批受访者。

第三步，重复第二步过程，依此类推，越多越好，直到满足样本量。

优点：便于有针对性地找到调研对象，而不至于“大海捞针”。

局限性：要求样本单位之间必须有一定的联系，并且愿意保持和提供这种关系，否则，将会影响这种调研的进行和效果。

滚雪球抽样示意图如图3-2所示。

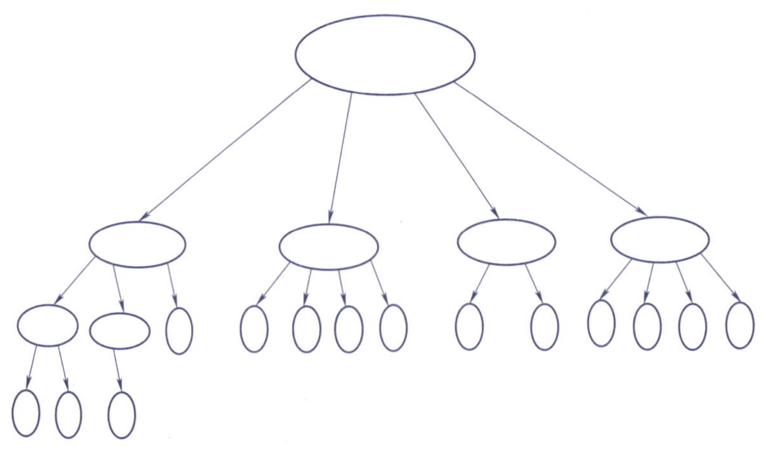

图3-2 滚雪球抽样示意图

滚雪球抽样多用于总体单位的信息不足或观察性研究的情况。这种抽样中有些分子最后仍无法找到，有些分子被提供者漏而不提，两者都可能造成误差。

任务二 掌握市场调研方法

按照所收集数据的类型划分，市场调研方法可分为间接调研法和直接调研法。

间接调研法也称二手资料调研法、文案调研法，是指从各种文献、企业资料中收集到数据，这些资料都是经他人收集、整理的资料，其中有些是已经发表过的，或者对外公布的。市场调研人员通过对间接资料的收集，可以了解有关市场的信息，把握市场机会，帮助市场调研人员对市场情况有初步的认识，为进一步的直接市场调研奠定基础。间接调研法可分为文案调研法和网络调研法。

市场调研一般都是从间接调研开始的，因为二手资料调研具有以下优点：

（1）二手数据和资料的获取较为方便。

（2）大部分二手数据和资料是经过验证的。

（3）二手数据和资料获取的成本低，花费的时间较少。

但是，二手数据也存在一些缺点，如缺乏可得性、相关性、时效性，不能全面反映所需要的信息，有些二手数据的真实性和准确性也难以判断。

直接调研法是指调研者到现场直接与被调研者进行面对面的接触，获得的数据，或是调研者到现场通过观察了解收集信息，或是通过实验得出真实结果而进行的调研方法，通常直接调研法又可分为访谈调研法、观察调研法、实验调研法。具体分类方法如图 3-3 所示。

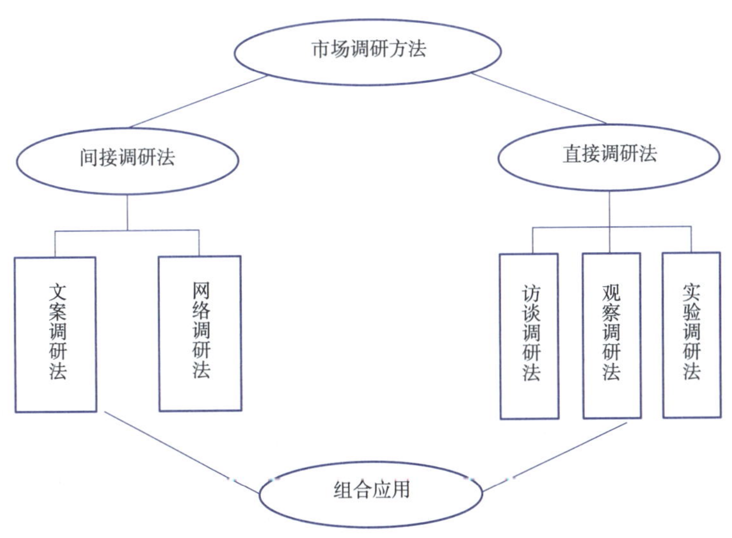

图 3-3 市场调研方法分类图

一、文案调研法

文案调研法主要搜集企业内部和外部已积累起来的现成的各种信息、情报资料，作为当前调研所搜集资料的补充和完善。当为某一调研目的搜集资料时，如果当前资料有限、或经费有限，且已有可用的资料时，文案调研必然成为首选。但如需要更详实、深入地了解某些市场情况时，实地调研则是第一步的工作，而文案调研只能是实地调研的前道工序或必要补充。

（一）文案调研法的优点

该方法既可以获得现实资料，也可以获得实地调研所无法取得的历史资料；既能获得本地域范围内的资料，还可以借助于报刊、杂志及互联网等媒介物，搜集其他地区的资料。文案调研收集到的情报资料受各种因素影响小，既不会受调研者的主观情感判断影响，也不会出现实地调研中因被调研者的阅历参差不齐、情绪不佳等造成的错误结果。文案调研费用低，效率高。文案调研的问卷设计、调研人员的培训、交通费用等各项费用的支出，相对于其他方法要低廉；且某些资料只需简单的加工，花费的时间短，能够在经费少，时间有限的情况下进行操作。

（二）文案调研法的缺点

对文案调研获得资料的加工、审核工作较难。这种方法依据的主要是历史资料，过时资料比较多，需要一定的加工过程。往往需要对其历史背景进行分析，并依据当前的情况进行调整，但许多资料经人多次传抄引证，已经成为第三手、第四手资料，使用时难以考察其时代背景；有的被人故意歪曲事实，其真实性、可靠性则令人怀疑。文案调研资料难以与当前的调研目的吻合，调研结果的准确性受影响，因此对本企业的某个具体的调研项目来说，适用性不高，经过整理也难以保证准确无误。文案调研要求更多的专业知识、实践经验和技巧，需要具有一定文化水平的人才能胜任，否则难以加工出令人满意的资料。

（三）文案调研法的程序

文案调研的组织工作虽然相对简单，但也遵循一定的步骤，其程序如下：

第一步：评价现有资料，即对手头拥有的资料进行筛选，主要从资料的内容、时间、准确性等方面进行评价。

第二步：寻找收集情报的途径，即一般先从一般资料、最广泛的角度入手，逐步过渡到特殊资料的收集。

第三步：资料的筛选，即剔除与研究问题不相关的、不完整的资料，获得有价值的资料。

第四步：提交调研报告。

（四）文案调研法的资料来源

（1）企业内部资料。主要是企业在经营活动中所做的各种形式的记录，包括与企业经营活动有关的各种书面的和存储在各种仪器、设备中的资料。这些资料可以由企业的营销信息系统来提供，该系统中存储了大量的有关市场经营的数据资料；也可以由本企业的各种记录来提供，如各种业务资料、统计资料、财务资料以及平时所积累的各种各样的报告、总结、会议记录、用户来信、营销活动的照片与录像等。

（2）企业外部资料。企业外部的信息来源很多，信息量更大，包括：政府机构、行业协会、各种经济信息中心、专业信息咨询机构、银行、消费者组织公布的和提供的各方面的信息资料；各类新闻、出版部门发行的书报杂志以及电台、电视台公布的各种市场信息、经济信息；有关生产和经营机构提供的商品目录、产品说明书、产品价目表、广告资料、专利资料以及上市公司发布的中期和年度财务公告；国内外商品博览会、展销会、洽谈会、订货会上发布的消息；专业性、学术性机构每年召开的年会、学术研讨会上所发表的论文及各级图书馆收藏的大量与企业经营活动相关的二手资料；各种国际组织、外国使领馆、各国银行、经贸部门、各国商会所提供的国际市场信息。

（五）文案调研法的应用

文案调研可以发现问题并为市场研究提供重要参考依据，具体适用于以下几个方面：

（1）市场供求趋势分析，即通过收集各种市场动态资料并加以分析对比，以观察市场发展方向。例如，根据某企业近几年的营业额平均以15%的速度增长，由此可推测未来几年营业额的变动情况。

（2）相关和回归分析，即利用一系列相互联系的现有资料进行相关和回归分析，以研究现象之间相互影响的方向和程度，并可在此基础上进行预测。

（3）市场占有率分析，是根据各方面的资料计算出本企业某种产品的市场销售量占该市场同种商品总销售量的份额，以了解市场需求及本企业所处的市场地位。

（4）市场覆盖率分析，是用本企业某种商品的投放点与全国该种产品市场销售点总数的比较，反映企业商品销售的广度和宽度。

二、网络调研法

网络调研法，是传统调研在新的信息传播媒体上的应用。它是指在互联网上针对调研问题进行调研设计，收集资料及分析咨询等活动。与传统调研方法相类似，网络调研也有对原始资料的调研和对二手资料的调研两种方式，即利用互联网直接进行问卷调研，收集第一手资料，可称为网上直接调研，或利用互联网的媒体功能，从互联网收集第二手资料，称为网上间接调研。

（一）网络调研法的优点

大大缩短了调研时间，提高了调研的效率，相对于传统的调研方法，省去了问卷印刷、访谈员入户、准备样品、布置场地、数据录入等许多过程，而且在被访者填写问卷的同时，计算机程序会及时汇总，在很短的时间内就能将被访者的问卷整理、反馈给调研人员。可避免某些人为因素造成的误差，传统调研方法多由访谈人员开展调研，而访谈人员的主观见解或理解错误等，会使资料发生错误。而网络调研在访谈过程及数据录入过程中均无须人员干预，避免了数据收集和处理过程中人为因素引起的误差。调研成本低，对调研实施者而言，网络调研节省了问卷印刷费用、人工费用、场地费用、数据录入等费用，大大降低了运作成本。易于收集数据，传统调研方法多在白天进行，且时间上不能太长，而网络调研可以随时随地完成问卷，休息时间也可以完成调研。问卷的资料较全面，传统的面访可以出示一些卡片和照片，电话访谈基本不可能出示任何辅助的提示性材料，而网络调研可以通过多媒体手段向受访者出示丰富的动画、声音和图像信息，极大地提高了信息的丰富程度。

（二）网络调研法的缺点

调研范围受到限制，资料的代表性只能是有限群体的；在调研时有可能遭到电脑病毒的干扰和破坏，或者访谈者在回答过程中自动放弃，使得调研突然中断，造成资料的不完整；调研结果的准确性不能验证，结果的正确与否，一方面受调研者对互联网技术和操作方法的熟练程度影响；另一方面也受调研者的态度影响，因在访谈过程中不被监控，完全取决于自身，如果是漫不经心的回答，资料的准确性必然降低。

（三）网络调研的程序

网络调研的程序与其他调研方法的程序相比有所不同。其他调研方法只是问卷设计、样本确定、资料分析等用电脑进行，而正式调研是以面访、电话、邮寄等方式进行的。网络调研的程序则不同，它的整个调研过程都在互联网的电脑上进行。

具体程序是：先在电脑上进行问卷设计并确定样本，然后将问卷通过电子邮件的形式传递给被调研者，被调研者将问卷在电脑上填好后以同样的形式传递回来，最后调研者在电脑上进行整理分析并报告结果。整个过程如图 3-4 所示。

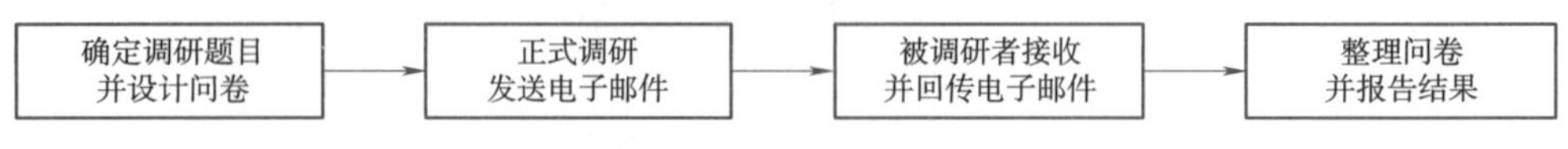

图 3-4 网络调研程序

（四）网络调研的应用

网络调研的主要形式有网上直接调研和网上间接调研。

（1）网上直接调研。网上直接调研方法是利用互联网直接进行问卷调研，收集第一手资料。如：将问卷设计好后，按照已知的 E-mail 地址发给接收者，或者直接转发二维码链接，可通过微信、钉钉等 App 传送给被调研者，让受访者作答。

（2）网上间接调研。网上间接调研主要利用互联网收集与企业营销相关的市场、竞争者、消费者以及宏观环境等信息。

企业用得最多还是网上间接调研方法，因为它的信息广泛满足企业管理决策需要，而网上直接调研一般只适合于针对特定问题进行专项调研。

随着互联网的不断完善，有越来越多的传统报纸、杂志、电台等媒体以及政府机构、企业等在网上拓展自身，使得网上信息急剧增加，通过互联网获取有价值的信息已经变得越来越可行。

三、访谈调研法

访谈调研法是将所要调研的事项以当面、书面或电话的方式向被访者提出询问，以获得所需要的资料，它是市场调研中最常见的一种方法。通常应该事先设计好访谈程序及调研表或问卷，以便有步骤地实施。

（一）访谈调研法的基本程序

1. 访谈前准备

（1）“软件”准备，包括：确定访谈目的或动机；设计访谈问题；根据访谈目的选定访谈对象；对访谈对象的情况做初步了解；确定访谈地点与时间，提前预约时间；主访人与记录人的分工。

（2）“硬件”准备，包括：访谈问题和问题表；访谈对象名单与简要情况表；录音、录像等设备；访谈记录用的笔、纸或笔记本。

（3）“访谈提纲”准备，如案例所示。

例 3-6

西餐店调研访谈提纲

（1）预热话题和发言规则（3 分钟）。

（2）小组成员介绍（1～2 分钟），一般从主持人开始，顺时针进行。

（3）对到餐馆吃饭的态度和情感测试、消费行为（2 分钟）（具体问题略，下同）。

（4）对快餐的态度和情感测试、消费行为（2 分钟）。

（5）对西餐的态度和情感测试、消费行为（3 分钟）。

（6）对西餐店内装饰的期望（1 分钟）。

（7）对西餐店用餐的经历和评价（1 分钟）。

（8）对西餐店用餐服务的期望（1 分钟）。

（9）对西餐店内装饰的期望（1 分钟）。

（10）对西餐店的其他建议（1 分钟）。

2. 访谈开始

（1）提前到达访谈地点。

（2）若临时变化，则应及时通知被访者，致歉并另行约定访谈时间。

（3）与被访者见面、寒暄，进行自我介绍。

（4）谈明来访目的，确认访谈时间。

（5）判断对方的风格、期望、顾虑。

（6）为被访者保密。

（7）接近访谈对象。包括：①自然接近，在某种共同活动的过程中接近对方；②求同接近，在寻找共同语言的过程中接近对方；③友好接近，从关怀、帮助被访者入手来联络感情、建立信任；④正面接近，开门见山，先自我介绍，直接说明访谈目的、意义和内容，然后进行正式访谈。

3. 访谈过程

（1）访谈关键环节，包括：①提问方式。开门见山、直来直去；投石问路、先做试探；顺水推舟、逐波前进；逆水行舟、溯源而上；顺藤摸瓜、逐步发展；借题发挥、跳跃前进；层层深入；一杆到底。②引导和追问。当被访者对所提问题理解不正确、答非所问时；当被访者顾虑重重、吞吞吐吐、欲言又止时；当被访者一时语塞、对所提问题想不起来时。总之，当访谈遇到障碍无法顺利进行下去或偏离原定计划时，就应及时予以引导。当被访者回答前后矛盾、不能自圆其说时；当被访者回答不清、模棱两可时；当被当地追问。

例 3-7

探索性追问

问：您喜欢这种电动工具什么呢？

第一次回答：外观漂亮。

追问：您还喜欢什么呢？

第二次回答：手感好。

追问：您还有没有喜欢的呢？

第三次回答：没有了。

例 3-8

明确性追问

问：您喜欢这种电动工具什么呢？

第一次回答：很好，不错。

追问：您所谓的“很好，不错”是指什么呢？

第二次回答：舒适。

追问：怎么个舒适法呢？

第三次回答：手握着操作时手感很舒适。

以上示例中，探索性追问是通过追问扩大了被访者的回答，完整地记录下了被访者所喜欢的。明确性追问，从“很好，不错”这样一般化的回答中，访谈者抽取出了更确切、得体的答案。

（2）访谈过程中应注意的问题，包括：①访谈气氛。可以从简短的寒暄开始，从所熟悉的情况谈起，以创造轻松的访谈气氛；或者以开放式的问题切入主题。②合理有效地控制访谈进程。包括主要问题的询问、节奏的调整、深度的控制等。③照顾被访者的心理与隐私。尊重对方，拉近与被访者的距离；或者以校友、共同爱好等方式快速发现或建立共同点。④有目的地倾听，不要轻易打断对方的话题。开始时，尽量不谈敏感的话题；当被访者谈的是其认为很重要的问题时，不要轻易打断其话题。⑤访谈者行为。谦虚、认真地倾听是成功访谈的先决条件，切忌漫不经心。⑥不发表自己的观点。访谈中切记：访谈任务是听和记，不要轻易发表自己的观点。

4. 访谈结束

（1）遵守约定的时间，养成良好的习惯，为自己树立良好的信誉。

（2）访谈结束前可用几句话对访谈做一个总结，并照顾到以后的接触。

（3）约定下次见面的时间与地点。

（4）表示感谢。

5. 访谈后工作

（1）当天及时将资料汇总。

（2）检查访谈主要目的是否达到。

（3）对访谈资料进行分析。

（4）当天完成访谈记录表的填写。

（5）保留原始访谈记录，以备查询。

（6）如需再次访谈，则做好下一步的行动计划。

（二）访谈调研法的类型

访谈调研法可分为定量和定性两种方式。其中：定量访谈调研法又包括面谈调研法、电话调研法、邮寄调研法、网络调研法；定性调研法包括深度访谈法、焦点小组访谈法、投射访谈法。访谈调研法的类型如图 3-5 所示。

1. 面谈调研法

面谈调研法是一种由调研人员直接与被调研者进行单独沟通交流，获得关于个人的某种态度、观念等方面信息的访谈调研方法，其中包括入户面访、街头拦访、计算机辅助面访。

（1）入户面访。入户面访是指调研人员到被调研者的家中或工作单位进行访谈。直接与

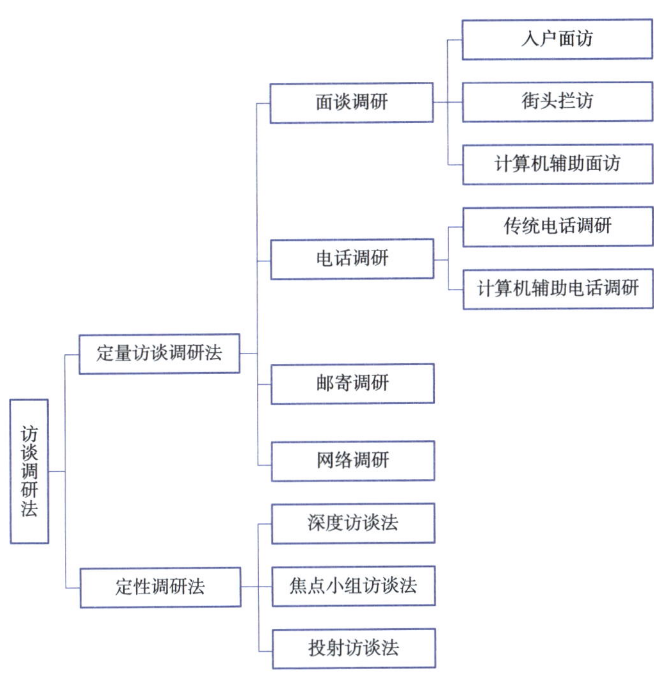

图 3-5　访谈调研法的类型

被调研者接触后，利用问卷或访问/访谈方式，逐个问题进行询问，并记录下对方的回答，或者把自填式问卷交给调研者，讲明方法后等待对方填写完毕，或稍后再回来收取问卷的调研方式。入户面访的程序如图 3-6 所示。入户面访的优缺点及适用范围见表 3-4。

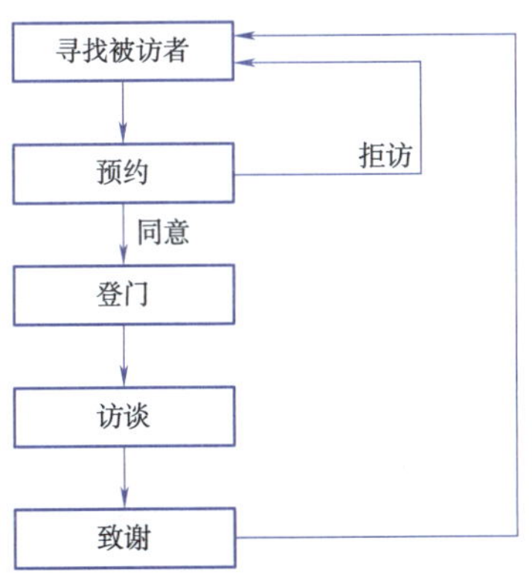

图 3-6　入户面访的程序

表 3-4　入户面访的优缺点及适用范围

优　点	缺　点	适用范围
· 可取得有代表性的样本 · 可获得较多的信息和较高质量的数据 · 可根据被访者的态度、语气等特征进行访谈，灵活性较强，有激励效果	· 调研费用较高 · 调研周期较长 · 被访者容易受到访谈者态度、语气等的影响，对访谈者的要求较高 · 某些群体出于安全考虑，不愿意让陌生人入户，访谈成功率较低	需要使用产品样品或广告样本等辅助工具进行访谈的调研项目

（2）街头拦访。街头拦访是指在某个场所（如商业区、商场、街道、医院、公园等）拦截在场的一些人进行面谈调研。这种方法常用于商业性的消费者意向调研中。例如：在商场的化妆品柜台前拦截女性顾客，询问他对各种化妆品的偏好以及购买籍贯行为。街头拦访的程序如图 3-7 所示。街头拦访的优缺点及适用范围见表 3-5。

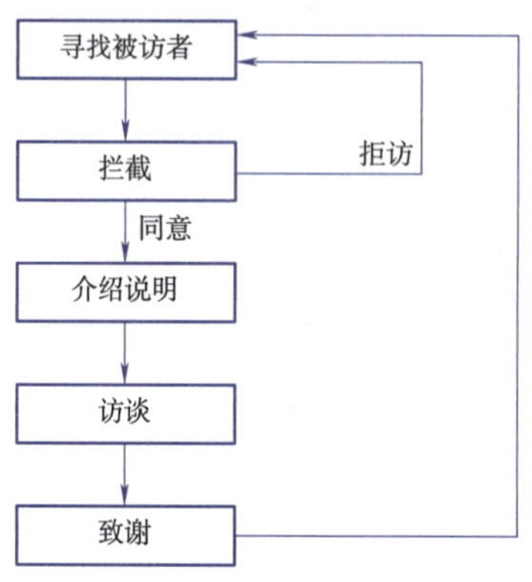

图 3-7　街头拦访的程序

表 3-5　街头拦访的优缺点及适用范围

优　　点	缺　　点	适用范围
・费用低于入户面访 ・调研效率高，且避免了入户困难 ・可根据被访者的态度、语气等特征进行访谈，灵活性较强，有激励效果	・被访者的身份难以识别 ・被访者拒访率较高时影响访谈者的工作情绪 ・被访者容易受到访谈者态度、语气等的影响，对访谈者的要求较高	・常用于商业性的消费者意向调研，如购物场所调研等 ・需要快速完成的小样本探索性研究

（3）计算机辅助面访。计算机辅助面访可以是入户面访，也可以是街头拦访，即调研人员携带设有计算机辅助面访系统的电子设备，访谈时直接将问题显示于屏幕上，调研人员可以根据屏幕上的问题进行访谈工作，并将被访者的答案直接输入电子设备；如果被访者不愿意直接回答调研人员的问题，亦可由被访者自己将答案输入电子设备，以保护被访者的隐私。运用这种调研方法，被访者的回答率高，费用较低。

2. 电话调研法

电话调研法是指调研者预先选定要调研的问题，以电话的形式向被调研者征询意见，从而获得信息资料的一种调研方法。电话调研常用于样本数量多、调研内容简单明了、易于让人接受、需快速获取信息的调研事项的调研。现在最常见于群众比较关心的社会事物的调研、了解。电话调研包括传统电话调研和计算机辅助电话调研两种类型。

（1）传统电话调研。传统电话调研程序如图 3-8 所示，传统电话调研的优缺点及适用范围见表 3-6。

例 3-9

电话调研开场示例

“您好，我是××公司的电话访问员，正对我公司的××产品开展全国范围的调研，以了解消费者的反应。我们由随机抽样获得您的电话号码。我们的访问可能需要打扰您几分钟，如果您有任何疑问，我们将很乐意为您解答。现在我们开始第一个问题……”

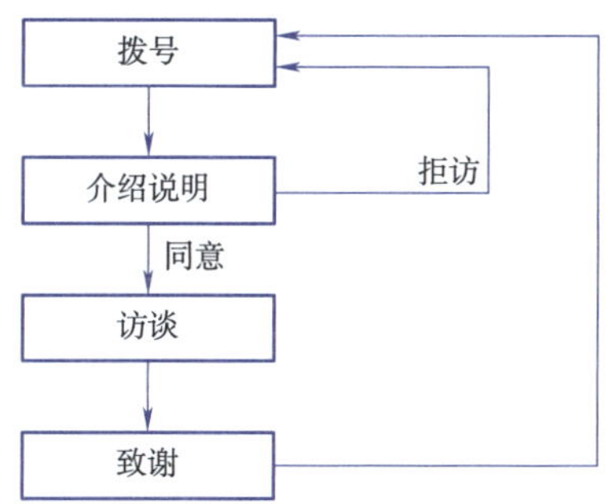

图 3-8　电话调研法程序

表 3-6　传统电话调研的优缺点及适用范围

优　　点	缺　　点	适用范围
・收集信息资料速度快 ・调研费用较低 ・便于在一些敏感问题的调研中得到更为坦诚的回答	・受时间限制，访谈内容难以深入，得到的信息在数量、类型上有限 ・拒访率高 ・不适宜要求被访者看到广告、产品实物等需要实物显示的调研	・常用于商业性的消费者意向调研 ・主要用于不太复杂问题的访谈

（2）计算机辅助电话调研。计算机辅助电话调研通常的工作形式是：访谈者坐在计算机前，面对屏幕上的问卷，向电话对面的被访者读出问题，并将被访者的回答记录到计算机中；督导在另一台计算机前对整个访谈工作进行现场监控。这种调研方法的优点是样本不受地域限制，调研费用低。

（3）电话调研中应注意的几个问题：

①应预先设计好要了解的问题，最好以问卷形式进行。调研过程中要简明扼要，突出问题的重点；问题不宜太多，并注意最好采用两项选择法进行调研，注意方言与普通话的场合使用。

②为了提高电话访谈的效率，有时对重要的访谈也可以先寄一封信或一张明信片给受访者，说明将要进行的电话访谈的目的、内容和时间。

③访谈的时机要从受访者的实际情况出发，最好避开工作和晚上休息时间，以提高调研的效率。电话访谈还有一个特殊的要求，就是电话铃响至没有人接听才可以做出放弃访谈的决定。

④注意吸引被访者的注意力。在通话的过程中，应掌握主动权，在开头的介绍中就能引起被访者的兴趣。否则，容易遭到拒绝。吸引的方法有很多，应在实践中多加以总结。比如，由公司的主要负责人进行调研，或者以高层主管的名义进行调研，可以克服受访者不重视的问题。在进行正式访谈前，应说明访谈时间，尽量精简开场白。

3. 邮寄调研法

邮寄调研法是指通过邮寄或其他方式将调研问卷送到被调研者手中，由被调研者自行填写，然后将问卷返回的一种调研方法。邮寄调研的优缺点及适用范围见表 3-7。

表 3-7 邮寄调研的优缺点及适用范围

优　　点	缺　　点	适用范围
·能突破时空限制，扩大调研区域 ·保密性强 ·被调研者有充分的时间思考，回答问题更确切	·回收率低 ·周期长 ·难免有人草率行事，结果的真实性低，问卷填写质量难以控制	·政府主管部门采用行政手段进行的调研 ·上级对下级进行的指令性调研

4. 网络调研法

网络调研是指利用互联网作为技术载体和交换平台进行一手资料收集的一种调研方法。网络调研的优缺点及适用范围见表 3-8。

表 3-8 网络调研的优缺点及适用范围

优　　点	缺　　点	适用范围
·调研对象广泛 ·调研速度快 ·调研费用低 ·富有灵活性	·被调研者身份验证有很大困难 ·周期长 ·受互联网安全性影响较大	适合专业的调研公司使用

四种定量访谈调研法比较见表 3-9。

表 3-9 四种定量访谈调研法比较

比较项目	面谈调研	电话调研	邮寄调研	网络调研
处理复杂问题的能力	很高	高	低	一般
灵活程度	很高	高	低	一般
调研费用支出	高	较低	较低	低
回收率	高	较高	低	一般

5. 深度访谈法

深度访谈法又称深层访谈法，是一种无结构的、直接的、个人的访谈形式，在访谈过程中，一个掌握高级技巧的访谈者深入地访谈一个被访谈者，以揭示对某一问题的潜在动机、信念、态度和情感。深度访谈法的优缺点及适用范围见表 3-10。

表 3-10 深度访谈法优点缺点适用范围

优　　点	缺　　点	适用范围
一对一访谈容易进行感情上的交流与互动	·调研成本高 ·调研周期长	·用于获取对时间的理解和深层了解的探索性研究 ·新的设计、广告和促销方案都可以采用这种方法的形成

深度访问法的实施流程：

(1) 接受任务书。

(2) 指定约人方案。确认被访者条件，确认配额，准确确认甄别问卷，指定劳务费标准。

（3）预约被访者。①培训访谈者，详细说明被访者条件、访谈要点、劳务费标准、访谈时间、注意约人事项、约人终止时间等。为避免预约到有重大变故的被访者，要求访谈者在约定的时间内将被访者的情况及时反馈给公司。②根据被访者的背景信息，对其进行甄别。多约几人备用（具有相同的背景）；可以采用突然发问等形式的侧面甄别技术；同一个访谈者所约的被访者之间不能互相认识，并且不能是同一单位的，最后确认访谈时间。③控制被访者的分布情况，如从业时间（工龄）、行业、职务、生活背景不同的被访者尽量都涵盖，将时间安排、访谈安排发送给被访者，如有变动，及时与其取得联系。

（4）正式访谈。访谈者一对一与被访谈者进行现场访谈；访谈者整理现场问卷、记录、录音，对于回收的问卷记录，录音督导要亲自过目；及时将回收的问卷、记录、录音等寄给被访者。

（5）访谈后的整理工作，记录存档留底。

（6）访谈后续工作。

6. 焦点小组访谈法

焦点小组访谈法又称小组座谈法，就是采用小型座谈会的形式，由一个经过训练的主持人以一种无结构、自然的形式与一组具有代表性的消费者或客户交谈，从而获得对有关问题的深入了解。焦点小组访谈法的优缺点及适用范围见表 3-11。

表 3-11　焦点小组访谈法的优缺点及适用范围

优　　点	缺　　点	适用范围
·收集信息资料速度快、效率高 ·收集的资料较为广泛、深入 ·将调研与讨论相结合，结构灵活 ·节省人力、物力和财力 ·便于互相启发、集思广益	·对主持人的要求较高 ·迫于个别专家的权威，容易迫于群体压力，形成错误判断 ·答案凌乱，难整理	社会公益性问题调研，如政策出台前后消费者的反应调研、房地产项目定位调研等

7. 投射访谈法

投射访谈法是指利用投射技术进行访谈调研的方法。投射在心理学上是指个人把自己的思想态度、愿望、情绪或特征等不自觉地反映于外界的事物或他人的一种心理作用，此种内心深层的反应，实为人类行为的基本动力，而这种基本动力的探测，有赖于投射技术的应用。常用的投射访谈法包括词语联想法、句子和故事完成法、画图测试法、照片归类法等。

（1）词语联想法。这是一种与字、词相关联的测试方法，比如说出“巧克力”这个词的时候，联想到的第一个词是什么？任何人根据自己的生活经验和体会都会对“巧克力”一词产生联想，并用他们自己的语言表达出来。这种测试方法是非常实用和有效的，常用于给新产品选择名称、确定广告主题和广告文案等。具有操作方式为：调研人员先给被访者一个词语，然后要求他说出看到这个词语后脑海中联想的第一种事物，并快速地用一连串的词表达出来，不要受干扰。如果被访者不能在三秒内做出回答，那么说明他已经受到干扰了。需要强调的是，选择的被访者必须是该商品的目标消费者，因为只有他们的联想才能真正代表这个群体。比如要给一款新的罐装咖啡确定一个商品名称，就可以采用这种方法。被访者会凭借自己对罐装咖啡的理解和消费经验而说出许多有趣的词语，调研人员就可以从中选择作为产品名称的备选项目。

（2）句子和故事完成法。其基本操作原理和词语联想法基本一致，只是具体做法上稍有不同，即向被访者提供一段不完整的故事或是一组缺损的句子，要求将其补充完整，目的是希望被访者把自己潜在的心里感觉投射到故事或句子所展现的情节中去。事实上，人们在编写故事或句子的时候，是会不自觉地将自己的感觉和愿望投入其中的，这种方法被调研人员认为是很可靠的测试方法。比如，当我们问及这样一个问题："当你被朋友邀请去高尔夫俱乐部时，你……"时，我们会要求被访者，根据自己的想象编一个故事，此时他们所讲述的故事实际上是他们内心想法的投射。尽管有时被访者会把自己的反应归于别人身上，但是面对问题的刺激物，他们会暴露内心潜在的感受、需要、个性、情绪、动机，等等。当然，这些故事是需要从心理学的角度去分析和辨别的。

（3）画像测试法。画像测试法通常测试人们对两个不同类型的问题的看法，具体的测试方法是安排两个人物的对话，在一个对话框中已经写明人物对某问题的看法，在另一个对话框中则留有空白让被访者回答。人物的画像是模糊的，没有任何暗示，目的是让被访者能够随意表达自己的想法。这种方法最初用于测试儿童的智力成熟度，后来应用越来越广泛，逐步运用到对待特殊群体甚至正常群体的测试和研究中，后常用于测试消费者对某种产品或品牌的态度。另外，图画测试法还可以给出命题，让被访者根据自己的理解和想象任意绘画他认为合理的图形和场景。此外，这种方法还用于分析他人的价值观，比如对"养老"问题的看法，如何用画画来表达晚年生活。这时，调研人员可以从中得知丰富的信息。然而，由于该方法运用的是心理学中的画图技术，在运用中存在一定的弱点，评估工作比较难以标准化，因此对解释图画的人要求比较高，一般的调研人员很难准确把握，需要具备专门的心理知识背景的专家，以科学、严谨的态度和丰富的经验进行分析与解释，否则就是一种简单、庸俗的研究作风。

（4）照片归类法。照片归类法师要求被访者对一组特殊的照片进行归类，以此来表达他们对某品牌的感受。具体做法是：提供给被访者一组照片和一组品牌，照片中有不同的人物，从高级白领、蓝领到大学生应有尽有，然后请被访者将他们与品牌对号入座，这种方法可以用于分析和寻找不同品牌的真正消费者。

投射访谈法的优缺点及适用范围见表 3-12。

表 3-12　投射访谈法优点缺点适用范围

优　点	缺　点	适用范围
•投射访谈法的最大优点在于调研人员的目的藏而不露。这样就创造了一个比较客观的外界条件。采用投射访谈法可以测试出被访者人格更真实的一面，使测试结果比较真实 •真实活动性强，比较客观，对被访者的心理活动了解得比较深入	分析比较困难，需要有经过专门培训的调研人员	•被访者常对自己的行为动机并不清楚，无法对调研人员讲明其正动机 •受到非理性因素影响。但是在被问到有关某种行为动机时，往往会隐藏自己的真正的行动动机

四、观察调研法

观察调研法是指观察者根据一定的研究目的，研究提纲或观察表，用自己的感觉器官和辅助工具去直接观察对象，从而获得资料的一种方法。科学的观察具有目的性、系统性和可重复性。常见的观察方法有核对清单法、等级评定量表法、叙述性描述法。一般利用眼睛、耳朵等感觉器官去感知观察对象。由于人的感觉器官具有一定的局限性，因此观察者往往要借助各种现代化的仪器和手段，如照相机、录音机、显微录像机来辅助观察。

（一）观察调研法的特点

1. 能动性

科学的观察是具有能动性的感性认识活动，它与一般所说的观察不同，即不是简单反射式的感觉，而是有目的、有意识的观察与研究。它要求做到以下几点：①确定某个现象得以发展的条件；②详细描述所观察的现象；③科学地分析和说明所研究的对象，也就是查明现象及其发展的条件之间的因果联系和关系。为此，在观察之前，观察者应根据调研任务制订观察计划，包括确定观察对象、观察条件、观察范围和观察方法，以保证观察有目的地进行。这样的观察是自觉的，而不是盲目的；是能动的，而不是被动的。它要求观察者充分发挥观察中的主观能动作用。

2. 选择性

科学的观察并不是一般地认识现象和过程，而是从大量客观事实中选择观察的典型对象，选择典型条件、时间、地点，获得典型事物的现象和过程。只有把注意力有意地集中在选择的观察对象身上，注意力集中，不为无关现象所分散，尽量排除外界无关刺激的干扰，这样的观察才能获得预期的成效。

3. 客观性

客观性即观察所获得的现象和过程要能正确反映客观事实。观察所获得的事实材料是认识事物的依据，是科学研究的基础。

要使观察具有客观性，首先，要确保观察在自然条件下进行，绝对不能影响观察对象的常态，只有这样才能得到自然条件下的真实情况，否则所得到的事实材料反映的是反常的情况，就会导致错误的结论。也有这样一种情况，即观察对象意识到自己在接受观察，这就有可能使观察对象预先考虑给予观察者一定的反应。在这种情况下，观察者应与观察对象建立良好的关系，消除其陌生感，以尽量控制观察对象的异常状态。

其次，观察要如实地反映现实情况，观察者不能带有任何感情色彩，不允许掺杂任何个人偏见，否则就无法反映观察对象的真实情况。

最后，观察要在观察对象重复出现的情况下进行，要对观察对象进行反复观察。一方面，被观察的现象或过程只有在重复出现的情况下，观察才具有客观性。对于那些稍纵即逝的现象和过程，则不适合单独采用观察法进行研究。因为在这种情况下，观察者无法复核和确定观察结果是否正确。另一方面，要长期、连续、反复地进行观察，否则就不易分辨哪些事物现象或过程是偶然的，哪些是一贯的，哪些是表面的，哪些是本质的，哪些是片面的，哪些是全面的。反复观察的次数越多，就越能准确地反映客观事物。

（二）观察调研法的优点

（1）直接性。由于观察者与被观察对象直接接触，中间不需要其他中间环节，因此通过观察所获得的信息资料具有真实可靠性，是第一手资料。

（2）客观性。观察一般是在自然状态下实施的，对观察对象不产生作用与影响，即无外来人为因素的干扰，不会产生反应性副作用，能获得生动朴素的资料，具有一定的客观性。

（3）及时性。观察及时，能捕捉到正在发生的现象，因此所获得的信息资料及时、新鲜。

（4）纵贯性。观察法对观察对象可以做较长时间的反复观察与跟踪观察，可以对观察对象行为的动态演变进行分析。

（5）普遍性。观察法的适用范围较为广泛，不但自然科学研究与社会科学研究普遍适用，而且在教育技术研究中，不少方法如调研法、实验法等也与观察法有密切的关系。

（三）观察调研法的局限性

（1）人的生理局限。主要表现为：①人的感觉器官使观察范围受到局限。感觉器官是有一定阈值的，超过一定的限度，就听不到、看不到、感觉不到。人的感觉器官也使观察的精度受到局限。②人们常常只能凭借感觉器官对观察对象做出大概的估计。③人的感觉器官还使观察的速度受到局限。对于处在不断运动变化中的事物的现象或过程，人们也常常观察不到。这样观察常常就只局限于了解表面的现象，不能直接深入事物的本质。难以分辨是偶然的事实还是有规律性的事实，这是观察法最主要的局限。

（2）观察仪器的局限。随着科学技术的发展，人们在凭借感觉器官直接观察的同时，也借助于先进的科学仪器进行观察，这大大拓展了观察的广度，提高了其深度和精度。然而，观察仪器的认识功能也有其局限性，主要表现为：①缺乏直观性，间接观察还不能完全取代直接观察；②仪器设计的错误或不精确、制作和操作仪器的误差，都会导致观察结果错误；③观察仪器容易对观察对象造成干扰；等等。

（3）观察者的解释。观察者对所获信息资料的解释，也往往容易因生理局限而带有主观色彩。

为此，在运用观察法时，除了要尽量提高观察技巧，如灵活移动观察位置、转换观察背景、延长观察时间及增加观察次数等，还要结合统计方法，对多次观察数据进行科学处理，以改善观察结果。

（四）观察调研法的实施程序

观察调研法的实施程序如图 3-9 所示。

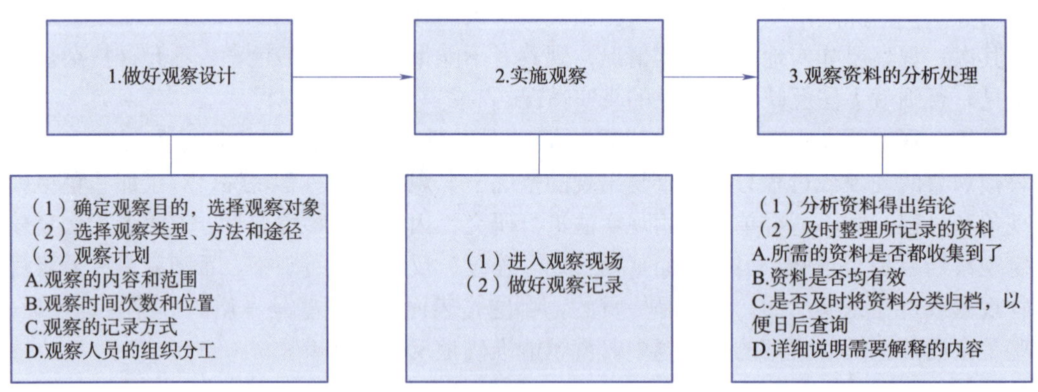

图 3-9　观察调研法的实施程序

（五）观察调研法的应用

1. 顾客行为观察

通过观察顾客在营业场所的活动情况对比，了解顾客的构成、行为特征以及不同时间顾客进行营业场所的客流情况的信息，以便营销人员能够合理安排营业时间，更好地开展有针对性的服务活动。

2. 顾客需求观察

通过直接观察顾客实际购买情况，商家可以取得有关顾客的年龄、性别、人数构成及所购买商品的品种规格、包装等方面的资料，为市场细分确定目标消费群体提供依据。

3. 营业状况观察

通过观察营业状况如了解商品陈列、货架分布、店内广告等情况，商家能够最大限度地调动消费者的购买欲望，如超市往往将生活必需品摆放在后面，目的就是希望消费者能多买一些商品。

此外，还可将观察法用于城市人口流量和车流量、商品资源调研等方面。

五、实验调研法

实验调研法是指调研人员有目的、有意识地改变一个或几个影响因素，按照之前策划好的假设情况进行实验，然后观察实验结果。调研人员还需要观察在某些因素影响下的变动情况，从而认识调研内容的本质特征和发展规律。

实验调研法是一种强有力的调研方法，他能够证明所感兴趣的变量之间因果关系的存在形式，某一商品在改变了品种、品质、包装、设计、价格、广告、陈列方法等因素时，都可以应用这种方法。所以实验法又称因果调研法，因为它能够证明一种变量的变化，能否引起另一种变量产生一些预见性的变化。需要特别指出的是，在许多营销实验中，最难证明因变量的变化不是由实验变量以外的因素引起的，如广告增加，销量随之增加，但销量的增加也有可能是受其他因素的影响。

（一）实验法的特点

1. 主动干预

控制实验对象，通过对实验对象的干预和控制，保证实验条件的可比性和实验过程的一致性。

2. 具有可重复性

实验可以以相同的方式重复进行，以便验证结果的信度和效度，因此要求实验设计严密、操作严谨。

3. 揭示现象之间的因果关系

研究过程中采用系统的操纵手段来控制条件，以判断变量之间的因果关系。

（二）实验法的组成

1. 自变量与因变量

自变量是实验中的激发因素，是引起实验对象发生变化的原因；因变量是激发因素的受体，被解释的现象和变化的结果，在实验中处于关键地位。自变量与因变量在不同的实验中可以相互转化。

2. 实验组与对照组（控制组）

实验组是接受自变量激发的一组对象，对照组则是不接受自变量激发的一组或几组对象，它们在实验之前各方面的条件和状态都基本一致，可参见例 3-10。

例 3-10

店内广播广告效果实验

美国的爱可公司为了检验店内广播广告在引导顾客非计划的 POP 购买（即在购买现场做出决定的购买）方面的作用，进行了一项实验。按照商店的规模、地理位置、交通流量及年份等指标，公司选择了 20 个统计上可比的（相似的）商店，随机地选择一半的商店作为实验组，另一半作为对照组。

在实验组的商店中播放广播广告，而在控制组的商店中则不播放。在实验进行之前，实验者收集了有关销量方面 7 天的数据，然后进行了为期 4 周的实验。在实验结束之后，收集了 7 天的销量数据。实验的商品种类、价格等项目各不相同。结果表明，在实验组的商店中做了店内广播广告的商品其销量至少是成倍增长的。根据这一结果，爱可公司认为，店内广播广告在引导 POP 购买时是十分有效的，并决定继续采用这种广告形式。

在实验中，为何要设置对照组？对照组虽然不接受自变量激发，但受其他外部因素的影响，在经过一段时间后，也会自然而然地发生某些变化，这些变化都与实验者的因果关系假设毫不相干，因此只有从测量结果中排除这些成分，才能得到准确的实验结论。

但是，并不是所有实验都必须要有对照组，在单一组实验中就不需要设定对照组。

3. 前测与后测

前测是实施实验激发之前对实验对象所做的测量，后测则是实验实施激发之后对实验对象所做的测量。从两次测量结果的比较中就能看出实验对象是否因变量变化而发生了变化，发生了哪些变化，而这些正是实验法关注的焦点。

（三）实验调研法的优点

（1）结果客观实用，有较强的说服力。

（2）可以探索不明确的因果关系。

（3）实施方法具有主动性和可控性。

（四）实验调研法的缺点

（1）时间长、费用高。

（2）保密性差。

（3）管理控制困难。

（五）实验调研法的实施步骤

（1）根据市场营销调研课题提出研究假设。

（2）进行实验设计，确定实验方法。

（3）选择实验对象。

（4）进行实验。

（5）整理、分析资料，进行实验检测，得出实验结论。

（六）实验调研法的应用范围

实验调研法主要用于检验有关市场变量间的因果关系假设，研究有关的自变量对因变量的影响和效应。如：测试各种广告的效果，测试各种促销方式的效果，研究品牌对消费者选择商品的影响，研究颜色、名称对消费者选择的影响，研究商品价格、包装、陈列位置等因素对销量的影响等。

例 3-11 某食品公司生产的蛋糕在同类产品中是比较好的，但销量始终不尽人意，该公司市场营销人员经过调研，认为是蛋糕的包装不理想，因此决定把原来的纸盒包装改为铁盒包装，但对新设计包装的结果如何也没有十足把握，为此该公司决定运用实验调研法来检验，整个试验期为两个月，前一个月仍采用旧包装，后一个月采用新包装。实验结果：采用旧包装的那个月销量为 1 300 盒，采用新包装那个月销量为 1 700 盒，其实验效果如何？

采用新包装后，销量增涨了 30.7%（400/1 300×100%），所以该公司决定采用铁盒包装销售产品。

【项目小结】

在本项目中，我们主要学习了市场调研的方式和方法。通过任务一，我们了解了全面调研与非全面调研的含义和区别、抽样调研的基本方法、抽样调研的基本程序。任务二，介绍了市场调研有直接调研和间接调研二种不同的形式。其中，直接调研可以使用观察法、访谈法和实验法；间接调研可以使用文案调研法和网络调研法。

通过本项目的学习，我们对市场调研的方式、方法有了全面的了解，既掌握了各种调研方法的优点、缺点和操作程序，同时也能根据调研项目选择合适的调研方式，以便在开展市场调研时能顺利完成信息收集等相关工作。

【同步训练】

以小组为单位完成以下实训任务。

实训目的：

（1）通过本项目训练，让学生掌握抽样调研方案设计的能力。

（2）通过本项目训练，让学生体验抽样方法在实践中的应用。

（3）提高学生的文字表达能力，以及培养学生的专业素养。

实训内容与要求：

假设你正在考虑在大学食堂里开一家旋转火锅店，首先要进行一次针对校内大学生的市场调研，分析该项目的可行性。

要求：

（1）根据调研目的、调研内容，为本次调研选择合适的调研方法，并说明理由。

（2）样本尽可能满足以下要求：

性别：男性、女性各占 50%。

年龄：18～22 岁的占 60%；22～28 岁的占 30%；28 岁以上占 10%。

职业：学生占 90%；非学生占 10%。

实训步骤：

（1）以小组为单位，根据实训内容和要求设计抽样调研方案，选择恰当的调研方法。

(2) 小组同学之间可以进行交流,每个小组推荐 1 人进行分享。

(3) 教师和学生共同评估给出成绩。

组织形式:

(1) 全班分小组进行,每组 4～6 人,自愿组合,合理分工。

(2) 以小组为单位完成相关实训要求。

考核要点:

(1) 抽样方案内容是否完整。

(2) 总体确定是否正确。

(3) 抽样框是否准确。

(4) 调研样本选择是否得当。

【素质园地】

数字贸易已成为发展的新引擎

2023 年 11 月 23 日,第二届全球数字贸易博览会以"数字贸易 商通全球"为主题开幕,是我国唯一的数字贸易国际专业展会,为共商共建共享新机遇提供国际公共服务。

数字贸易以现代信息网络和数字平台为基础,突破了地理界限,对全球贸易产生深刻影响,成为支撑我国贸易强国建设的三大支柱之一。

2023 年,数字贸易规模迅猛增长,占全球服务贸易的 53.7%。数字贸易正改变传统经济模式,为新技术、新产品、新服务与新场景的发展提供动力。然而,数字贸易面临跨境规则不足等挑战。中国积极对接高标准国际规则,建立治理体系,促进数字贸易改革创新,为全球数字贸易提供新机遇。

中国投资数字贸易基础设施和技术,提高了全球数字市场的参与度,对当地经济产生重大影响。

开放与合作是应对挑战、实现共赢的正确选择。共同推动全球数字贸易博览会,将塑造数字贸易发展新优势,为世界经济增长增添动力。

【课后练习】

一、单项选择题

1. 抽样调研的特点是(　　)。

A. 调研周期短　　B. 收集资料全面

C. 统一调研时间　　D. 花费时间长

2. 配额非随机抽样包括(　　)。

A. 判断抽样　　B. 任意抽样

C. 配额抽样　　D. 独立控制配额非随机抽样

3. 调研人员从工作方便出发,在调研对象中随意选择一定数量的个体进行问卷调研,这种抽样是(　　)。

A. 任意非随机抽样　　B. 判断非随机抽样

C. 配额非随机抽样　　D. 整群非随机抽样

4. 任意非随机抽样与简单随机抽样的相似点是（　　）。

A. 抽样概率已知　　B. 估计方法相似

C. 排除了主观严肃一面，体现了随意性　　D. 以上都对

5. 分层抽样的特点是（　　）。

A. 层内差异小，层间差异大　　B. 层间差异小，层内差异大

C. 层间差异小　　D. 层内差异大

6. 按访谈方式不同，访谈可分为（　　）。

A. 口头访谈和书面访谈　　B. 直接访谈和间接访谈

C. 标准化访谈和非标准化访谈　　D. 结构访谈和无结构访谈

7. 按访谈的物质载体不同，访谈可分为（　　）。

A. 标准化访谈和非标准化访谈　　B. 直接访谈和间接访谈

C. 结构访谈和无结构访谈　　D. 口头访谈和书面访谈

8. 企业想了解改变老产品的包装会产生多大的促销效果，可采用（　　）。

A. 观察调研法　　B. 实验调研法

C. 文案调研法　　D. 访谈调研法

E. 座谈会调研法

9. 要调研顾客的基本构成和在不同时间的流量，可采用（　　）。

A. 观察调研法　　B. 实验调研法

C. 文案调研法　　D. 访谈调研法

E. 座谈会调研法

10. 下列属于间接资料调研的方法有（　　）。

A. 访谈调研法　　B. 文案调研法

C. 实验调研法　　D. 观察调研法

二、多项选择题

1. 常用的系统抽样方法有（　　）。

A. 随机起点等距抽样　　B. 半距起点等距抽样

C. 随机起点对称系统抽样　　D. 以上都对

2. 重复抽样的特点有（　　）。

A. 各次抽选相互影响

B. 各次抽选互不影响

C. 每次抽选时，总体单位数始终不变

D. 每次抽选时，总体单位数逐渐减少

3. 抽样调研所需的样本容量取决于（　　）。

A. 总体中各单位标志间的变异程度

B. 允许误差

C. 样本个数

D. 置信度

E. 抽样方法

4. 在抽样调研中，(　　)。

A. 全及指标是唯一确定的
B. 样本指标是唯一确定的
C. 全及总体是唯一确定的
D. 样本指标是随机变量
E. 全及指标是随机变量

5. 确定样本量时需要考虑的因素有（　　）。

A. 调研的费用
B. 调研要求的精度
C. 调研的时间
D. 调研的技术
E. 调研的目的

6. 观察调研法的优点有（　　）。

A. 简便、易行
B. 能收集第一手市场信息资料
C. 较大灵活性
D. 不受时间、空间限制
E. 调研资料真实、可靠

7. 实验调研法的优点有（　　）。

A. 调研费用低
B. 能收集第一手市场信息资料
C. 能收集未来市场变化信息
D. 能发挥调研者的主动创造性
E. 调研资料真实、可靠

项目四　市场调研问卷的认识、设计及评估

【知识目标】

- 了解市场调研问卷的作用。
- 掌握市场调研问卷的基本结构。
- 掌握市场调研问卷设计的步骤和要求。
- 掌握市场调研问卷中问题的类型。
- 掌握市场调研问卷的综合评估程序。

【技能目标】

- 能制作市场调研问卷。
- 能对市场调研问卷进行综合评估。

【素养目标】

- 提升学生的创造能力和增强学生的团队合作精神。
- 提升学生与他人的有效沟通能力。
- 培养学生认真、谨慎、严密的工作态度。

【项目导读】

调研问卷是市场调研工作中经常使用的一种技术手段，搜集到的数据和信息也比较真实、客观，可以为后期的市场预测和营销决策提供有利的依据。因此市场调研问卷的设计也就显得尤为重要。市场调研人员必须遵循问卷设计的原则、要求，制作出优秀的市场调研问卷。

【知识导图】

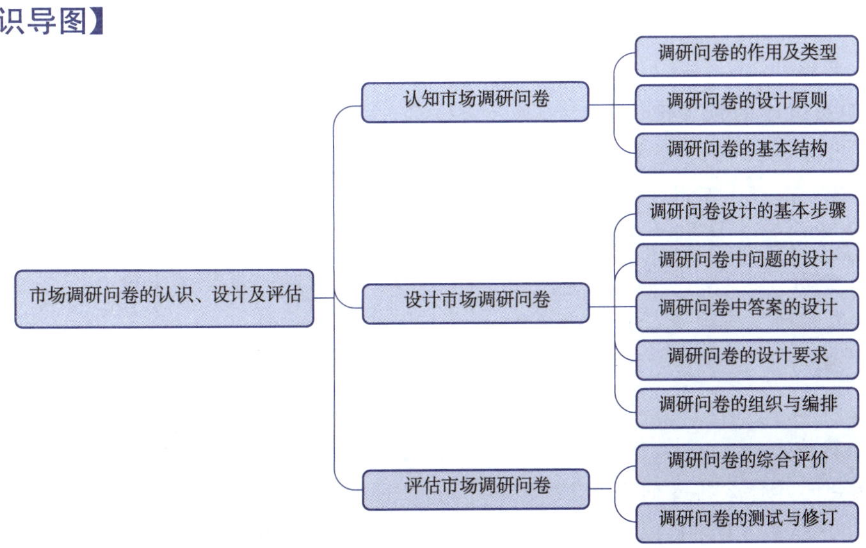

【引入案例】

汽车市场的消费需求调研分析

亲爱的女士/先生：

您好！

我是××公司的市场调研人员，目前正在做一次关于消费者选购汽车的市场调研，预测未来几年汽车行业的发展趋势和需求。本次调研耽误您几分钟时间，感谢您对我们工作的支持与配合。

请在每题符合的选项上打“√”。

1. 您的性别？

A. 男　B. 女

2. 您的家庭目前有几辆车？

A. 没有车　B. 一辆　C. 二辆　D. 三辆

3. 您近期有购车的打算吗？

A. 没有　B. 有，三个月内　C. 有，半年内　D. 有，一年内

4. 您想选购汽车时，比较倾向的车型是？

A. 轿车　B. SUV 越野车　C. MPV 商务车　D. 跑车

E. 房车　F. 不确定

5. 您购买汽车最主要的用途是？

A. 上班代步　B. 业务需要　C. 接送孩子　D. 外出旅行

6. 您在选购汽车时，比较关注哪些方面？（此题可以选择 3 个选项）

A. 车型好看　B. 经济实惠　C. 省油　D. 舒适度高

E. 空间大　F. 智能性强　G. 品牌　H. 加速度快

I. 易操控　J. 噪声小　K. 售后服务　L. 其他

7. 您喜欢的汽车款式是？

A. 运动时尚　B. 奢华高贵　C. 内敛沉稳　D. 个性张扬

F. 其他

8. 您购买汽车的预计价位是？

A. 5 万～10 万元　B. 10 万～15 万元　C. 15 万～20 万元　D. 20 万～30 万元

E. 30 万～50 万元　F. 50 万元以上

9. 您购车时，支付方式更倾向于哪种？

A. 全款　B. 贷款　C. 不确定，看具体车价

10. 您选购的汽车会选择什么颜色？

A. 银色　B. 黑色　C. 红色　D. 黄色

E. 橙色　F. 白色　G. 暗金色　H. 宝石蓝

I. 其他

11. 您会选择什么排量的汽车？

A. 小排量（1.4 L 以下）　B. 中等排量（1.4～2.0 L）

C. 大排量（2.0 L 以上）　　D. 不清楚

12. 您购车时，所期待的促销活动是？（此题可以选择 2 个选项）

A. 价格折让　　B. 赠送汽车精品或汽车保养

C. 创建车友俱乐部　　D. 赠送 24 小时故障救援

E. 赠送 5 次汽车维修计时服务费

13. 您主要通过什么途径了解汽车？

A. 电视广告　B. 汽车网站　C. 短视频平台　D. 家人、朋友推荐，驾校

E. 广播广告　F. 汽车杂志　G. 车展　H. 微信朋友圈

14. 您对汽车的功能还有哪些特别的要求吗？

____

感谢您的配合，祝您身体健康！

【案例提示】

调研小组在选定调研项目、制定调研方案之后，就要根据调研目标开始设计调研问卷了。调研问卷中的问题不能随意设计，一定要经过认真研究、全面思考之后，按照问卷的结构和原则，有步骤、有计划地开展。

任务一　认知市场调研问卷

一、调研问卷的作用及类型

（一）含义

调研问卷又称调研表或询问表，它是社会调研的一种重要工具，是调研者事先根据调研的目的和要求所设计的，由一系列问题、说明以及备选答案组成的调研项目表格，设计者将精心设计的各种问题全部以询问的形式在问卷中列出来，许多问题还给出了多种可能的答案，提供给被调研者进行选择。这种调研方式有助于被调研者能够及时、准确地获取调研内容，领会调研意图，从而能提高调研的系统性和准确性。

（二）调研问卷的作用

（1）把研究目标转化为特定的问题。

（2）把问题和回答标准化，让调研者和被调研者处于同样的问题环境。

（3）通过措辞问卷程序和卷面的视听形象来获得被调研者的配合。

（4）可以作为市场调研的数据记录。

（5）有效地促进市场调研的数据分析过程。

（三）调研问卷的类型

按照不同的分类标准，可将调研问卷分成不同的类型：

1. 根据市场调研中使用问卷方法的不同进行分类

根据市场调研中使用问卷方法的不同，可将调研问卷分成自填式问卷和访问式问卷两大类。

（1）自填式问卷，是指由调研者发给（或邮寄给）被调研者，由被调研者自己填写的问卷。

（2）访问式问卷则是由调研者按照事先设计好的问卷或问卷提纲向被调研者提问，然后根据被调研者的回答进行填写的问卷。一般而言，访问式问卷要求简便，最好采用两项选择题进行设计；而自填式问卷由于可以借助于视觉功能，在问题的制作上相对可以更加详尽、全面。

2. 根据问卷发放方式的不同进行分类

根据问卷发放方式的不同，可将调研问卷分为人员访问式问卷、网上访问式问卷、电话访问式问卷和送发式问卷四种。

（1）人员访问式问卷是由调研者按照事先设计好的调研提纲或调研问卷对被调研者提问，然后再由调研者根据被调研者的口头回答填写问卷。人员访问式问卷的回收率高，也便于涉及一些深入讨论的问题，但不便于涉及敏感性问题。

（2）网上访问式问卷是在因特网上制作，并通过因特网来进行调研的问卷类型。此种问卷不受时间、空间限制，便于获得大量信息，特别是对于敏感性问题，相对而言更容易获得满意的答案。

（3）电话访问式问卷就是通过电话来对被调研者进行访问调研的问卷类型。此种问卷要求简单明了，但在问卷设计上要充分考虑几个因素：通话时间限制；听觉功能的局限性；记忆的规律；记录的需要。电话访问式问卷一般应用于问题相对简单明确，但需及时得到调研结果的调研项目。

（4）送发式问卷就是由调研者将调研问卷送发给选定的被调研者，待被调研者填答完毕之后再统一收回。

二、调研问卷的设计原则

调研问卷要按照调研目的的要求设计调研项目，它虽然没有固定的格式，但应该按下面的原则进行：

（一）目的性

问卷设计要紧扣调研目的，从实际出发拟题，重点突出，避免可有可无的问题，并把重要的主题分解为更为详细的内容，切勿跑题。

（二）精简性

问卷设计用词简单明了，表述准确，使应答者一目了然，尽量避免使用专业术语，敏感性问题的提问要有技巧性。同时还要避免重复，应该尽量减轻填表人的负担。尤其是街头拦截调研一般控制在十个项目左右。

（三）逻辑性

试卷的设计要有整体感，这种整体感是指问题与问题之间要有逻辑性，使问卷成为一个相对完整的小系统。因此，问卷设计中要注意问题的逻辑顺序，如主次顺序、相关问题的先后顺序、类别顺序的合理排列。在问卷设计中一般可以这样设计问题：先易后难、先简单后烦琐、先具体后抽象，只有这样才能使调研人员顺利发问，方便记录，并确保所取得的信息资料正确无误。

（四）准确性

调研问卷中所提的问题应力求明确，用语应避免使用含混不清或有弹性的词语。例如，“您觉得××牌自行车怎么样？”这样的提问就得不到准确的答复，会出现各种含混的回答。因为评判自行车质量的标准有很多，如耐用程度、式样、质量、性能等。如果改成这样提问：“您对××牌自行车的质量是否满意？”这就具体明确了。此外，还要避免使用引导性或暗示性的提问。例如，“大家都说××手机好，您会购买××手机吗？”这样提出问题，容易把回答引向购买该手机方向上去。

（五）可接受性

调研问卷的设计，要易于为被调研者所理解和接受。为此，要注意被调研者的身份、文化水平等问题。避免提出被调研者难以回答或无法接受的问题。

（六）可利用性

调研问卷的设计还应该便于调研单位对资料的整理、传递和存档。特别是在当前计算机技术被普遍运用以后，问卷的形式更应有利于计算机读取和数据处理。

三、调研问卷的基本结构

一份完整的调研问卷通常由标题、封面语、指导语、调研内容、编码和其他资料、结束语几个部分组成。其中，调研内容是问卷的核心部分，是每一份问卷都必不可少的内容，而其他部分则根据设计者需要可取可舍。

（一）标题

问卷标题概括地说明调研主题，使被访者对所要回答的问题有一个大致的了解。问卷标题要简明扼要，同时还要吸引人，能够唤起被调研者积极参与调研的兴趣，如跑腿购物市场需求状况调研、个性化染发市场需求状况调研等。

（二）封面语

封面语的作用是向被调研者解释和说明调研目的以及有关事项，以争取被调研者的信任，获得积极的支持和配合。封面语的语言要简明、诚恳，篇幅不要太长，以两三百字为宜。为了说明和解释有关调研的情况，在封面语中，一般需要说明以下内容：

（1）主办调研的单位、组织或个人身份，也就是说明调研者是谁，比如：

我们是某大学市场营销专业的学生。

（2）调研的内容（即调研什么），概括性地阐述本次调研的具体内容。比如：

我们正在做一次关于头发烫染需求的市场调研。

（3）调研的研究目的和重要性（即为什么调研），这是封面语中一项非常重要的内容。目的叙述得合理、得当，有利于调动被调研者配合的积极性。要尽可能说明调研对整个社会、对包括被调研者在内的普通大众的现实意义，比如：

我们这次调研的目的，是要了解学生在借阅图书中遇到的问题，以便为图书馆解决借阅图书等问题提供依据，进一步改善和提高图书借阅使用效率。

（4）对调研资料的保密措施，说明调研结果的保密性能减缓和消除被调研者的疑虑和戒心，比如：

本调研以不记名的方式进行，所有统计资料严格保密。

(5) **诚恳致谢，向被调研者是感谢，比如：**

占用了您的宝贵时间，向您致以诚挚的谢意。

例 4-1

亲爱的同学：

您好！

我是×××职业学院市场营销专业的学生。我们正在做一个关于在校学生头发问题的调研。近几年，由于学习压力大，经常熬夜、睡眠不足，以及烫发、染发频繁等原因，导致脱发问题严重。为此，我们特设这个调研问卷，展开一期调研，希望从各位同学们手中获得第一手信息和建议，为日化公司生产新产品提供有利依据。在此，对于您所提供的所有信息，我们将严格保密。谢谢您的支持！

××调研小组

（三）指导语

指导语就是用来提示被调研者如何正确填写问卷或指导访问员正确完成问卷调研工作的解释和说明。在一份问卷中，有些问题要求用文字或数字回答，有些则可能要求在固定的答案中选择，用画钩或画圈的方式来回答。比如：

回答问题时，请您在所选的答案序号上画“√”或在“（　　）”处填写出您的答案。

问卷中的指导语对填答要求、方式、方法都要进行说明。比如：“可选多个答案”“请按重要程度排列”“如果不是，请跳过 5～10 题，直接从 11 题开始回答”等，只要有可能成为回答者填答问卷障碍的地方，都要给予被调研者清楚的指导。

（四）调研内容

调研内容是按照调研设计方案逐步逐项列出调研的问题，是调研问卷的主要部分，这部分内容的好坏直接影响整个调研价值的高低。从形式上看，调研内容可分为开放式、封闭式和混合式三种类型。

(1) 开放式问题就是只提出问题，但不为回答者提供具体答案，而由回答者自由回答的问题。例如“您对本小区的物业服务还有哪些建议”等。开放式问题的主要优点是不限制回答者的思想，允许回答者按自己的想法发表意见，所得的资料灵活丰富。

(2) 封闭式问题则是在提出问题的同时，给出若干个答案，要求被调研者根据实际情况进行选择。比如：

您经常会通过哪种途径了解到汽车信息？（　　）

A. 电视　　B. 网站　　C. 广播　　D. 短视频平台

E. 微信朋友圈

(3) 混合式问答题，又称半封闭型问答题，是采用封闭型问答题的同时，最后再附上一项开放式问题。比如：

本次促销活动，您没有下单的原因是什么？（　　）

A. 没有需要的产品

B. 价格贵

C. 活动促销力度小

D. 质量差

E. 样子不喜欢

F. 其他原因：______________如果选择此项，请将具分析模型原因填在后面。

（五）编码

编码是将问卷中调研项目以及备选答案变成统一设计的代码的工作过程。编码一般应用于大规模的问卷调研中。因为在大规模问卷调研中，调研资料的统计汇总工作十分繁重，借助于编码技术和计算机，则可大大简化这一工作。

（六）其他资料

除编码以外，问卷还包括一些其他的有关资料，如问卷编号、问卷发放及回收日期、调研员编号、审核员编号、被调研者信息等。

（七）结束语

结束语的内容包括对被访者的合作表示再次感谢，以及关于不要漏填与复核的要求，这种表达方式既显示访问者收尾的礼貌，又督促被访者填好未回答的问题及改正有差错的答案。比如：

“对于您所提供的协助，我们表示诚挚的感谢，为了保证资料的完整与详实，请您再花一分钟翻阅一下您所填过的问卷，看看是否有填错或填漏的地方，感谢您的支持与配合。祝您生活愉快、身体健康。”

调研问卷应用广泛，不仅在商业圈内的营销决策中举足轻重，同时对于社会的文明建设、事业单位管理、教育机制改革等很多方面都大有用处。因此，调研人员在执行此项任务时，一定要本着认真、细心、谨慎的工作态度，有步骤、有计划地完成调研工作。

任务二　设计市场调研问卷

【案例】

网络主播新风向

近年来，网络直播呈现爆发式增长：上百家平台、超百亿规模、3亿多用户，上市公司和明星企业崛起，俨然成为产业和资本的盛宴。光环加持的背后，网络主播群体作为直播平台的核心资产，已达数百万量级，竞争十分激烈，这无异是对主播们的一个重大挑战。

为此，腾讯研究院对目前我国的主播职业做了一个数据统计，结果如下：

1. 主播画像：“年轻群体”

主播呈现年轻态18～27岁的主播人群占比达82%。性别比例上，娱乐主播呈现女性占优，游戏直播呈现男性占优。从学历上看，处于高中、大专和初中学历的人群占比近80%。

2. 职业真相：娱乐与创业走向两极

尽管全民直播风潮已来，但在“怎样做”和“为什么做”等问题上，主播内部呈现明显的分化，形成了一类是以娱乐社交为目的的兼职主播，我们称之为自娱型主播；另一类是以创业增收为主要目的的全职主播，我们称之为创业型主播。

3. 主播收入呈L型分布

主播收入一直是大众热议的话题：“网红主播月入几万元、年薪几千万元”等新闻层出不穷。然而浮华背后，事实并非如此。直播月收入 1 万元以上的头部主播占比仅为 5%，而月收入在 1 万元以下的普通主播占比却高达 95%，也就是说，只有处于头部的少部分主播才能够实现外界传言的高收入，大部分主播的直播收入都处于中低收入水平。

4. “直播+”下的垂直行业深度渗透

随着直播风潮的深化，直播工具化发展的趋势越发明显。“直播+”有望成为更多垂直行业的标配。以“直播+教育”为例，相比传统在线教育的录播课程，直播的互动性和沉浸感更强，目前已经吸引多家传统教育机构和在线教育企业布局。

除此之外，随着新品/二手电商，甚至农业、汽车、房产、家政等平台也纷纷试水“直播+电商”，直播俨然已经成为企业营销和销售的常见渠道。

而这种改变，也对主播的从业构成带来了影响。传统的秀场类、游戏类主播难以满足“直播+”的垂直化发展需求，从业人员范围需进一步扩展。由于细分领域主播的专业性需求增强，进入门槛增加，有望吸纳更多的细分领域专业化人员成为主播，例如金融领域的从业人士、传统领域的市场和销售人员等。

随之而来的，是主播和直播内容的专业化升级，传递的价值也有望从娱乐休闲、情感需求升级，上升到知识技能分享和资讯传递等多元化价值传递。从休闲消费到为知识买单是直播可预见的未来。

（资料来源：根据相关资料整理）

【要求】

面对竞争激烈的主播职业，主播们急需创新，另辟蹊径，抓住消费者眼球，创造优秀业绩。为了尽快提升主播的粉丝量，现在××直播公司委托你们调研小组对 5 000 名直播受众进行调研，通过调研问卷能够了解到大众在直播平台消费的各种影响因素及消费者需求。请为本次任务设计一份完整的市场调研问卷。

一、调研问卷设计的基本步骤

（一）确定问卷纲要

也就是根据调研对象的特点、范围，调研的时间和要求，先给调查研究课题写出一份问卷纲要。在这份纲要中应该包括问题的形式、问卷的内容、自变量和因变量以及一些具体的调研项目等。

（二）基础性探索工作

在具体动手设计调研问卷之前，研究者必须先做一段时间的探索工作，围绕着问卷纲要中所列出的问题，自然、随意地与各种对象交谈，并留心他们的特征、行为和态度，熟悉和了解一些基本的情况，并把研究的各种设想、各种问题、各个方面的内容，在不同类型的回答者中进行尝试和比较，以便获得对各种问题的提法、实际语言、可能的回答种类等内容的初步印象和第一手资料。这样可以避免在问卷设计中出现含糊不清或抽象的问题，也可以避免设计出不符合客观实际的回答来。

（三）设计问卷初稿

根据确定的调研主题或变量设计相应的问题，并将零散的问题按照一定结构组织成一份问卷初稿。组织编写问卷时，需要考虑到各种问题的前后顺序、逻辑结构、对回答者的心理影响、是否便于被调研者回答等多方面因素。

（四）评估和试用

问卷调研与访问调研不同，只要问卷一发，一切缺陷和错误都将直接展现在被调研者面前，不能再随时修改和补充，会造成难以弥补的损失。正因为如此，问卷初稿设计好后，不能直接将它用于正式调研，而必须对问卷初稿进行评估和试用。一方面，将问卷初稿提交专家或有关领域的研究者进行评审，提出意见，以便修改；另一方面，在小范围内选取样本进行试用检查，检查和分析的方面主要包括问卷的回收率、有效回收率、填答的准确完整情况等。

（五）修改并定稿

通过评审和试用找出问卷初稿中的问题后，就要对问题逐个分析和修改，不论是大方面的逻辑结构错误，还是符号的细小错误，都要认真纠正，反复检查，最后才能定稿印制。

二、调研问卷中问题的设计

调研问卷中，问题的类型有很多种，调研人员应根据调研对象和调研环境的不同，采用不同类型的问题。

（一）直接性问题和间接性问题

1. 直接性问题

直接性问题是指通过直接的提问立即就能够得到答案的问题。这些问题可以是一些已经存在的事实或被调研者的一些不很敏感的基本情况。例如：

你是工作性质是？你的年龄是？

2. 间接性问题

间接性问题指的是被调研者的一些敏感、尴尬、有威胁或有损自我形象的问题。通常是指那些被调研者思想上有顾虑而不愿意或不真实回答的问题。该类问题一般不宜直接提问，而必须采用间接或迂回的询问方式发问，才可能得到答案，如工资收入、婚姻状况、社会职位等问题，可采用以下方式提问：

请问，您每月收入属于哪个区间？（　　）

A. 3 000～4 000 元　　B. 4 000～8 000 元

C. 8 000～12 000 元　　D. 12 000 元以上

（二）开放式问题和封闭式问题

1. 开放式问题

在采用开放式问题时，被调研者可以用自己的语言自由地发表意见，在问卷上没有已拟定的答案。开放式问题比较灵活，能让调研者收集到原来没有想到，或者容易忽视的问题。调研者可以从中得到启发，使文案创作更贴近消费者。这种提问方式特别适合于那些答案复杂、数量较多或者各种可能答案尚属未知的情形。但是开放式问题缺点是被调研者的答案可能各不相同，因此，资料整理与分析时比较困难，耗费时间。例如：

你认为目前我国大学生创业的困难有哪些？

2. 封闭式问题

封闭式问题是指在每个问题后面给出若干个选择答案，被调研者只能在这些备选答案中选择自己的答案。封闭式问题标准化程度高，回答问题较方便，调研结果易于处理和分析；回答率较高；可节省调研时间。但是缺点是：有时候被调研者的答案可能不是自己想准确表达的意见和看法；给出的选项可能对被调研者产生诱导；被调研者可能猜测答案或随意乱答，使答案难以反映自己的真实情况。例如：

你购买手机时，最关注的问题是什么？

A. 价格　B. 品牌知名度　C. 功能　D. 售后服务
E. 外观造型别致　F. 像素高　G. 内存空间大

（三）动机性问题和意见性问题

1. 动机性问题

动机性问题是指为了了解被调研者的一些具体行为的原因和理由而设计的问题。动机性问题所获得的调研资料对于企业制定市场营销策略非常有用，但是收集难度很大。调研者可以多种询问方式结合使用，尽最大可能将调研者的动机揭示出来。例如：

你为什么购买××品牌的笔记本电脑？

2. 意见性问题

意见性问题主要是为了了解被调研者对某些事物的看法或想法。意见性问题在营销调研中也经常遇到，它是很多调研者准备收集的关键性资料，因为意见常常影响动机，而动机决定着购买者的行为。例如：

你对学校食堂的管理有何意见？

（四）事实性问题和行为性问题

1. 事实性问题

事实性问题是要求被调研者回答一些有关事实性的问题，这类问题的主要目的是为了获得事实性资料，因此问题的意见必须清楚，使被调研者容易理解并回答。通常设计在一份问卷的开头处。例如：

你的头发目前存在哪些问题？

A. 脱发　B. 出油　C. 干燥　D. 分叉　E. 其他

2. 行为性问题

行为性问题是对回答者的行为特征进行调研。例如：

您是否正在选择专升本教育机构？

在实际市场调研中，几种类型的问题常常是结合使用的。在同一份问卷中，既会有开放式问题，也会有封闭式问题；甚至同一个问题，也可能隶属于多种类型。调研者可根据具体情况选择不同的提问方式，使用不同的询问技术。

三、调研问卷中答案的设计

在问卷设计过程中，由于问卷问题类型的不同和被调研者的实际情况复杂，问卷中答案的设计也略有不同，主要有以下几种类型：

（一）二项选择和多项选择

1. 二项选择

二项选择是指该问题只有两种答案可以选择：“是”或“否”，“有”或“无”。这种方法易于理解，能迅速得到明确的答案，便于统计、分析。但分析很难深入，只适用于询问较为简单的事实性问题。例如：

您是否已经购买了汽车商业保险？

□是　　　　□否

2. 多项选择

它是指有些问题为了使被调研者完全表达要求、意愿，还需采用多项选择法，根据多项选择答案的统计结果，得到各项答案重要性的差异。这种形式的问题给出的答案至少在两个以上，回答者根据自己的情况从中至少选一个答案。问卷调研中的大多数问题都采用的是这种问题形式。这种答案设计的方法，如果答案太多，不便于归类，所以一般应控制在8个选项以内。例如：

您认为当代大学毕业生在应聘时，企业最关注的因素是什么？（请在合适的答案后的括号里打“√”）

①能力（　　）　②学历（　　）　③家庭条件（　　）④社会实践经验（　　）

⑤素养（　　）　⑥性格（　　）

（二）矩阵量表法

矩阵量表也称语义差异量表，是用成对的反义形容词测试被调研者对某一事物的态度。在市场调研中，它主要用于市场与产品的比较，以及人们对事物或周围环境的态度的研究。具体做法是在一个矩阵的两端分别填写两个语义相反的术语，由回答者根据自己的判断在适当位置画上记号。例如：

近一年来您是否有下列情况？（请在每一行适当的方框内打“√”）

	有	没有
①参与学生会干部竞选	□	□
②积极参加学校组织的各项文化活动	□	□
③主动参与志愿性活动	□	□
④参与专业类技能大赛	□	□

（三）排序法

排序法是指提出的问题有两个以上的答案，由被调研者按重要程度进行顺序排列的一种方法。排序法不仅能够反映出被调研者的想法、动机、态度等多方面的因素，还能比较出各因素的先后顺序，有利于数据分析和决策。但答案不宜过多，以免造成排序分散，增加整理分析的难度。例如：

请按重要程度排列出你在购买洗发水时考虑的影响因素。（　　）

A. 价格　　B. 品牌　　C. 包装　　D. 使用方便

E. 商城促销　　F. 朋友推荐　　G. 其他

（四）表格法

表格法整齐、醒目，是矩阵的一种变体，形式与矩阵式很相似。比如，上述矩阵式变为表格式即是：

近一年来您是否有下列情况？（请在每一行适当的格中打“√”）

选　项	有	没　有
①参与学生会干部竞选		
②积极参加学校组织的各项文化活动		
③主动参与志愿性活动		
④参与专业类技能大赛		

（五）关联式问题

关联式问题指的是在前后两个（或多个）相互连接的问题中，被调研者对前一个问题的回答，决定着后面问题的回答顺序。有的学者将这种起筛选作用的前一个问题称为“过滤性问题”。

关联式问题针对的是调研中的某些实际情况，比如被调研者对有些问题答案的不同选择，其后面需要调研的问题不同，再比如某个问题只适用于样本中的一部分调研对象。为了使问卷适合每一个被调研者，在设计时就可以采用关联式问题的方法。例如：

（1）您从做第一项工作到目前为止是否换过工作？（　　）

A. 是　　　　B. 否

如果选择A选项，则被调研者会进入第（2）题的问题，如果选择B则请跳过问题（2）和（3），直接从问题（4）开始回答。

（2）您一共换过几次工作？（　　）

A. 1次　　　　B. 2次　　　　C. 3次　　　　D. 4次或以上

（3）更换工作单位的原因是什么？（　　）

A. 不适合这份工作　　　　B. 移居其他城市

C. 对公司待遇不满意　　　　D. 被公司辞退

E. 其他原因

（4）您在目前的工作单位已经工作多久了？（　　）

A. 不到一年　　　　B. 1～5年

C. 5～10年　　　　D. 10年以上

四、调研问卷的设计要求

问卷所要测量的变量，需要通过一个个问题表达出来。问题提问的方式、问题数量的多少、问卷的语气和措辞等因素，都关系到调研的结果，会直接影响整个问卷的信度和效度。因此，在设计调研问卷时，设计者要注意以下几个方面：

（1）问卷不宜过长，问题不能过多，一般控制在15分钟左右能回答完毕。

（2）能够得到被调研者的密切合作，充分考虑被调研者的身份背景，不要提出对方不感兴趣的问题。

（3）有利于使被调研者做出真实的选择，因此答案切忌模棱两可，使对方难以选择。

（4）不能使用专业术语，也不能将两个问题合并为一个，以致得不到明确的答案。

（5）问题的排列顺序要合理，一般先提出概括性的问题，逐步启发被调研者，做到循序渐进。

（6）将比较难回答的问题和涉及被调研者个人隐私的问题放在最后。

（7）提问不能有任何暗示，措辞要恰当。

（8）为了有利于数据统计和处理，调研问卷最好能直接被计算机读入以节省时间，提高统计的准确性。

五、调研问卷的组织与编排

问卷每一部分的位置都应具有一定的逻辑性。具体操作如下：

（一）过滤性问题放首位以识别哪些是合格应答者

在市场调研问卷中，只有合格的应答者回答的问卷才可能对我们的数据收集有帮助。通常在问卷较前位置设计一些过滤性的问题来识别合格应答者。

例如：以下是一份关于某小区物业公司对小区业主消费能力的调研问题。

你好，我是××小区物业公司的访问员。我们打算在小区内开设一家便民超市，方便小区业主的日常购物，现在正对本小区业主的消费者能力进行一次调研，想问您几个问题。感谢你的配合！

（1）请问您是××小区的业主吗？

是（　　）　　1（继续访问）

否（　　）　　2（终止访问）

（2）您的年龄属于哪一个阶段？

21岁以下（　　）　　1（终止访问）

22～50岁（　　）　　2（继续访问）

50岁以上（　　）　　3（终止访问）

（3）请问您长时间住在本小区吗？

是（　　）　　1（继续访问）

否（　　）　　2（终止访问）

问卷的过滤部分也叫甄别部分，主要是先对被调研者进行过滤，筛选调研对象，然后有针对性地对特定的被调研者进行调研。通过甄别，一方面可以筛选掉与调研事项有直接关系的人，以达到避嫌的目的；另一方面，确定那些合格的调研对象，通过对其进行调研，使调研更具有代表性。

（二）以一个能引起应答者感兴趣的问题开始访谈

在介绍性引导语和通过过滤性问题发现合格的访问人员后，起初提出的问题应当简单，容易回答，令人感兴趣，这样能提高应答者的积极性，有利于他们把问卷答完。

（三）先问一般性问题

"热身"问题之后，问卷应当按一种逻辑形式进行。接着开始编排一般性问题，使人们开始考虑有关概念、公司或产品类型，然后再问具体的问题。

例如有关洗发水的一份问卷是这样开始："在过去的6个星期里，你曾经购买过洗发水、护发素和定型剂吗？"促使人们开始考虑有关洗发水的问题。然后，再问有关洗发水的购买频率、在过去三个月里所购品牌、对所购品牌的满意程度、再购买的意向、理想洗发水的特点、应答者头发的特点，最后是年龄、性别等人口统计方面的问题。

分析：以上例子中的问题编排是逻辑性的，促使消费者跟着问卷考虑洗发水并以个人资料结束。逻辑清晰的问题编排，再加上适当的访问技巧，应答者对提问就不会有太多反感，双方的融洽关系也能很快建立起来。最终应答者也会认识到，这肯定是对信息的合理要求，不是为了推销产品，由此而建立起信任，并且愿意提供个人信息。

（四）需要思考的问题放在问卷中间

先建立兴趣和承诺，经过“热身”问题和一般性问题，一些相关问题需应答者来回答，这时，应答者已建立起来的回答兴趣以及与访问员形成的融洽关系，就成了这部分访问回答的重要保证。

（五）在关键点插入提示

有时候，由于访谈时间长或应答者有急事等原因，回答问题的兴趣会下降，优秀的访问人员能及时发现并努力重新培养起应答者的兴趣。此类问题在问卷设计时就应该考虑到。

在问卷的设计与编排的时候，在问卷的关键点插入一些简短的鼓励话语，通常是吸引应答者保持兴趣或重新培养应答者兴趣的重要手段。如：“下面没几个问题了！”“下面会更容易些！”另一方面，作为下一部分内容的介绍，可以插入“既然您已帮我们提出了以上的意见，想再多问一些问题”这样的语句，为后面的提问做好铺垫。

（六）把敏感性问题、威胁性问题放在最后

这样做可以保证大多数问题在应答者出现防卫心理或中断应答之前已得到回答。并且，此时应答者与访问者之间已经建立了融洽的关系，增加了获得回答的可能性。把敏感性问题放在结尾的理由是应答模式已经重复了许多次，访问人员问一个问题，应答者答一个，此时问及敏感性问题，应答者一般会做出回答。

（七）把开放式问题放在后面

开放式问题一般需要较长时间思考后才能填写，而受访者一般不想花太多时间去思考完成，如果将开放问题放在前面，会使被调研者产生心理畏惧，影响被调研者填写问卷的积极性。

一份优秀的问卷，对发现问题、解决问题有着巨大的帮助，它关系到能否准确反映出调研人员的调研目的，能否反馈出对调研者有用的信息，从而为后期的决策提供重要依据。所以调研人员在设计问卷时，要遵循设计原则。

任务三　评估市场调研问卷

调研问卷设计完以后，调研人员先不要急着发放问卷。因为此时制作问卷的工作还没有完全结束。调研小组还需要评估问卷、测试和修订问卷，最后才能打印发放。

一、调研问卷的综合评价

（一）评价问卷

问卷草稿设计好后，设计人员应对问卷进行 1～2 次评估，也就是从多个角度对问卷再

检查 1～2 遍。这一环节是避免有问题的问卷被发放出去，以免见笑于人，影响本次调研的结果，甚至会给企业带来巨大的损失，所以问卷评价环节必不可少。在问卷评估过程中，应当重点审核以下几个方面：

1. 问题是否必要

每个具体的调研目标都应该有相应的提问，不能遗漏。而且，每个问题必须要与本次调研目的有关。要么它是过滤性的，要么是培养兴趣的，要么是过渡用的，要么直接地或清楚地与所陈述的特定调研目标有关。如果问题无任何作用，就应当删去。

2. 问卷是否太长

问卷设计人员应提前判断好每次问卷调研所需要的时间。尽管没有严格规定，但完成问卷所花费的时间不能过长。街上拦截或电话调研的问卷如果访问时间超过 20 分钟，应当考虑删减。如果有比较有吸引力的刺激物，如电影票、玩具、文具、饰品等礼品，问卷可设计得稍微长一些。

3. 自填式问卷的外观设计

由被访问者自行填写的问卷，外观则是决定回答率的一个重要因素。因此问卷的外观设计要美观，看上去尽可能规范，可用高质量的纸印刷，长度超过 4 页时，要装订成册。网络问卷则要求标题要有吸引力、封面页设计美观。

4. 开放性问题是否留有足够空间

问卷中如果设有开放性问题，那一定要给被访问者留出答题的空间，否则被访者可能就直接放弃作答。这样必定会影响调研的效果。在设计问卷问题时，为了提高调研效率，节省时间，方便后期数据整理，开放性问题不宜过多。一般 1～2 题即可。

5. 问卷说明部分是否用了明显字体

为了清晰表明哪部分是问题、哪部分是说明，问卷中应该用有区别的字体，以提醒访问员和应答者在访谈时注意。

（二）获得各方面的认可

进行到这一步，问卷设计的草稿已经完成。草稿的复印件应当分发到直接有权管理这一项目的各部门，通过各部门负责人的进一步检查、建议和不断的修订，最终获得各方的认可，问卷的认可再次确认了决策工作中所需要的信息，如果问卷中有些问题没有问，那么数据将收集不到。

例如，某公司想根据消费者需求开发一款新产品，前提是必须要通过调研得知大众有哪些需求、购买能力如何、偏好是什么、主要用途和经常能接触到的媒体有哪些。但是若调研问卷中没有涉及以上内容的问题，则公司在后期的营销决策中将无计可施，没有明确的方向。所以调研问卷在草稿设计完后，务必要得到项目相关部门的认可。

二、调研问卷的测试与修订

当问卷已经获得管理层的最终认可后，还必须进行预先测试。在没有进行预先测试前，不可以展开正式的询问调研。预先测试不是一个调研人员向另一个调研人员实施调研，而是让最终将进行实地调研的最优秀的调研人员对调研的目标访问者实施调研。通过调研少量的访问者，寻找问卷中存在的错误或解释不连贯的地方、不正确的跳跃模型，为封闭式问题寻找额外的选项。预先测试也应当以最终访问的相同形式进行。如果访问是拦截面对面调研，预先测试也应当采取拦截面对面调研的方式。

在预先测试完成后，任何需要改变的地方应当及时修改。在进行实地调研前，应当再一次获得相关部门的认可，如果预先测试导致问卷产生较大的改动，应进行第二次测试，测试通常选择 20～100 人，样本数不宜太多，也不能太少。

【项目小结】

调研问卷是市场营销调研工作中的重要手段，也是调研人员和调研对象之间沟通的一种媒介。调研人员通过前期准备、初步设计、评估问卷、测试修订四个阶段的实施，可以养成认真、细心、严谨的工作态度，同时也能意识到团队合作的重要性。

本项目主要介绍了调研问卷设计的原则、结构，以及问卷的制作和评估等相关知识。一份优秀的问卷对发现问题、解决问题帮助巨大，所以设计人员一定要遵守调研问卷设计的原则和要求，有目的、有步骤地设计出优秀的问卷。

近年来，互联网的发展也为问卷调研工作提供了新的媒介，有助于调研人员利用计算机和网络技术开展调研工作，对问卷调研特性、问卷调研形式以及问卷设计过程都有较大影响。

【同步训练】

项目列表：

在各小组选定实训项目并完成市场调研方案的基础上，结合调研方案中制定的内容，制作一份市场调研问卷。

（1）大学生求职意向及职业规划调研。

（2）汽车 4S 店消费者满意度调研。

（3）大学生消费状况调研。

（4）大学生使用手机情况的调研。

（5）大学生手游/网游消费状况的调研。

（6）大学生对食堂满意度的调研。

（7）居民对社区服务的满意度调研。

（8）日用消费品价格上涨对城市居民生活影响程度的调研。

实训目的：

（1）通过本项实操训练，帮助学生认识到调研问卷在市场调研中的重要性。

（2）通过本项实操训练，使学生掌握收集市场数据的基本技能。学生能根据调研项目的具体要求自己动手设计出一份调研问卷，从而掌握问卷设计的结构、步骤、内容和要求等知识和技能，为未来胜任市场调研工作奠定基础。

（3）通过本项实操训练，在增强学生自信心和创新力的同时，也培养他们的认真、细心、谨慎的工作态度。

实训内容及要求：

（1）学生以各小组为单位（每组 6 人），根据调研计划安排、调研目的，设计一份完整的市场调研问卷。

（2）按照调研问卷设计的要求和步骤，将所要调研的内容设计出15～20项问卷问题，以便能准确地获得调研所需要的资料信息。

（3）问卷设计完后，要进行问卷评估、测试和修订，以及正式发布或展开正式的调研。

实训步骤：

（1）明确市场调研目的和调研的主要内容。

（2）组织项目小组，商讨并设计调研问卷，其内容包括标题、封面语、指导语、调研内容、编码及相关资料。

（3）确定初稿。

（4）调研问卷初稿检查和认定，修改完善。

（5）将初稿在班级进行测试，并收集意见，加以修订。

（6）形成调研问卷的最终稿。

（7）开展正式调研。

组织形式：

以小组为单位组成调研项目小组，针对选择的调研项目完成市场调研问卷的制作。

考核要点：

（1）问卷问题设置的合理性。

（2）问卷问题的排列顺序是否符合逻辑性，选择项是否有遗漏等。

市场调研与分析“设计调研问卷”评量表

姓名：　　　　　　组别：　　　　　　班级：

各位同学：请针对下列评量项目并参照「评量标准」，选择「A、B、C、D」进行自评，教师审定后确定最终成绩，满分100分。					
评量项目	分　值（自评）				教师
	A	B	C	D	审定成绩
调研问卷设计原则（20）					
调研问卷结构（20）					
调研问卷问题（20）					
小组合作（20）					
PPT制作及展示效果（20）					
备注：各项目之A、B、C、D分值分别为100%、90%、80%、70%，此项评量分数上限为100分。					

评量标准				
项　　目	设计调研问卷			
评量标准	A	B	C	D
调研问卷设计原则	问卷设计目的明确；简明易懂；逻辑清楚；问题规范	问卷设计能够体现调研目的；较为简明易懂；能体现逻辑；问题较规范	问卷设计有主题，简明易懂；问题不够规范	问卷设计目的不明确；逻辑不清晰；问题不规范
调研问卷结构	调研问卷结构完整	调研问卷缺少辅助内容	问卷设计缺少主要结构	问卷设计没有体现结构

续表

项　目	设计调研问卷			
评量标准	A	B	C	D
调研问卷问题	问卷中问题类型全面，与主题结合紧密，问题措辞准确，逻辑顺序合理	问卷中问题类型较全面，能够反应主题，问题措辞较准确，逻辑顺序较合理	问卷中问题能够反应主题，问题措辞存在瑕疵，逻辑顺序不清晰	问卷中问题设置和表述存在错误
小组合作	学习过程中小组同学有明确分工，并全员参与共同完成学习任务	学习过程中小组同学有分工，部分参与完成学习任务	学习过程中小组同学部分参与完成学习任务，分工不明确	学习任务由个别成员完成
PPT 制作及展示效果	清晰、美观、重点突出、内容正确，并得到同学们的认可和共鸣	清晰、重点突出、内容正确，现场效果良好	能正确反映表述内容，能得到部分同学认可	制作内容存在错误，结构不够完整
总分				
备注：此项评量分数上限为 100 分，占期末总成绩的 10%。				

【素质园地】

人职匹配、职业画像……毕业生求职，大数据来帮你

为了促进高校毕业生充分就业，各地教育部门、高校提供不断线的就业服务，包括岗位推送、就业指导、重点帮扶等，同时与人社部门协作，确保未就业毕业生及时享受公共就业服务。

在四川巴中，当地教育和人社部门推出了“游园入企”活动，鼓励毕业生走进工业园和企业，参观企业生产车间，了解企业文化。通过这种“体验式招聘”，毕业生更好地理解企业需求，实现供需精准匹配，双向选择。

在江苏大学，学校为毕业生举办多场线上线下就业指导讲座，还为家庭困难学生提供“一生一策”、一对一就业帮扶。2023 年上半年，江苏省各高校共举办了 1 800 多场校园招聘会，提供了 90 多万个岗位需求。他们还通过“访企拓岗”活动，促进校企对接，共访问了 3 万多家用人单位，拓展了 39.2 万个岗位需求。

学校也利用智慧化教育手段，如大数据分析，帮助学生精准就业。河南职业技术学院借助大数据平台，分析学生情况和岗位需求，为学生规划合适的就业出路。他们还开发了“人职匹配大数据分析平台”，用于精准推送招聘信息，实现人岗精准匹配。

各级共青团组织也积极推动大学生实习“扬帆计划”，组织学生参加各类实习实践活动，提供就业指导服务。浙江团省委推出了“青燕归巢”数字化平台，帮助学生匹配适合的实习企业。江西新余团市委建立了“就业联络员”队伍，为毕业生提供政策咨询、岗位推荐、心理疏导等服务。

共青团中央的“全国大学生实习服务平台”为学生提供信息发布、投递简历、在线面试等功能。各级共青团组织还推出了多种数字化岗位信息供需对接平台，将政策、岗位等直接送达毕业生。截至目前，各级共青团已发布政务实习岗位 36.1 万个，企业实习岗位 38.6 万个，帮助 63.1 万名学生提升社会化和综合就业能力。

【课后练习】

一、单项选择题

1. 调研问卷的（　　）是调研者所要收集的主要信息，是问卷的主要部分。

A. 前言部分　　B. 调研内容　　C. 附录部分　　D. 说明部分

2. 对于那些会令受访者感到有心理压力的不乐意或很难做出正确回答的问题，适合采用的提问方式是（　　）。

A. 直接提问　　B. 间接提问　　C. 虚拟提问　　D. 假设提问

3. 调研问卷中，（　　）部分的内容要吸引人，能够唤起被调研者积极参与调研的兴趣。

A. 前言部分　　B. 调研内容　　C. 标题部分　　D. 说明部分

4. 问卷设计是否合理、调研目的能否实现，关键就在于（　　）内容的设计水平和质量。

A. 前言部分　　B. 主题内容　　C. 附录部分　　D. 说明部分

5. 某调研问卷的问题："您对中考改革有什么看法？"属于（　　）问题。

A. 公开式　　B. 开放式　　C. 保守式　　D. 封闭式

6. 某调研问卷的问题："您用过××洗发水吗？请选择答案：A. 用过；B. 没用过。"属于（　　）问题。

A. 公开式　　B. 开放式　　C. 保守式　　D. 封闭式

7. "××洗发水香味扑鼻，泡沫丰富、去屑效果明显，您是否喜欢？"犯了（　　）方面的错误。

A. 不易回答　　B. 措辞不准确　　C. 措辞太复杂　　D. 诱导性提问

8. 调研问卷不宜过长，一般控制在（　　）分钟之内回答完毕为宜。

A. 5～10　　B. 10～20　　C. 20～30　　D. 30～60

二、多项选择题

1. 一份完整的调研问卷通常包括（　　）几个部分。

A. 标题　　B. 指导语　　C. 调研内容　　D. 编码

E. 封面语

2. 调研问卷说明是对（　　）的阐述。

A. 调研的目的　　B. 调研的意义　　C. 调研的问题　　D. 有关事项

3. 调研问卷前言的主要作用有（　　）。

A. 引起被调研者的兴趣和重视，使他们愿意回答问卷

B. 登记调研访问工作的执行和完成情况

C. 打消公众的顾虑，获取他们的支持与合作

D. 了解被调研者的基本情况

4. 评估调研问卷包括（　　）等工作内容。

A. 问卷评价　　B. 获得相关部分认可

C. 测试　　D. 修订

5. 问卷设计要求有（　　）。

A. 问题不要过长　　B. 问题中不可带有过于专业词语

C. 问题是否有必要　　D. 设计形式完美

6. 按照问题是否提供答案，问卷设计的格式可分为（　　）两种类型。

A. 公开式　　B. 开放式　　C. 保守式　　D. 封闭式

7. 让被访者按重要程序进行填写的题型属于（　　）。

A. 量表式　　B. 排序式　　C. 表格式　　D. 封闭式

项目五　组织与实施市场调研

【知识目标】

● 理解市场调研的重要性和目的。
● 了解市场调研中的基本概念和术语。
● 掌握市场调研的基本步骤和流程。

【技能目标】

● 能够明确市场调研的目的，并将其转化为具体的调研问题。
● 能够选择适当的调研方法和工具，并进行调研问卷的设计。
● 能够确定合适的调研样本和制订调研计划。
● 能够进行前期测试，确保调研准备工作的质量。

【素养目标】

● 培养系统思维和组织能力，能够合理规划和组织市场调研活动。
● 培养数据分析和问题解决的能力，能够监控和控制调研过程中的质量问题。
● 培养沟通和协作能力，能够与团队成员合作完成市场调研任务。

【项目导读】

通过学习本项目内容，将了解到如何进行市场调研前的准备工作以及如何在调研过程中进行质量监控。可以培养学生的系统思维和组织能力，使学生掌握市场调研的基本步骤和流程。同时，还可以培养学生数据分析和问题解决的能力，以及与团队成员合作完成市场调研任务的沟通和协作能力。这些技能和素养将为学生今后的市场研究工作奠定坚实的基础。

【知识导图】

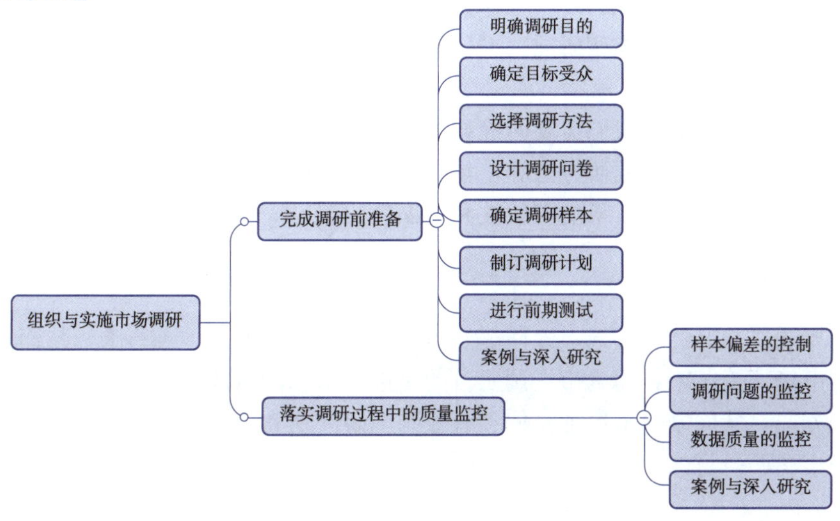

【引入案例】

某汽车制造公司的新产品市场调研

某汽车制造公司计划推出一款电动 SUV 车型，以满足日益增长的电动汽车市场需求。在推出之前，他们决定进行市场调研，以了解潜在消费者的偏好和购买意愿，并评估竞争对手的情况。

为了获取准确的市场反馈，该公司在几个大城市的购物中心和汽车展览会上进行了调研。调研问卷包括有关消费者购买决策因素、电动车性能需求、价格敏感度等方面的问题。

在调研过程中，他们发现了一些有趣的结果。许多潜在消费者表示对电动车的环保性能和低耗电非常感兴趣，但对电池续航里程和充电基础设施的可用性持有一定的担忧。此外，一些消费者提出了对电动 SUV 的外观设计和驾驶体验的要求。

基于调研结果，该汽车制造公司调整了产品设计和营销策略。他们增加了电动 SUV 的续航里程，加强了充电基础设施的建设，并注重了车辆的外观设计和驾驶舒适性。通过对市场需求的准确把握，该公司成功地推出了受到消费者欢迎的电动 SUV 车型，并在竞争激烈的电动车市场中取得了一定的市场份额。

问题：

（1）在设计调研问卷时，该汽车制造公司是否充分考虑了潜在消费者的关切点和需求？是否涵盖了对电动车性能、充电基础设施和外观设计等方面的全面调研问题？

（2）该公司如何应对潜在消费者对电动车续航里程和充电基础设施的担忧？他们是否成功地解决了这些问题，并通过产品设计和市场营销策略来增强消费者对产品的信心？

（3）该公司如何利用市场调研结果来调整产品设计和营销策略，以满足潜在消费者的需求并与竞争对手区分开来？他们是否成功地在市场中建立了电动 SUV 的品牌认知度和竞争优势？

任务一　完成调研前的准备

在市场调研过程中，充分的准备工作是确保调研顺利进行和获得准确结果的关键。在本任务中，我们将重点关注完成调研前的准备阶段，这是一个关键的步骤，它为整个调研奠定了坚实的基础。

在进行市场调研之前，我们需要明确调研的目的和目标受众，以便有针对性地收集和分析数据。同时，选择适当的调研方法和工具（如问卷调研、访谈或观察）也是非常重要的决策，它们将直接影响到调研结果的有效性和可靠性。

一、明确调研目的

明确需要调研的目的和目标，以便更好地了解目标市场的需求和行为，从而制定更加准确和有效的市场营销策略。明确市场调研目的是进行市场调研的关键步骤，它有助于确定调研的范围和方向，从而制定出更加具体和有效的调研计划和策略。从以下方面思考，可以帮助我们明确市场调研目的：

（1）确定产品或服务的需求：市场调研的主要目的之一是了解目标市场对特定产品或服务的需求和偏好，从而为产品或服务的开发、改进和营销提供有价值的信息。

（2）了解目标市场竞争情况：通过市场调研，可以了解目标市场的竞争情况，包括竞争对手的优势、弱点和市场占有率等，从而制定出更加有效的市场营销策略。可以通过对相关竞争企业的注册状况掌握目标市场的竞争激烈程度。

（3）识别目标市场的行为特征：市场调研可以帮助企业了解目标市场的行为特征，例如购买行为、消费习惯和购买渠道等，从而更好地了解和满足目标市场的需求。

（4）确定产品或服务定价策略：通过市场调研，可以了解目标市场对特定产品或服务的价格敏感程度和预期价格范围，从而制定出更加合理和有效的定价策略。

（5）评估市场营销效果：市场调研可以评估营销活动的效果和影响，例如广告宣传、促销活动和市场推广等，从而调整和改进营销策略，提高市场竞争力。

二、确定目标受众

确定需要调研的目标受众和样本群体是进行市场调研的重要步骤，以便在调研的过程中更加准确地了解受众的需求和行为。目标受众的不同可以影响调研结果的准确性和有效性。以下是一些确定市场调研目标受众的方法：

（1）确定产品或服务的消费者：首先需要确定调研的产品或服务的消费者，以便了解他们的需求和购买行为，从而制定出更加有效的市场营销策略。

（2）考虑消费者的特征和行为：在确定目标受众时，需要考虑消费者的特征和行为，例如年龄、性别、职业、收入水平、购买力、购买习惯、品牌忠诚度等，以便更好地了解他们的需求和行为，例如可以通过对网购人群消费决策情况进一步深入了解目标消费者消费习惯特征。

（3）确定受众的地理位置：在进行市场调研时，需要考虑目标受众的地理位置，以便更好地了解不同地区的消费者需求和行为差异。

（4）考虑竞争对手的目标受众：需要了解竞争对手的目标受众，并考虑与他们的差异性和共同点，以便更好地制定出市场营销策略。

（5）参考以往市场调研报告和数据：通过以往的市场调研报告和数据，了解目标市场的消费者特征和行为，从而确定调研的目标受众。

三、选择调研方法

根据目的和目标受众，选择合适的调研方法，包括问卷调研、个人面谈、电话调研、网络调研等，以便更好地采集和分析数据。不同的调研方法适用于不同的调研目的和受众。通过以下方法可以帮助我们选择合适的市场调研方法：

（1）确定调研目的和问题：将调研的目的和问题确定下来，可以方便选择合适的调研方法和工具。例如，如果调研的目的是了解目标市场的消费者行为和偏好，可以选择使用问卷调研、深度访谈或焦点小组等方法。

（2）考虑受众特征和数量：在选择调研方法时，需要考虑受众的特征和数量。如果受众数量较少，可以选择使用深度访谈或个人访谈等方法；如果受众数量较多，可以选择使用问卷调研等方法。

（3）考虑调研时间和成本：选择合适的调研方法时，还需要考虑调研的时间和成本。如果时间紧迫，可以选择使用在线调研等方法；如果预算有限，可以选择使用邮寄调研或电话调研等方法。

（4）参考行业标准和案例：可以参考行业标准和案例，了解不同行业常用的调研方法和工具，以便选择合适的方法。

（5）考虑数据分析和报告：在选择调研方法时，还需要考虑数据分析和报告的需求。如果需要进行复杂的数据分析和报告，可以选择使用定量调研方法，如问卷调研等；如果需要深入了解消费者行为和态度，可以选择使用定性调研方法，如深度访谈或焦点小组等。

四、设计调研问卷

根据目的和目标受众，设计调研问卷的内容和问题，确保问题简单明了、易于理解和回答，并避免问题引导受访者的答案。实际调研问卷时，需要考虑多个方面内容：

（1）明确调研目的和问题：在设计市场调研问卷前，需要明确调研的目的和问题，以便设计出有针对性的问卷内容和问题。

（2）选择合适的问题类型：根据调研的目的和问题，需要选择合适的问题类型，如单选题、多选题、开放式问题、评分题等。问题类型的选择应考虑受众特征、调研目的、问题的复杂度和调研时间等因素。

（3）使用简洁明了的语言：在设计问题和选项时，需要使用简洁明了的语言，避免使用复杂或模糊的语言，以确保受众能够理解问题和选项。

（4）保证问题的互不干扰性：在设计问题时，需要保证问题之间互不干扰，避免出现重复的问题或重叠的选项，以确保受众能够清楚地回答每个问题。

（5）合理设置题目顺序：在设计问卷时，需要合理设置题目顺序，以便逻辑清晰和问题的连贯性。通常，可以将一些基本的背景信息和一些简单的问题放在前面，而将一些复杂或涉及隐私的问题放在后面。

（6）进行适当的预测试：在正式进行市场调研之前，需要进行适当的预测试，以检验问卷的可用性和可靠性。预测试可以通过邀请一些代表性的受众进行试调，收集反馈和建议，以优化问卷设计。

五、确定调研样本

确定调研样本的大小和人群，以便得出更加准确的结论和分析，同时也要确保样本具有代表性和有效性。确定调研样本时可以考虑采用以下方法：

（1）确定调研的目标受众：在确定市场调研样本时，需要先明确调研的目标受众，包括年龄、性别、教育程度、收入水平、职业、地域等特征，以便精准地选择样本。

（2）选择合适的抽样方法：选择合适的抽样方法可以确保样本具有代表性和可靠性。抽样方法通常包括随机抽样、系统抽样、分层抽样、整群抽样等。

（3）确定样本量：样本量是市场调研中重要的参数之一，过小的样本量可能导致调研结果失真，过大的样本量则会增加调研成本。样本量的确定通常根据调研目的、样本的统计学特性、误差范围等因素来确定。

（4）考虑非响应率：在市场调研中，部分被选中的样本可能会拒绝参与调研或无法联系到，这就产生了非响应率。为了避免非响应率使样本产生偏差，可以在抽样过程中采用随机抽样或系统抽样等方法，同时也可以在样本选择过程中预留一定的备用样本。

（5）保持样本多样性：在确定市场调研样本时，需要尽可能保持样本的多样性，以便获得更全面的调研结果。例如，可以根据受众特征的不同，选择不同的样本来源和样本分布，以确保样本的多样性。

六、制订调研计划

制订市场调研计划是市场调研的关键步骤之一，其一般步骤如图 5-1 所示。

市场调研计划是建立在先前做好准备的各项活动之上的，其中包括的内容在前面已有相关描述。此项工作相当于进行市场调研工作准备阶段的汇总。制订好市场调研计划可以更加有效地收集和分析数据，为企业的决策提供支持。

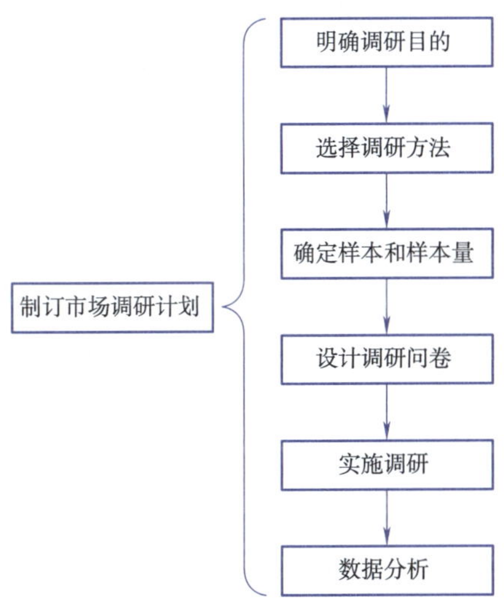

图 5-1　制订市场调研计划的一般步骤

七、进行前期测试

在正式调研之前，进行前期测试以检查调研的准确性和有效性，并进行必要的调整和修改。

进行市场调研前期测试可以发现和解决调研过程中可能出现的问题，提高调研的准确性和可靠性。进行市场调研前期测试时可以采取以下方法：

（1）样本测试：在进行正式市场调研之前，先进行样本测试。对小规模的样本进行测试可以了解调研问题是否清晰，问题是否有效，以及问卷是否能够准确地获取受访者的信息。通过样本测试，可以发现并解决可能存在的问题。

（2）问卷测试：在进行正式市场调研之前，对问卷进行测试。对小规模的样本进行问卷测试，可以测试问卷的设计是否合理、问卷的问题是否明确、选项是否充分等。问卷测试的结果可以为正式调研提供指导。

（3）流程测试：在进行正式市场调研之前，进行流程测试。对调研的流程进行测试，包括调研员的行为和问卷填写的过程。流程测试的目的是确保整个调研过程的顺畅和准确。

（4）语言测试：在进行正式市场调研之前，进行语言测试。对问卷中的问题和选项进行测试，确保问卷的语言和表达方式可以被受访者理解和接受。

（5）调研员测试：在进行正式市场调研之前，对调研员进行测试。测试调研员的专业技能、沟通能力、问卷填写能力等，确保调研员的能力和水平符合调研的要求。

综上所述，在进行市场调研之前，需要充分的准备工作，以确保调研的质量和有效性。在准备的过程中，要明确调研目的、确定目标受众、选择合适的调研方法和样本群体，设计合适的问卷内容和问题，并制定详细的调研计划，同时也要进行前期测试以检查调研的准确性和有效性。

八、案例与深入研究

一家餐饮连锁企业的市场调研准备

某餐饮连锁企业计划在全国范围内推出一款新的健康快餐产品，并决定进行市场调研以了解消费者的需求和市场潜力。他们着重完成调研前的准备工作，以确保调研的有效性和准确性。

首先，该企业明确了调研的目的，即了解消费者对健康快餐的需求、偏好和购买意愿，以指导产品开发和市场推广策略的制定。他们的目标受众主要包括在城市生活节奏快、注重健康饮食的年轻白领人群。

接下来，企业选择了适当的调研方法，包括在线问卷调研和面对面访谈。在线问卷调研可以覆盖更广泛的受众群体，并提供大量的数据，而面对面访谈则可以深入了解消费者的动机和体验。他们还与市场研究机构合作，以确保调研方法的科学性和可靠性。

为了设计调研问卷，该企业仔细考虑了各种因素，如健康食材、口味偏好、价格敏感度等。他们还咨询了专业的食品营养师，以确保问卷的科学性和相关性。

在确定调研样本时，该企业选择了多个城市和不同年龄段的受众，以保证调研结果的代表性和多样性。他们制定了详细的调研计划，包括调研时间、地点和人员分工等，以确保调研的高效性和有序性。

最后，企业进行了前期测试，通过在一些小范围内进行问卷调研和访谈，评估了调研问卷的质量和准确性。他们收集了反馈意见，并进行了适当的修改和优化，以确保正式调研的成功进行。

通过这一系列的市场调研准备工作，该企业得到了消费者对健康快餐的需求和期望的深入了解。这些调研结果将为他们提供指导，以开发出符合市场需求的健康快餐产品，并制定相应的市场推广策略，从而在竞争激烈的餐饮行业中取得成功。

深入研究问题：

（1）在设计调研问卷时，该企业是否充分考虑了消费者对健康快餐的关切点和需求？是否涵盖了营养价值、口味选择和价格合理性等方面的全面调研问题？

（2）该企业如何选择调研样本和制定调研计划，以确保调研结果的代表性和多样性？他们是否在不同地区和不同年龄段的受众中进行了充分的调研，以获得全面的市场洞察？

（3）通过前期测试，该企业发现了哪些调研问卷的问题和潜在的改进空间？他们如何利用测试结果进行修改和优化，以确保正式调研的可行性和可靠性？

任务二 落实调研过程中的质量监控

市场调研是企业了解市场需求、掌握市场动态的重要手段，对于企业决策具有重要的参考价值。然而，市场调研过程中往往存在样本偏差、调研问题不清、数据质量低等问题，影响调研结果的准确性和可靠性。因此，对市场调研过程进行质量监控非常重要，可以保证调研结果的准确性和可靠性，提高调研效率，降低调研成本。

一、样本偏差的控制

样本偏差是指调研样本与总体样本不一致或存在明显差异的情况，可能导致调研结果不准确。因此，在进行市场调研时，需要控制样本偏差，确保样本代表性和可靠性。为此可以从以下几个方面入手：

1. 确定目标受众

在设计市场调研问卷时，需要准确地确定目标受众，避免把不相关的人群纳入样本，从而导致样本偏差。例如，如果产品针对青少年市场，那么调研应该主要针对青少年群体，而不是其他年龄段的人。

2. 采用多种采样方法

为了避免样本偏差，可以使用多种采样方法，包括随机抽样、分层抽样、系统抽样等，以尽可能地保证样本代表性。

3. 增加样本量

样本量是控制样本偏差的关键因素。增加样本量可以减少随机误差和偏差，提高样本代表性。在确定样本量时，需要考虑样本容量、置信度和抽样误差等因素。

4. 控制问卷设计和调研方式

问卷设计和调研方式也会影响样本偏差。例如，如果调研问题不清晰或者有偏差，就会影响调研结果。因此，在问卷设计和调研方式上需要仔细考虑，尽可能地减少可能导致样本偏差的因素。

5. 分析和纠正样本偏差

最后，需要进行样本偏差分析，并采取相应的纠正措施。例如，如果样本中缺乏某些特定群体的数据，可以增加这些群体的样本量或者改变采样方法，以提高样本代表性。

二、调研问题的监控

调研问题的设置和选项的设计直接影响调研结果的准确性和可靠性。因此，在设计调研问卷时，需要注意问题的设置和选项的设计。同时，在调研过程中，需要对调研问题进行监控，确保问题清晰、有效。

1. 建立问题库

在市场调研前，应该建立一个问题库，包括已经被验证的问题和可疑的问题。这样可以保证问题的可靠性和一致性，并且可以节省时间和资源，避免重复的工作。

2. 设计有效的问题

在设计问题时，需要确保问题的有效性和可靠性。例如，问题应该明确、简洁、具体和准确。如果问题不够清晰或者容易引起误解，就会导致样本偏差或者调研结果的不准确。

3. 进行预测试

在正式进行市场调研前，应该进行预测试，以确保问题的可靠性和有效性。预测试可以帮助识别和纠正可能导致问题的地方，并且可以提高问题的可靠性和有效性。

4. 监控数据质量

在市场调研过程中，需要对数据质量进行监控，包括检查问题回答率、问题回答质量、问卷缺失数据等。如果发现问题，需要及时纠正，以保证数据的可靠性和准确性。

5. 进行数据分析

在完成市场调研后，需要进行数据分析，以确保调研结果的可靠性和有效性。数据分析可以帮助识别和纠正样本偏差和数据质量问题，并且可以提高调研结果的准确性和可靠性。

三、数据质量的监控

数据质量是保证调研结果准确性和可靠性的重要因素。在数据采集和整理过程中，可能会存在数据丢失、数据错误等问题。因此，在数据采集和整理过程中，需要对数据质量进行监控。具体方法包括对数据进行核查、对数据进行清洗、对数据进行分析等。相关数据质量监控是系统性的、过程性的。

1. 监控数据完整性

在市场调研过程中，应该监控数据的完整性。这包括检查问卷中的所有问题是否都有回答，以及回答的内容是否完整。如果有问题没有回答或者回答不完整，就需要及时联系受访者补充信息。

2. 检查数据逻辑性

在市场调研中，需要检查数据的逻辑性，以确保数据的可靠性和一致性。例如，如果一个受访者回答他们是未婚，但是在后面的问题中又回答了有配偶，那么这个数据就是有问题的，需要进行纠正或者删除。

3. 进行统计分析

在市场调研结束后，需要进行统计分析，以确保数据的可靠性和准确性。例如，可以进行数据的描述性分析和推断性分析，识别样本的偏差和不准确性，从而提高数据的可靠性和准确性。

4. 进行数据清理

在进行数据分析前，需要进行数据清理。这包括检查数据的异常值、缺失值和重复值等。如果发现问题，需要及时纠正或者删除，以保证数据的可靠性和准确性。

5. 进行数据可视化

在进行数据分析时，应该进行数据可视化。这包括使用图表、表格和图形等，以便更直观地展示数据。数据可视化可以帮助发现数据的偏差和不准确性，并且可以提高数据的可靠性和准确性。

市场调研是企业了解市场需求、掌握市场动态的重要手段。然而，在市场调研过程中，可能存在样本偏差、调研问题不清、数据质量低等问题，影响调研结果的准确性和可靠性。因此，对市场调研过程进行质量监控非常重要。从准备工作、调研过程和数据分析三个方面，可以采取多种方法进行质量监控，以确保调研结果的准确性和可靠性，提高调研效率，降低调研成本。

四、案例与深入研究

一家市场调研公司的消费者偏好调研

一家市场调研公司受一家全球知名饮料公司的委托，进行了一项消费者偏好调研，以了解当代消费者对不同饮料品牌的喜好和购买意愿。为了确保调研结果的准确性和可靠性，该公司采取了一系列质量监控措施。

首先，为了控制样本偏差，该公司采用了随机抽样方法，以确保样本具有代表性。他们从不同地区和不同人群中随机选择受访者，以尽量涵盖各类消费者，避免对任何特定群体的偏见。

其次，调研问题的监控是他们质量监控的重要环节。在设计调研问卷时，该公司特别关注问题的清晰度和逻辑性，避免引导性问题或问题重复，以确保受访者能够准确回答。此外，他们还进行了预测试，通过小规模调研测试问卷的有效性和可理解性。

在调研过程中，该公司采取了多种数据质量的监控手段。他们监控受访者的回答时间和问卷填写的完整性，以确保数据的可靠性和可用性。此外，他们对调研员进行培训，提醒他们在面对面访谈中要确保客观性和中立性，并准确记录受访者的回答。

最后，该公司进行了数据质量的检查和清洗。他们对收集到的数据进行逻辑性检查和异常值处理，排除掉无效或错误的数据。通过这一步骤，他们确保最终分析的数据是准确和可信的。

深入研究分析：

（1）样本偏差的控制：在这个案例中，市场调研公司采用了随机抽样方法来控制样本偏差。通过从不同地区和人群中随机选择受访者，他们尽量确保样本具有代表性，能够准确反映整个目标受众群体的特征和偏好。这种控制样本偏差的方法有效地降低了调研结果的偏见，增强了调研的可靠性和可推广性。

（2）调研问题的监控：市场调研公司在设计调研问卷时，特别关注问题的清晰度和逻辑性，以避免引导性问题或问题重复。这有助于确保受访者能够准确理解问题，并提供真实和有意义的回答。预测试是另一个重要的监控手段，通过小规模调研测试问卷的有效性和可理解性，可以发现潜在的问题并进行修改和优化。这种问题的监控确保了调研数据的准确性和可靠性。

（3）数据质量的监控和清洗：市场调研公司采取多种数据质量的监控手段，包括监控受访者的回答时间和问卷填写的完整性。这有助于发现回答过快或过慢的情况，以及缺失或不完整的数据，从而保证数据的可靠性和可用性。此外，调研员的培训也起到了监控数据质量的作用，确保他们在面对面访谈中保持客观性和中立性，并准确记录受访者的回答。最后，进行数据质量的检查和清洗是确保数据准确性的关键步骤，通过逻辑性检查和处理异常值，可以排除无效或错误的数据，提高数据的可靠性和准确性。

通过这些质量监控措施的落实，市场调研公司能够获得准确和可靠的调研结果。这些结果为饮料公司提供了有价值的市场洞察，帮助他们制定更精准的品牌策略和产品定位。同时，这也展示了市场调研中质量监控的重要性，以确保所收集到的数据是可靠和有效的，为决策者提供有力的支持。

【项目小结】

通过本项目的学习，我们了解到组织与实施市场调研的重要性和具体步骤。准备工作的充分与否直接影响到调研结果的可靠性，而质量监控的措施能够确保数据的准确性和可靠性。同时，案例的引入使抽象的理论更加具体化，加深了对知识的理解。

任务一是完成调研前的准备，涵盖了明确调研目的、确定目标受众、选择调研方法、设计调研问卷、确定调研样本、制定调研计划以及进行前期测试等关键步骤。这些准备工作对于确保调研的有效性和准确性至关重要。案例中的餐饮连锁企业展示了如何在推出新产品前进行充分的市场调研准备，以了解消费者需求和市场潜力。

任务二是落实调研过程中的质量监控，着重保证数据质量和调研的可靠性。案例中的市场调研公司展示了他们在进行消费者偏好调研时的质量监控措施，包括样本偏差的控制、调研问题的监控以及数据质量的监控和清洗。这些监控措施保证了调研结果的准确性和可信度。

在今后的实践中，我们需要灵活运用所学的知识，根据具体情境进行市场调研的组织与实施。同时，要注重质量监控，采取适当的措施确保调研的可靠性和数据的有效性。只有通过科学的市场调研，我们才能更好地了解市场需求和消费者行为，为决策提供可靠的依据，推动企业的发展和创新。

【同步训练】

以小组为单位，按照下面的要求设计并实施一项市场调研项目。

一、任务描述

你是一家咨询公司的市场调研专员，你的任务是设计并实施一项市场调研项目，以了解目标市场对某新型智能家居产品的需求和偏好。在完成调研前的准备和调研过程中的质量监控的基础上，你需要制定并实施一套完整的市场调研计划，收集、分析和解释相关数据，并撰写一份调研报告，为企业的产品开发和市场推广提供有价值的市场洞察。

二、任务要求

（1）明确调研目的和研究问题，确定调研的目标受众。

（2）选择合适的调研方法，包括定性和定量研究方法，以获取全面的市场洞察。

（3）设计调研问卷，确保问题清晰、逻辑合理，并在问卷中涵盖关键的调研内容。

（4）确定调研样本，采用合适的抽样方法，确保样本具有代表性。

（5）制定调研计划，包括调研时间表、调研人员的培训和指导。

（6）进行前期测试，通过小规模调研验证问卷的有效性和可理解性。

（7）落实调研过程中的质量监控，包括样本偏差的控制、调研问题的监控和数据质量的监控。

（8）收集调研数据，并进行数据分析和解释，提取关键洞察和趋势。

（9）撰写一份调研报告，包括调研目的、方法、样本情况、数据分析和结论等内容。

三、任务提示

（1）在设计调研问卷时，充分考虑目标市场的特点和产品的关键特性，确保问卷问题能够全面反映目标市场的需求和偏好。

（2）在数据分析过程中，采用适当的统计方法和图表展示，以清晰地呈现调研结果。

（3）在撰写调研报告时，结构清晰，语言简明扼要，重点突出调研的核心发现和建议。

（4）请按照上述要求，设计并实施一项市场调研项目，最终提交一份完整的调研报告。

【素质园地】

创新与社会责任的市场调研

国内某初创公司，致力于研发环保型家电产品。为了更好地了解消费者需求和推动产品创新，该公司决定进行一次市场调研，公司的市场调研团队决定深入社区进行实地调研。他们选择了一家老年人活动中心作为调研地点，希望从老年人的角度了解对环保家电的需求和意见。

调研团队一早来到活动中心，向活动中心的工作人员介绍了调研的目的，并获得了许可。他们设计了一份调研问卷，内容包括对环保家电的态度、购买意愿以及期望的功能特点。

在调研过程中，团队成员与活动中心的老年人进行了面对面的访谈。他们耐心倾听每位老年人的意见和建议，了解他们对环保家电的关注点和需求。访谈中，一位老年人谈到自己小时候的环保意识，希望能有更多的家电产品能够节能减排，保护环境，同时也适合老年人使用。

调研团队将收集到的数据进行整理和分析，发现老年人对环保家电的认知和需求较高，尤其关注产品的安全性和易用性。基于这些发现，团队决定将环保和老年人友好设计融入产品研发中，以满足市场需求。

在后续的产品研发过程中，公司注重产品的环保性能和老年人友好设计。他们选择使用可再生能源和环保材料，同时优化产品的操作界面，考虑到老年人的身体状况和使用习惯。

最终，公司成功推出了一款环保家电产品，广受老年人和消费者的喜爱。他们的努力不仅为市场带来了创新的产品选择，还展示了企业对环境保护和社会责任的关注。

【课后练习】

一、判断题

1. 市场调研的准备阶段包括明确调研目的、确定目标受众、选择调研方法等步骤。
（　　）

2. 在调研过程中，样本偏差的控制是落实调研质量监控的重要任务之一。 （ ）
3. 市场调研中的数据质量监控主要关注调研问题的合理性和准确性。 （ ）
4. 市场调研中，设计调研问卷应尽量包含封闭式问题，以便更好地分析和比较数据。 （ ）
5. 前期测试是在正式进行市场调研前对调研问卷进行试运行和评估的过程。 （ ）
6. 在市场调研中，样本的大小越大越好，可以代表整个目标受众的意见和态度。 （ ）
7. 市场调研中的质量监控主要是由专业的市场调研公司来负责执行。 （ ）
8. 在数据分析阶段，调研团队应重点关注消费者对安全性和环保性的关注程度。 （ ）
9. 社会责任报告是企业在市场调研中的重要输出结果之一，用于展示企业的可持续发展努力。 （ ）
10. 在市场调研中，透明公开地分享调研结果可以增强消费者对企业的信任和认可。 （ ）

二、单项选择题

1. 市场调研的主要目的是（ ）。
   A. 销售产品　　B. 了解消费者需求和市场趋势
   C. 扩大市场份额　　D. 降低成本
2. 前期测试的目的是（ ）。
   A. 收集大量数据　　B. 评估调研问卷的质量和可行性
   C. 确定调研样本　　D. 进行数据分析
3. 调研问卷中的封闭式问题是指（ ）。
   A. 只有一个答案可选的问题　　B. 需要回答的问题
   C. 开放式的问题　　D. 主观性问题
4. 调研样本的偏差是指（ ）。
   A. 样本数量过多　　B. 样本选择不符合目标受众特征的情况
   C. 调研问卷设计不合理　　D. 数据分析方法有误
5. 数据质量监控主要关注（ ）。
   A. 调研问卷的设计　　B. 数据的收集和分析过程
   C. 调研目的的实现　　D. 调研样本的大小
6. 市场调研中的社会责任主要体现在（ ）。
   A. 保护消费者权益　　B. 推广环保产品
   C. 进行慈善捐赠　　D. 提供公正的调研结果
7. 在市场调研中，数据分析的主要目的是（ ）。
   A. 收集调研样本　　B. 了解消费者的意见和态度
   C. 评估调研问卷的质量　　D. 制定调研计划
8. 市场调研中的质量监控主要是由（ ）。
   A. 调研问卷设计师负责　　B. 企业内部负责

C. 专业的市场调研公司负责　　D. 调研样本代表负责

9. 在市场调研中，透明公开地分享调研结果有助于（　　）。

A. 提高企业形象　　B. 避免竞争对手获取信息

C. 减少调研问卷的错误　　D. 节约调研成本

10. 市场调研中的环保意识体现在（　　）。

A. 调研问卷的设计中增加环保问题　　B. 选择环保材料和生产工艺

C. 进行前期测试以确保数据质量　　D. 分析数据中关注环保需求

三、简答题

1. 为什么在市场调研中需要进行前期测试?

2. 在市场调研中如何落实调研过程中的质量监控?

项目六　市场调研数据处理与分析

【知识目标】

- 掌握市场调研数据采集流程。
- 掌握市场调研数据采集的具体操作方法。
- 掌握市场调研数据清洗处理方法。
- 了解数据分析基本方法。
- 掌握制作数据可视化的各种基本图表。

【技能目标】

- 能够依据目标进行市场调研数据收集工作。
- 能够对采集数据进行清洗。
- 能够制作简单的数据总结报告。

【素养目标】

- 掌握党的二十大精神要点，明确国家发展战略路线。

【项目导读】

进行市场调研离不开对数据的采集和处理。将市场调研所依赖的数据基础夯实是进行市场调研的第一步。以此目标为中心，在本项目中对相关业务涉及的具体活动内容和实际工作时所应掌握的技能进行了全面描述。本项目应按照顺序进行学习，各环节间具有一定的前后逻辑相关性，学习时需关注任务之间的关联，从整体上掌握好市场调研数据采集与分析的工作技能。

【知识导图】

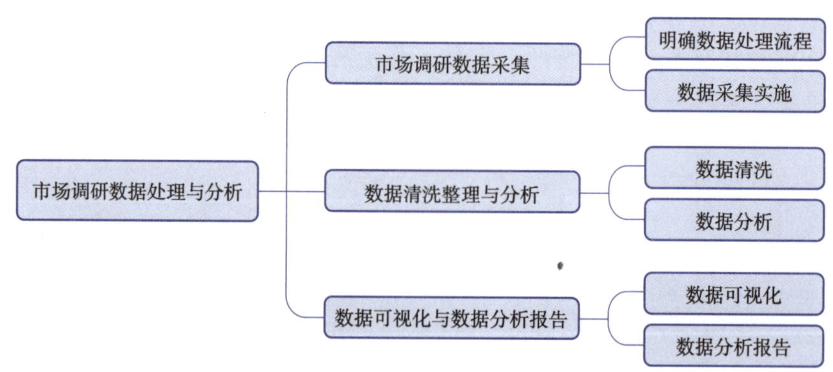

【引入案例】

大数据分析带来新的商业发展机会

日本先进工业技术研究所的教授做了关于人的坐姿的研究。很少有人会认为一个人的坐姿能表现什么信息，但是它真的可以。当一个人坐着的时候，他的身形、姿势和重量分布都可以量化和数据化。研究所的工程师团队通过在汽车座椅下部安装360个压力传感器来测量人对椅子施加压力的方式，把人体臀部特征转化成了数据，并且用0～256这个数值范围对其进行量化，这样就会产生独属于每个乘坐者的精确数据资料。

在这个实验中，这个系统能根据人体对座位的压力差异识别出乘坐者的身份，准确率高达98%。这个研究并不愚蠢。这项技术可以作为汽车防盗系统安装在汽车上。有了这个系统之后，汽车就能识别出驾驶者是不是车主；如果不是，系统就会要求司机输入密码；如果司机无法准确输入密码，汽车就会自动熄火。把一个人的坐姿转化成数据后，这些数据就孕育出了一些切实可行的服务和一个前景光明的产业。

（资料来源：根据网络资料整理）

问题：

（1）市场调研数据分析如何帮助确定目标市场和消费者需求？

（2）市场调研数据如何影响产品设计和功能决策？

（3）如何利用市场调研数据来评估新技术的商业潜力和市场接受度？

任务一　市场调研数据采集

一、明确数据处理流程

如果想要进行高效的业务处理，需要按照一定的逻辑顺序进行操作。各行各业针对具体的业务处理基本上都是遵循这一原理。在进行市场调研数据处理时，也同样需要按照一定的业务逻辑，通过工作处理流程来开展工作。

针对市场调研的数据处理分析有其专有的特点。考虑到工作业务实施的实际场景，在大多数情况下都是由相关的市场调研专门工作人员进行。这些人员的特点是针对市场调研方面的业务较为精熟，但是对于涉及跨领域的数据分析内容处理方面，需要有辅助手段和工具来进行帮助。在此种状况下，必须按照一定的工作流程才能够圆满完成市场调研数据分析工作。否则，面对工作精度要求较高的工作项目，往往会导致工作效率的低下或者工作失误频发，对公司的市场调研工作带来负面影响。

图6-1简要展示了市场调研数据处理分析的一般过程。

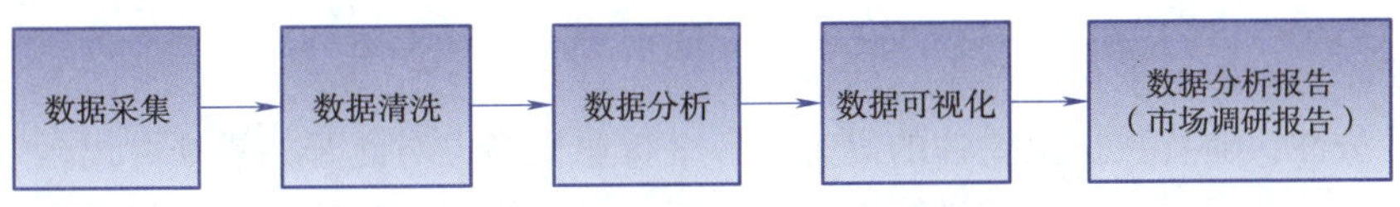

图6-1　市场调研数据处理分析过程

二、数据采集实施

（一）数据采集概述

一般在进行数据采集时，基本上大量使用各种带传感装置的数字化工具以及数据采集软件工具。以往无法通过设备收集的信息，在技术发展后，往往可以通过各种仪器设备来达成。

例如，商场店铺管理人员往往希望知道当日都有哪些顾客光顾店面、停留多长时间、购物消费多少，以及固定时期内店铺访问次数等。如果是电商网店，非常容易通过后台进行数据统计，但是对于传统线下店铺，在以前几乎无法进行，但是在当前人脸识别技术的发展下，就可以通过具有人脸识别的摄像头，辅助相关软件进行统计。如通过人脸识别摄像机就可以对店铺来访人员进行精细化管理。

另一方面，可以通过一定的软件和信息处理技术，从能够提供市场数据信息的网站或平台等处进行信息的抓取，统一整理后进行信息的整体分析。

再有，就是通过合法合规途径，通过第三方数据平台来获取信息。

（二）采集前的准备

数据采集是建立在明确的市场调研的目标之下的，并且围绕着市场调研目标展开。

在进行数据采集前，需要工作小组成员利用各自优势分析提取出需要采集的数据要目，也就是需要针对哪些方面的数据进行采集，并且根据采集数据要目设计合理的工作实施方案和计划，并且需要在工作开展之后，动态性地对相关的实施方案计划进行相应调整。

另一方面，也需要确认进行数据采集工作开展所需的人力、物力等内容已经准备妥当，特别是相关的数字化工具的准备情况是否已经就绪，以防止工作开展实施过程中出现不必要的故障，导致数据损毁、丢失的情况发生。

（三）数据采集的原则

在数据采集过程中，只有秉承一定的原则，才能保证采集工作的顺利开展，才能保证采集到的数据的高可用性，一般来讲，需要遵守以下原则：

（1）时效性：是指数据在一定时间期限内的有效性。如果数据“时过境迁”，往往会导致对事态判断的失误。另一方面，如果进行数据对比分析时，使用了不合要求时间段的数据，往往会导致输出结果的大相径庭。所以，对获取数据在时间上和有效性上的掌控非常重要。

（2）准确性：不准确的数据自然无法使用。但问题在于有时会被一些受到污染的脏数据误导。所以在数据采集过程中，要做好采集日志，将采集来源、方式、时间等信息都尽可能地记录下来，以备后续检验需要。

（3）完整性：不完整的数据犹如“断章取义”，往往不能合理有效地获取事物的真实状况。因此在数据采集的时候，开始前就要关注采集的数据是否仅仅是某个指标数据的一部分，要从整体上对数据采集做好事先的统筹规划。

（4）合法性：随着数据重要性的提升，各个行业机构也对此开始重视并出台了多项信息保护保障方面的法律法规。我们进行数据采集工作时，要留意这些法律法规，在合理的范围内，使用合法的手段获取合法的数据信息。

（四）数据采集步骤

1. 根据事先制定好的数据采集方案进行人员分工

数据采集方案会对数据分析项目的核心目标进行分解，分解后的各个分支小目标和任务会在相关的方案中进行设置说明。各部门依据已经创建好的方案内容，结合本部门的实际情况进行任务落实即可。

2. 根据方案约定进行数据采集

方案中会对不同部门、不同领域的数据采集进行详细规定，并且将目标数据指标进行明确说明。各负责人员根据要求正常执行工作任务即可。但问题的关键是，在实际操作过程中，当发生和先期预想的情况不一致时，如何能够及时进行方案内容的调整。这需要公司内部在此方面配备有合适的数据信息专家和技术人员，并建立一套完善的沟通管理机制。

3. 进行数据的初步检查

此步骤无须详细的信息检查，仅在大体上对数据完整性、准确性、规范性进行总体检查即可。因为在数据处理部分会对相关数据进行专门的处理。此部分的检查，重点在业务内容上，也就是利用计算机进行数据检查的短板所在。要通过各种方式保证所采集的信息在时间和内容契合度上与原定目标计划相符。

（五）数据采集的渠道和工具

1. 人工采集

人工采集主要指布置任务让公司员工根据要求进行信息收集，然后将数据信息填写到报表中，再将报表上报上级管理部门，最后进行信息汇总的方式。

当前仍然有很多传统公司采用此种方式，相比较程序采集，优点是由于有人的参与，因此适用性强，任何场景都可以使用。但是缺点也是很明显的。因为有人的参与，因此受到人为主观影响较大，误操作、误写入的情况时有发生，而且在数据采集的时效性上往往有延迟，并且后期仍旧需要进行二次或更多次的人为参与操作汇总，这为公司的及时响应市场发展埋下隐患。

2. 程序采集

程序采集是当前大数据时代比较推荐的方式，因为由程序自动进行处理（需要确保程序自身经过严格测试），不仅可以节省大量的人力成本，而且因为减少了大量的中间环节，将数据误操作的概率极大的降低，时效性上也得到极大的提升。程序采集主要包括以下集中方式：

（1）公司内部信息采集。核心是公司创建了一套相对完整的信息管理体系，可以通过此套信息管理体系根据需要随时从系统中获取相关数据。数据主要从系统数据库和日志体系采集。因为技术专业性要求较强，因此需要配备适当的 IT 专业部门或专业技术人员参与。如果公司规模较小，需要有第三方技术公司参与协助。

（2）公司外部信息采集。公司外部信息采集主要包括以下方面：

①网络爬虫。当前使用较多的方式是通过“爬虫功能”到互联网上去进行爬取信息。因为采取此种方式可以不必建设公司自身的数字信息系统，这样可以大量节省时间和资金，尤其受到广大中小公司欢迎。随着技术和商业环境的发展，越来越多的公司对自身数据的防护意识逐渐增强，并且由于大量爬虫对目标网站进行信息爬取，无形中也会增加目标网站服务器的工作负担，对公司正常的网络服务提供造成负面影响。因此各大电商平台或各领域知名平台，已

经建立起智能反爬虫机制，现在仅仅依靠普通的爬虫技术已经无法获取有效的商业信息。

②第三方数据监测机构或行业公开数据。此种方式可以通过人工方式进行手动采集，也可以通过程序适当进行爬取，但爬取的数量和质量均受到限制。因此，如何筹划更加优质的信息采集方案和渠道就成为各公司管理层需要仔细考量的内容。

第三方平台主要有以下几种：

a. 国家统计局。国家统计局是国务院直属机构，主管全国统计和国民经济核算工作，拟定统计工作法规、统计改革和统计现代化建设规划以及国家统计调研计划。网站内有大量关乎国计民生的权威数据，有一定参考价值。网站首页如图 6-2 所示。

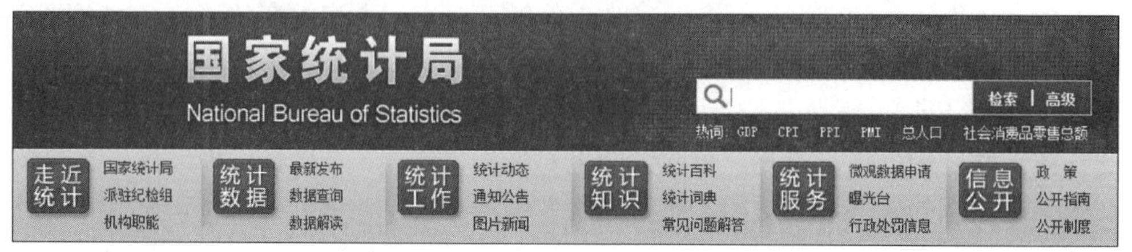

图 6-2 国家统计局网站首页

b. 国研网。国研网以国务院发展研究中心丰富的信息资源和强大的专家阵容为依托，与海内外众多著名的经济研究机构和经济资讯提供商紧密合作，以“专业性、权威性、前瞻性、指导性和包容性”为原则，全面汇集、整合国内外经济金融领域的经济信息和研究成果，本着“建设精品数据库”的理念，以先进的网络技术和独到的专业视角，全力打造中国最为权威的经济决策支持平台，为中国各级政府部门和企业提供关于中国经济政策和经济发展的深入分析和权威预测，为海内外投资者提供中国宏观经济和行业经济领域的政策导向及投资环境信息，使投资者及时了解并准确把握中国整体经济环境及其发展趋势，从而指导投资决策和投资行为。网站首页如图 6-3 所示。

图 6-3 国研网首页

c. 生意参谋。基于阿里巴巴全域数据资产层，以及陆续整合量子恒道、数据魔方等的基础上增值创新，生意参谋已经逐步升级为商家端统一数据产品平台。通过生意参谋，商家可以看到口径标准统一、计算全面准确的店铺数据和行业数据，从而成为商务决策的参谋。网站操作界面如图 6-4 所示。

图 6-4　生意参谋软件应用界面

d. 店侦探。店侦探是由梅州天恒科技有限公司开发的一款专门为淘宝及天猫卖家提供方便有效的数据查询、数据分析的卖家工具。通过对各个店铺、宝贝运用数据分析技术分析进行深度挖掘，掌控竞争对手店铺的销售数据、引流手段、广告投放、活动推广、买家购买行为，帮助卖家深度了解行业数据，从而给卖家的营销策略提供可靠持续的数据支持。软件应用界面如图 6-5 所示。

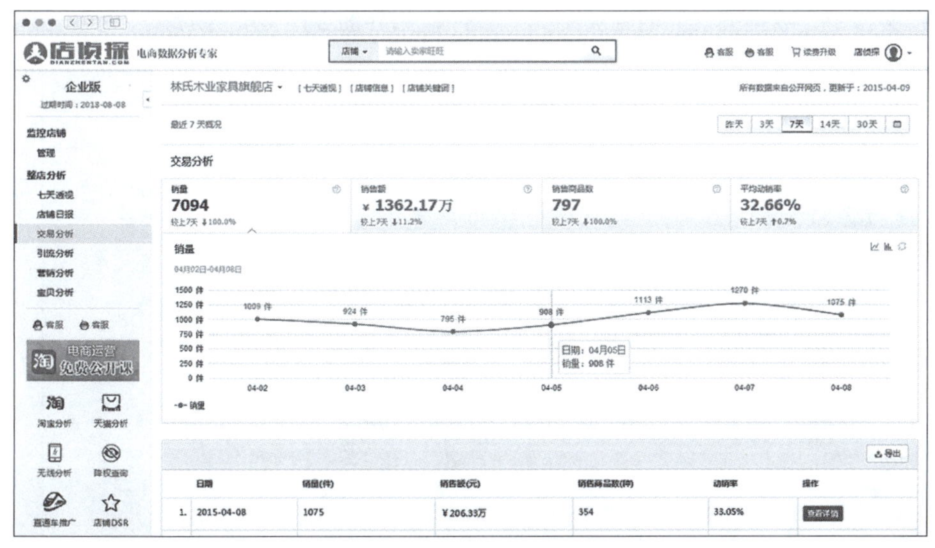

图 6-5　店侦探软件应用界面

e. 淘数据。淘数据是一个专门为淘宝卖家提供数据查询、数据分析的平台，拥有全面的数据分析体系，为电商卖家提供：个性化数据定制服务，以及直通车选词、店铺诊断、宝贝排名等工具，是卖家运营决策重要的数据参谋。平台操作界面如图 6-6 所示。

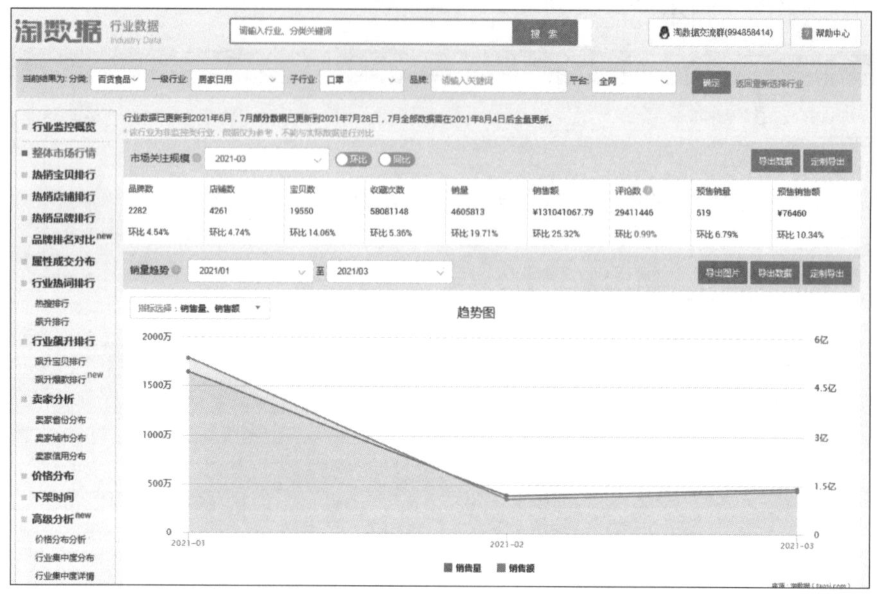

图 6-6 淘数据软件应用界面

f. 京东商智。京东商智是京东向第三方商家提供数据服务的产品。可以在实时与历史两个视角下，展示店铺与行业两个范畴内的流量、销量、客户、商品等全维度的电商数据，并提供购物车营销、精准客户营销等工具，基于数据，帮助商家提升店铺销售。京东商智为商家提供专业、精准的店铺运营分析数据，帮助商家提升店铺运营效率、降低运营成本，是商户“精准营销、数据掘金”的强大工具。软件应用界面如图 6-7 所示。

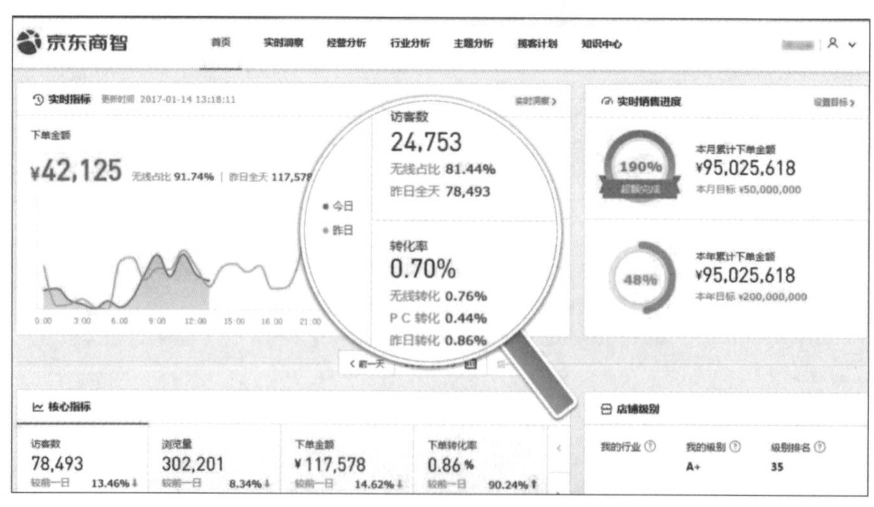

图 6-7 京东商智软件应用界面

g. 八爪鱼采集器。八爪鱼采集器是一款全网通用的互联网数据采集器，模拟人浏览网页的行为，通过简单的页面点选，生成自动化的采集流程，从而将网页数据转化为结构化数据，存储为 Excel 或数据库等多种形式，并提供基于云计算的大数据云采集解决方案，实现数据采集，是数据一键采集平台，其软件应用界面如图 6-8 所示。

图 6-8　八爪鱼软件应用界面

h. 火车采集器。火车采集器是目前使用人数较多的互联网数据抓取、处理、分析、挖掘软件。软件凭借其灵活的配置与强大的性能领先其他数据采集类产品，并赢得众多用户的一致认可，其软件应用界面如图 6-9 所示。

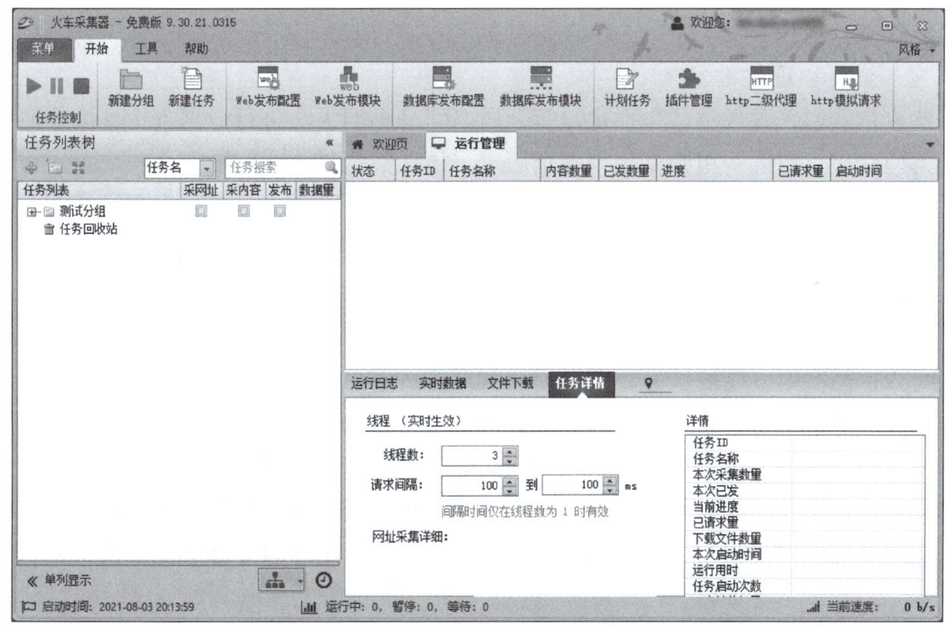

图 6-9　火车采集器软件应用界面

任务二　数据清洗整理与分析

一、数据清洗

1. 清洗数据的原因

由于数据采集时大部分数据都是通过外部信息源获取的，比如一些第三方的网站和平台，因此某些数据格式内容等并不符合当前的工作要求；另一方面，部分工作人员在进行信息录入时，由于人为的工作失误往往也会导致数据发生一定偏差。因此，在正式处理数据前，必须进行相应的数据清洗。

需要进行清洗的“脏”数据一般包括以下几种：

（1）数据格式不规范。比如，对于地市名称的录入，“北京”有可能被录入为“北京市”“北 京”“Beijing”等多种内容，虽然对于人来说很容易识别是同一个内容，但是当利用计算机进行辅助数据分析计算时，以上的方式分别代表独立的多个不同内容值，计数的时候也是分别计算，因此需要进行调整。

（2）存在异常数值或特殊字符。部分字段在进行计算时，需要将空格、空字符串以及计算机无法正常识别的特殊字符等信息去除，否则在进行计算时将会由于这些异常数值或字符信息导致计算错误。

（3）数据内容有杂质。部分字段数据中混杂有不需要的杂质信息内容，比如在计算售卖服装数量时，一般直接记录数字内容即可，也便于进行计算，但是在某些数据信息中往往添加了单位，比如“1 件”“1 套”等，由于内部掺杂文本信息，将导致计算机无法按照正常数字计算方式进行统计。

2. 需要进行整理的数据

某些数据看起来很规范，里面也没有杂质，但是仍旧无法进行数据分析，主要原因是公司内部部门众多，对同一组数据出现多个版本，指标数据相互之间没有统一，无法将其纳入正常的数据分析中进行处理。此时需要从数据采集的源头入手，从流程上保证多部门间数据的协同一致，不会出现同步问题，然后在此基础上再进行数据处理。这是一个业务流程管理方面的问题，但是也要引起我们注意。

3. 数据清洗时的注意事项

进行数据清洗时一定要注意不要对原始数据进行破坏，不要在原始数据上直接修改。原始数据保证了所有业务的最基本可追溯性，一定要将原始文件备份后再进行操作。

另一方面，考虑到数据量和数据结构内容的复杂性，有必要与计算机信息处理专业人士进行协作，往往会使工作效率得到有效提升。当数据规模成几何指数提升时，仅仅依靠市场业务人员很难在短时间内完成相关内容处理，由此导致影响整体业务进度的展开。

二、数据分析

进行数据分析，往往需要借助一些数据分析方法进行，当前主要的数据分析方法分为

"基本数据分析法"和"高级数据分析法"，如图 6-10 所示。随着日积月累，相关分析方法层出不穷，并且还随着时代科技的进步不断发展演变。

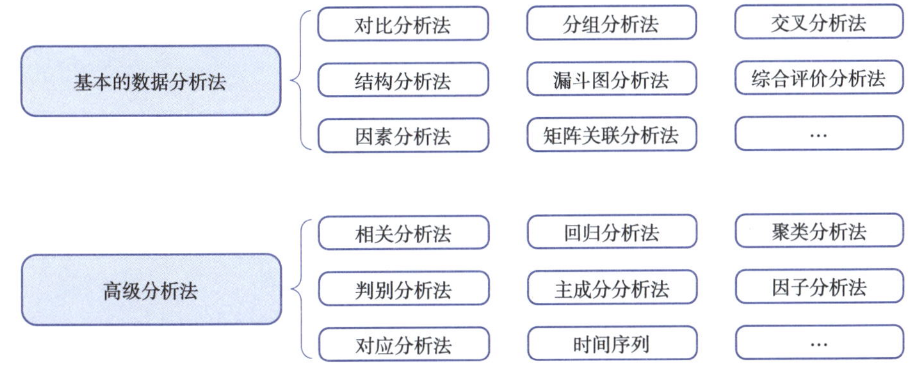

图 6-10 数据分析方法的整体图表

通过数据分析方法，可以对已经处理好的数据，通过既定的模型和公式，转换为能够被业务人员能够掌握的市场发展趋势和规律，并以此来指导下一步具体市场调研工作的开展，对市场调研的影响很大。

同时我们也要注意，对于市场调研来说，必须秉承以解决实际问题为核心作为工作准则，不能过于苛求使用何种"先进"的分析方法。一切以解决公司经营过程中的实际市场调研任务为基准，否则极容易在业务方向上发生偏离。

任务三 数据可视化与数据分析报告

一、数据可视化

（一）进行数据可视化的原因

可视化分析是探索和理解数据的一种手段，可以提升数据分析效率。我们可以在可视化界面中提出问题，获得答案并提出后续问题。在从一个可视化摘要转到另一个可视化摘要的过程中，故事随之展开。之后，可以追溯故事，重新思考，进一步探索并进行分享。

可视化分析是利用潜意识属性来引导我们追寻最有用的路径。潜意识属性使我们能够以视觉方式几乎在瞬间完成信息的处理，完成这种处理后，信息才会发送到大脑中进行显性的有意识处理。这一般是呈现数据的最佳方式，因为我们无须思考或处理就可以看到这些模式。事实上，它们是在人类群体中经过进化的属性，便于我们快速评估情况、辨别模式，以及选择是否做出反应。在创作可视化内容时，内容创建者将对数据进行视觉编码，以便揭示新的见解。潜意识属性如图 6-11 所示。

在早期的数据分析处理过程中，由于受到技术原因的限制，一般执行到数据分析阶段后就基本可以结束了。如今随着互联网和各种先进的计算机技术的发展，将分析后的结果内容通过可视化方式展现出来，已经成为必不可少的一个环节。

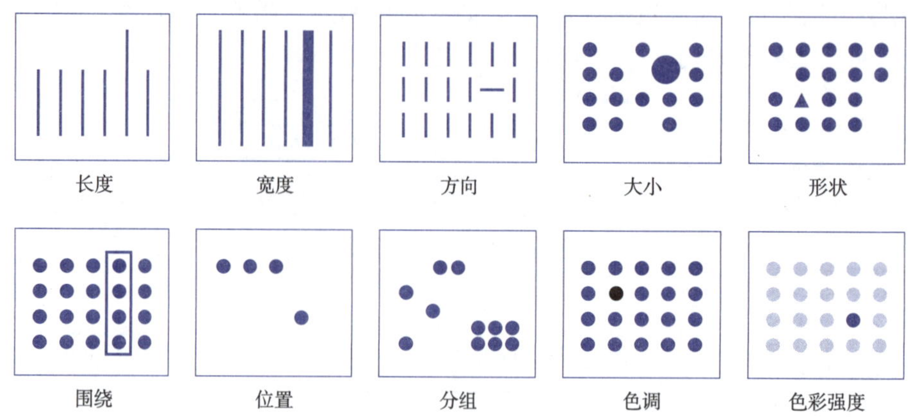

图 6-11　潜意识属性

1. 纯文本数据的表格

图 6-12 所示为纯文本数据的表格，要找到最高值和最低值，需要查看表中的所有行和列。

		Applied	Admitted	SIRed
ACT Composite	0-19	7,017	453	292
	20-24	12,912	1,813	941
	25-27	10,817	1,571	749
	28-29	9,768	1,368	618
	30-31	13,955	2,189	990
	32-33	19,012	3,756	1,558
	34-36	28,298	9,159	3,056
High School GPA	0-3.599	31,440	299	271
	3.600 - 3.799	21,227	380	289
	3.800 - 4.000	45,835	2,517	1,492
	4.001 - 4.199	39,405	3,802	2,245
	4.200 - 4.399	49,895	10,269	5,233
	4.400 - 4.599	40,790	13,522	5,558
	4.600 - 4.799	21,477	8,337	2,685
	4.800 - 5.000	11,816	4,413	1,026
SAT 2016 Total	0-990	10,676	258	182
	1000-1090	13,201	979	584
	1100-1190	19,637	2,011	1,101
	1200-1290	27,048	3,152	1,573
	1300-1390	39,715	4,925	2,380
	1400-1490	57,161	8,744	4,113
	1500-1600	46,251	14,079	5,280

图 6-12　加州大学伯克利分校 GPA/SAT/ACT 录取分布

2. 文字添加颜色标注的表格

如果要查找负数，为负数添加颜色的格式可以让它们更加醒目，如图 6-13 所示。对于所有非负数值，必须通看整个表格才能进行比较。

3. 单元格添加背景颜色的表格

作为文本表和完全的可视化之间的中间格式，可以对数据应用颜色，以此来显示高值和低值，但查看者仍然需要注意区分两个度量的颜色范围，如图 6-14 所示。

报告期	2021-09-30 三季报	2020-12-31 年报	2019-12-31 年报	2018-12-31 年报	2017-12-31 年报
数据来源	合并报表	合并报表	合并报表	合并报表	合并报表
∨ 利润表摘要					
营业总收入	208,372.85	515,325.28	726,165.34	493,283.10	380,448.01
同比(%)	-55.12	-29.03	47.21	29.66	50.03
营业总成本	224,117.25	552,601.63	713,481.12	481,187.67	421,456.56
营业利润	-26,656.48	-91,135.66	5,698.05	11,308.57	-38,628.62
同比(%)	36.45	-1,699.42	-49.61	129.28	-294.36
利润总额	-28,593.30	-105,561.21	5,850.99	12,894.81	-37,291.36
同比(%)	33.23	-1,904.16	-54.63	134.58	-277.41
净利润	-25,728.40	-106,879.75	3,159.38	7,954.66	-36,270.94
同比(%)	29.78	-3,482.93	-60.28	121.93	-312.62
归属母公司股东的净利润	-24,545.21	-105,835.69	2,213.37	3,999.68	-35,914.06
同比(%)	31.31	-4,881.65	-44.66	111.14	-319.72
非经常性损益	-3,542.63	6,727.27	4,944.80	1,550.61	3,631.95
扣非后归属母公司股东的净利润	-21,002.58	-112,562.97	-2,731.43	2,449.07	-39,546.00
同比(%)	41.03	4,021.03	-211.53	106.19	-387.46
研发支出	11,258.79	16,387.04	15,552.50	14,092.72	11,324.99
EBIT		-78,760.68	11,803.43	13,670.55	-23,902.06
EBITDA		-50,701.04	40,064.96	40,110.20	-814.00

图 6-13　历年利润表（万元）负值带颜色的表格数据

	2020快递收入占GDP比重	业务量同比增长	快递收入占GDP比重变化
全国	0.87%	31.22%	0.11%
上海	3.69%	7.34%	0.30%
深圳	2.38%	27.41%	0.29%
广州	2.77%	19.99%	0.08%
苏州	1.16%	21.38%	0.03%
杭州	2.28%	12.95%	0.15%
武汉	0.71%	-2.74%	0.00%
长沙	0.62%	45.09%	0.12%
郑州	0.86%	33.67%	0.09%
东莞	2.59%	29.86%	0.40%
石家庄	1.48%	65.59%	0.30%
临沂	0.94%	77.14%	0.27%

图 6-14　部分千万人口城市快递指标与 GDP 数据

4. 应用图形可视化的数据

图 6-15 显示了完全的可视化，其中增长率和旅客人数用长度来编码，增长率为负长时用颜色来编码。查看者一眼就可以看到客运状况最差与最佳的情况。

（二）常见图表类型

1. 柱状图

柱状图有时也会以条形图显示，如图 6-16 和图 6-17 所示。主要特点是，同时显示在某一阶段，多个不同元素主体之间的数据对比。当元素主体名字过长时，使用条形图较好。

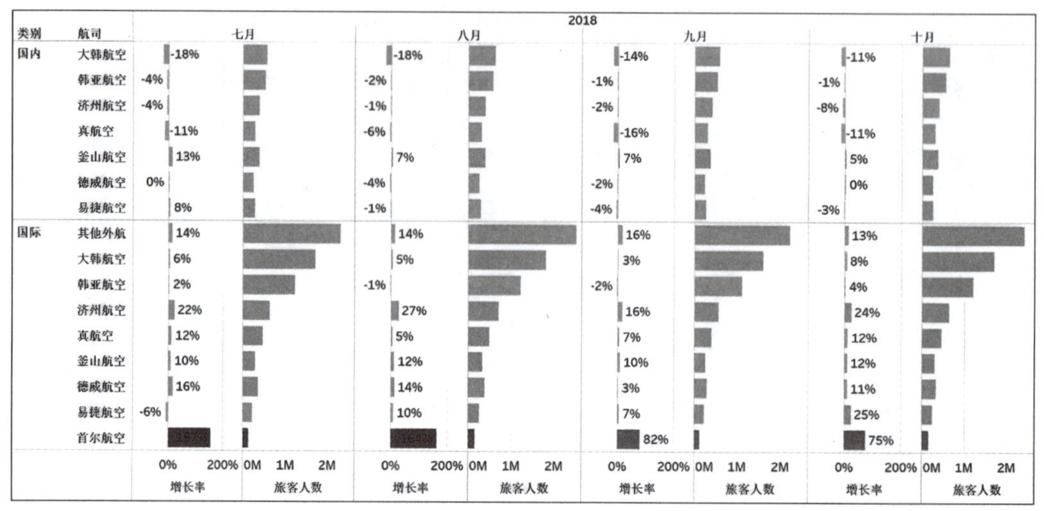

图 6-15 韩国的航空客运总览

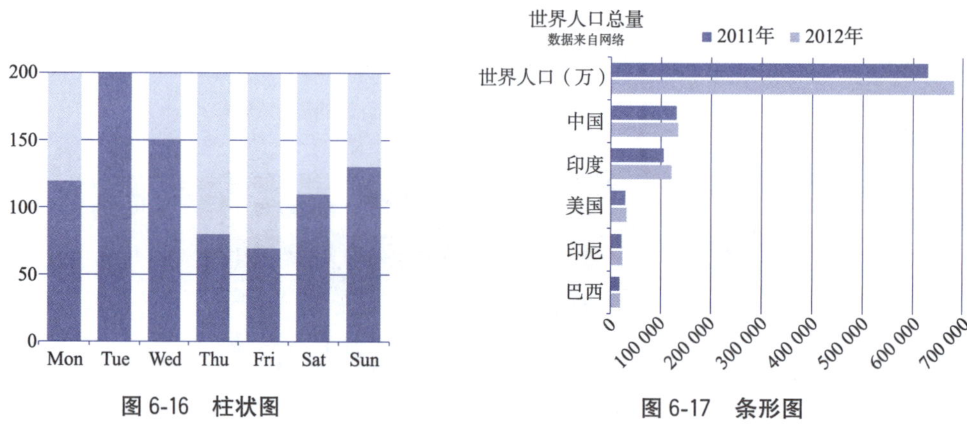

图 6-16 柱状图

图 6-17 条形图

2. 折线图

折线图的数据信息和时间过程紧密相连，一般用来显示某种趋势、走向时使用，如图 6-18 所示。

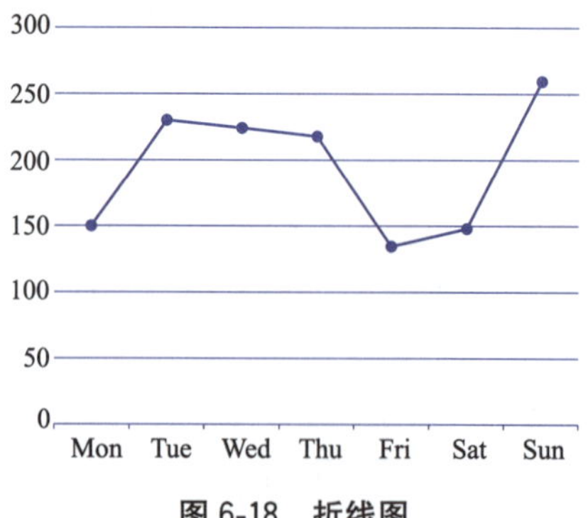

图 6-18 折线图

3. 饼图

饼图主要体现各不同元素主体在某个统一父级上层整体中所占比重。一方面显示当前元素主体在整体的占比，另一方面也可以与其他元素主体进行比较。一般使用实心的圆饼图较多（见图 6-19），也常用环形图（见图 6-20）。

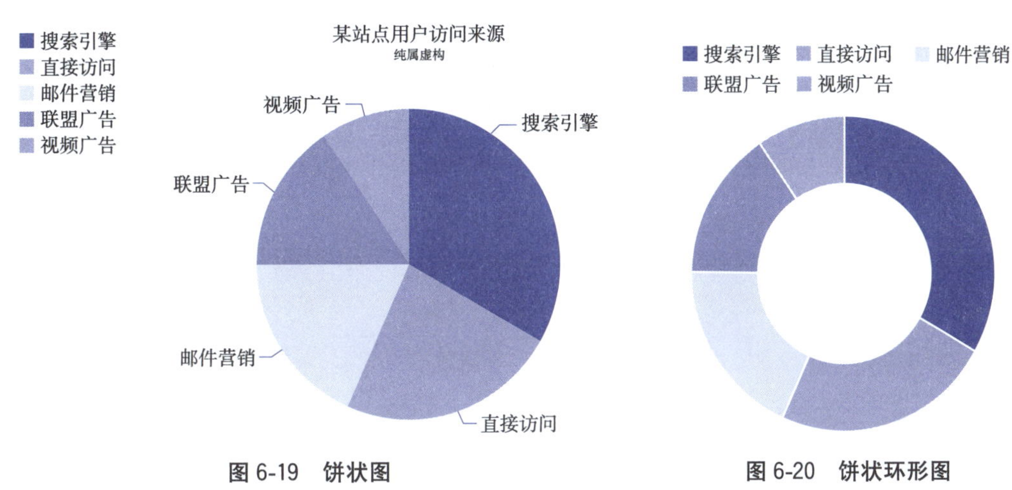

图 6-19　饼状图　　　　图 6-20　饼状环形图

4. 散点图

散点图是指在回归分析中，数据点在直角坐标系平面上的分布图，散点图表示因变量随自变量而变化的大致趋势，据此可以选择合适的函数对数据点进行拟合，如图 6-21 所示。

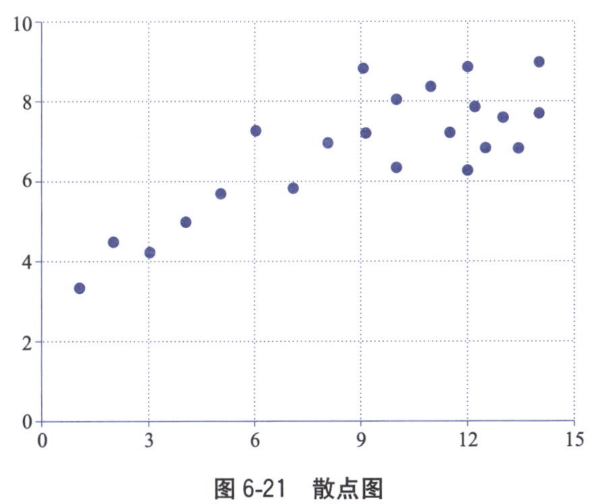

图 6-21　散点图

5. 雷达图

雷达图是以从同一点开始的轴上表示的三个或多个定量、变量的二维图表的形式显示多变量数据的图形方法如图 6-22 所示。轴的相对位置和角度通常是无信息的。雷达图也称为网络图、蜘蛛图、星图、蜘蛛网图、不规则多边形、极坐标图或 Kiviat 图。它相当于平行坐标图，轴径向排列。

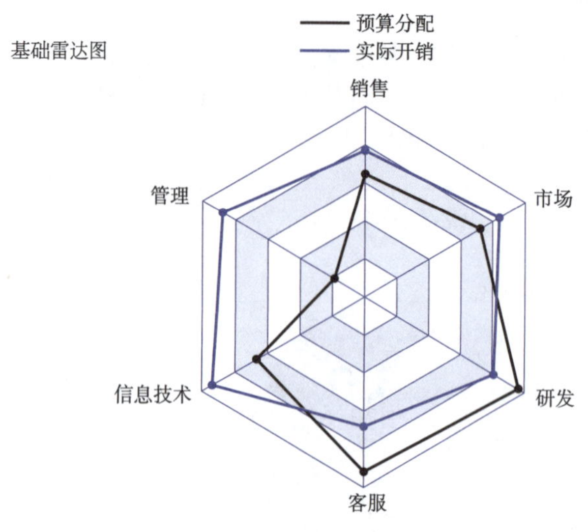

图 6-22　雷达图

6. K 线图

股市及期货市场中经常使用 K 线图，主要包含四个数据，它是以每个分析周期的开盘价、最高价、最低价和收盘价绘制而成，如图 6-23 所示。反映大势的状况和价格信息。如果把每日的 K 线图放在一张纸上，就能得到日 K 线图，同样也可画出周 K 线图、月 K 线图。

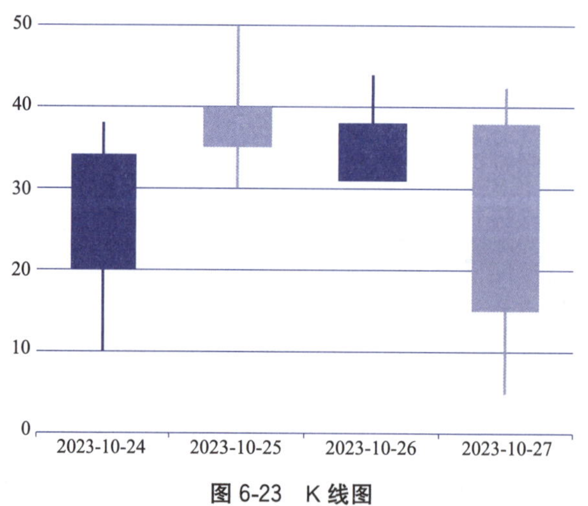

图 6-23　K 线图

7. 热力图

热力图以特殊高亮的形式显示访客热衷的页面区域和访客所在的地理区域的图示，如图 6-24 所示。热力图可以显示不可点击区域发生的事情。

8. 漏斗图

漏斗图反映研究在一定样本量或精确性下单个研究的干预效应估计值，如图 6-25 所示。漏斗图最常见的是在横轴为各研究效应估计值，纵轴为研究样本量。

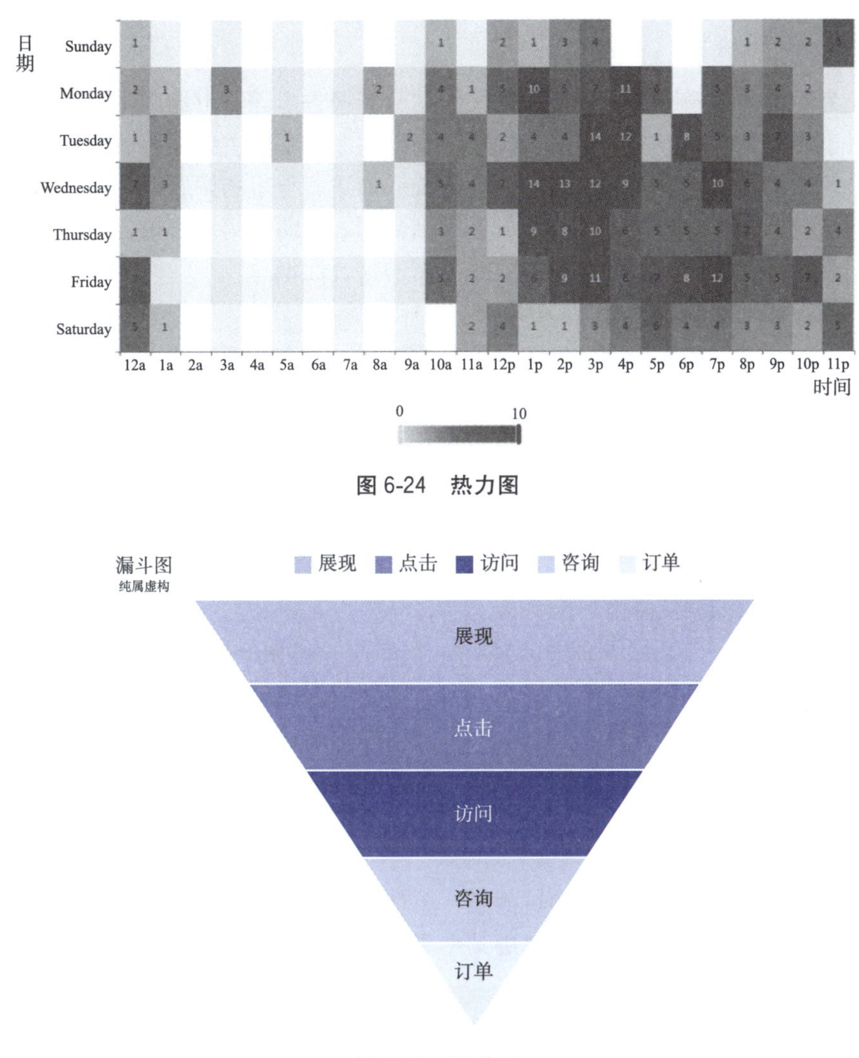

图 6-24　热力图

图 6-25　漏斗图

（三）图表选择的原则和方法

1. 明确数据图表的表达目的和数据之间的关系

图表的主要作用是明确表达数据体现出来的某种信息。因此明确使用图表的目的就非常重要，如果仅仅是为了美观而忽略真正要表达的内容，无疑是舍本逐末。在明确目的的前提下，还要知晓相关数据之间的关系，如果数据结构和关系不利于相关观点的表达，需要再次合理选择合适内容。

2. 要严格按照图表操作规范作图

因为图表经常省略相关的说明，再加上某些图表具有较强的吸引力，因此如果作图不规范，往往适得其反，容易给人造成不必要的误解。例如：在绘制柱状图或折线图时，如果在起始位置处并不是以 0 为基数开始，显示出的图形效果会大相径庭，但是因为此时观看者默认会认为以 0 为基数开始，相关的注意力被柱状或折线吸引，从而忽略这个问题，造成误判。

二、数据分析报告

针对较为简单的市场调研活动，可以将数据分析报告步骤与市场调研报告的总结工作进行合并。对于较为复杂的市场调研报告撰写，可以在区分不同主题和领域的前提下分别进行汇总，与最后的市场调研报告的总结部分进行统一描述。与市场调研报告相比，数据分析报告更加强调对数据本身的分析，可以做得更加细分深入，而市场调研报告最后的总结部分更加全面、综合，可以看作是对各个专项数据总结的综合性汇总。

（一）数据分析报告的概念

数据分析通常会以数据分析报告作为工作的结尾。在市场调研领域，往往会以某个领域或某个专题为中心展开，在最后，在市场调研报告的结尾进行汇总。

数据分析报告是根据数据分析原理和方法，运用数据来反映、研究和分析事物的现状、问题、原因、本质和规律，并得出结论，提出解决办法的一种分析应用文体。数据分析是报告撰写的基础，分析质量的优劣直接决定报告的质量。通过数据分析报告，可以帮助公司管理人员认识、了解相关事务，精准掌握关键、敏感信息，获取相关科学、严谨的可行性建议，为经营管理决策的制定降低风险。

数据分析报告是一种文理综合的文体。一方面需要遵循一般文体的写作规范和格式要求，另一方面需要关注数据的分析和展示，充分体现数据运用方面的特点。

（二）数据分析报告的类型

根据数据分析报告的目的、对象、内容、时间等方面的不同，可以将数据分析报告划分为以下几种形式：

1. 专题分析报告

此类报告主要是针对某一工作领域的某一单项问题进行专门研究而撰写的报告。其目的主要是为管理决策者制定某项政策或解决某个专门问题而提供决策参考依据。“专、一”是其主要特点。

- 专：强调分析内容要有一定深度，重点突出，着重抓住主要矛盾的主要方面进行深入分析。
- 一：不要求对事务的各个方面都进行分析，要依据问题特点有选择地进行分析目标的选定和分析方法的运用。

2. 综合分析报告

- 此类报告的特点是关注事务的整体发展状况，会关注事务的多个方面，注重各方面和组成部分之间的联系。主要有以下特点：
- 全面性：要站在一个全局的高度，对分析主体进行全面的分析。必须能够综合反映对象的各个方面情况。
- 联系性：要关注拆分后各个部分之间的联系，这种联系不应该是静态的，而更多的应该通过数据分析，考察其相互之间在发展中的相互作用。

3. 日常数据分析报告

此类报告内容相对简单，但是使用频率高，经常会按照一定时间周期进行报告的生成和上报，因此也称为定期报告，主要有以下特点：

● 时效性：因为和上报周期有紧密联系，数据的新鲜程度就变得非常重要，报告中的数据来源要求是周期时间内的完整有效数据；另一方面，因为是定期上报，往往会作为某项工作计划执行效果的检查依据，因此需要和相关工作计划做适当的结合，辅助展示工作进度成果。

● 规范性：作为一个定期上报的数据分析内容，为了便于日后工作中的数据内容对比，并保证上报频率，因此对于报告格式要求会相对固定。因此，报告格式的初始设计就比较重要。但另一方面，因为格式相对固定，除去关键人为分析部分，大部分内容可以交由系统程序自动生成，降低工作强度。

（三）数据分析报告的撰写原则

1. 规范性

数据分析报告中所使用的技术术语、绘制的表格图表等，一定要规范，标准统一，前后一致，防止由于不规范导致的结论误导。

2. 层次性

数据分析报告中的内容，要依据数据分析目标进行合理的结构层次安排，重点突出、条理清晰，便于相关审阅者和管理人员迅速抓住重点，理清脉络。

3. 适当创新

数据分析报告是一项要求严谨的文体形式。一方面要秉承与时俱进的发展观，时刻关注业内的最新研究方法和数据分析技术；另一方面，切忌盲目跟从追求所谓最新技术，因为最新技术往往会存在不稳定的隐藏问题，过度使用会对报告的精准导向产生不必要的风险。

（四）数据分析报告的结构

1. 标题

标题部分要紧扣数据分析目的，直接将主要内容客观展示出来。比如《2022 年部门业务对比分析》《大客户流失情况分析》等，少添加或不添加艺术修饰的词语。此外，不建议添加带有意见的主观评断性内容（看似客观），比如《提升广告费用投入是提升销售份额的关键因素》《2022 年公司业务运营情况良好》等，因为报告提供的是经过数据分析后得出的建设性报告，对于数据分析内容，不同人员进行分析时，有可能会得出不同结论。在开篇就进行结论判定，不利于针对客观事实的客观分析。

2. 目录

目录一方面起到索引导航作用，另一方面便于阅读者从整体上掌握分析报告内容。因此，相关目录设置要注意逻辑性和条理性，层次分明，便于理解。

3. 前言（摘要）

前言（摘要）主要帮助阅读者快速掌握数据分析报告内容，是整体报告的一个高度浓缩。一般会从分析背景、分析目的、分析思路、分析结论做简单精要说明。根据数据分析报告的不同，此部分内容有时可以简化，形成摘要形式，比如“日常数据分析报告”。

4. 正文

正文是数据分析报告的核心，要依据之前制定的数据分析目的和分析方案，将分解的分析任务有条理、有层次地逐步展开。每一部分要有相关的客观数据作为基础，通过严谨的数据统计分析方法进行数据分析，并通过适当的数据图表进行合理展示，最终给出相应的分析结论。此处编写时切忌将分析报告写成证明自己观点的议论文。数据分析报告和议论文最大的区别就是开放性。议论文在刚开始时就有结论导向作用，也就是已经确立好了一条结论，让后续的事实为自己的论点作论据进行论证，是先有结论后有数据。而数据分析报告是先有数据，后有结论。针对这些客观数据事实，可能会有多种结论。一定要注意二者在顺序上的不同。

5. 总结

总结包括结论与建议两个部分。结论是依据正文内容分析得出的有关事实认定、原因分析等隐藏内容的分析总结。结论应简明扼要，不要过度展开，因为详细分析部分是在正文中进行说明的。对于在分析过程中凸显的各种问题，需要结合当前实际情况给出相应的建议内容。建议内容要具备可操作性，切忌抽象、空洞，最好附上具体操作步骤和方法。另外，建议内容应该是多种可选方案，至少应提供二套以上的预备方案，让决策者有选择性。

6. 附录

附录是对正文的有益补充或提供更加详细的说明。一般是正文中不便展开说明或没有说明但具有佐证作用的相关内容。一般包括原始数据来源、相关细节补充说明、证明材料展示等内容。根据不同数据分析报告类型，此部分可以根据具体情况省略。

【项目小结】

市场调研是了解目标市场需求和消费者反馈的重要手段，而市场调研数据处理与分析是确保调研有效性和数据可靠性的关键步骤。本项目从任务一到任务三分别介绍了市场调研数据的采集、清洗整理与分析，以及数据可视化与数据分析报告的相关内容。

任务一中明确了数据处理流程，并着重介绍了数据采集的概述、前期准备、原则和步骤，以及数据采集的渠道和工具。任务二则强调了数据清洗的重要性，包括清洗的目的、处理“脏”数据、整理数据以及注意事项等。同时也介绍了数据分析的基本概念。任务三重点介绍了数据可视化的意义和常见图表类型，并提供了图表选择的原则和方法。最后还探讨了数据分析报告的类型、撰写原则和结构。

综合来看，本项目的内容涵盖了市场调研数据处理与分析的各个环节，为市场调研工作提供了重要的指导和方法。通过数据采集与处理，可以获得准确、有效的数据，通过数据分析与可视化，可以更好地理解市场状况和消费者需求，从而为决策提供有力支持。在市场竞争激烈的背景下，科学合理的市场调研数据处理与分析显得尤为重要，有助于企业更好地把握市场脉搏，优化产品和服务，提升竞争力。

【同步训练】

以小组为单位，按照下面的要求，完成市场调研问卷设计与数据采集。

一、任务描述

你作为市场调研团队的一员，负责设计市场调研问卷并进行数据采集，以了解目标市场对新产品的需求和反馈意见。该市场调研问卷将涵盖产品偏好、购买意愿、使用习惯等相关信息。

二、任务要求

（1）问卷设计：根据调研目的，设计具有针对性和完整性的问卷，确保覆盖重要的市场调研问题。要求问题表述清晰简洁，避免含糊不清或引导性强的问题。

（2）调研对象：选择目标受众，确保调研对象与新产品的潜在用户群体相符。可以考虑面向特定年龄段、职业群体或兴趣爱好的人群进行调研。

（3）数据采集：利用合适的方式进行问卷调研，可以选择线上调研工具或线下实地访谈，确保获取足够的样本数据，以保证数据的可靠性和代表性。

（4）任务时限：完成问卷设计和数据采集的工作，预计需要在两周内完成。

三、任务提示

（1）在问卷设计中，可以采用多种题型，如单选题、多选题、开放式问题等，以获得丰富的数据。

（2）考虑问卷填写者的时间成本，尽量简化问卷，避免过多的重复或冗长的问题。

（3）在设计开放式问题时，可以考虑提供明确的指导，以引导调研对象回答有价值的信息。

（4）在数据采集过程中，保持专业和礼貌的态度，尽量避免对调研对象产生干扰或使其感到不适。

（5）完成数据采集后，对数据进行初步整理和清洗，确保数据的准确性和完整性。

（6）利用收集到的数据进行数据分析和可视化，撰写简要的市场调研报告，总结调研结果，并提出对新产品的改进建议。

【素质园地】

市场调研中的职业操守

在某个大型企业的市场调研项目中，调研团队收到了明确的指导：必须提供真实、准确的数据，不得有任何篡改或误导。然而，在数据收集过程中，团队内部的一名年轻调研员小张发现了一些异常数据，这些数据显示该企业的一款新产品在市场上的反馈远超同类产品。

小张开始对数据进行深入核实，发现这些数据并非来自市场反馈，而是由团队内部一名资深调研员老李为了美化报告而私自篡改的。小张立刻向项目负责人报告此事，经过内部调查，证实了小张的发现。老李因为一时的私心和贪图荣誉，篡改了数据。

项目负责人立即将此事上报给企业高层，并提供了原始数据和证据。企业对此事高度重视，对老李进行了严肃处理，并加强了对内部数据的管理和监督。同时，对小张的诚实行为给予了高度赞扬和奖励。

【课后练习】

一、判断题

1. 市场调研数据采集流程包括数据清洗和数据分析两个环节。（　　）
2. 数据采集前的准备工作不包括明确调研目的和研究问题。（　　）
3. 数据清洗的目的是为了去除不需要的数据，保留数据的原始状态。（　　）
4. 数据可视化的主要目的是为了让数据更具艺术性和美观性。（　　）
5. 市场调研数据分析报告不需要包含数据来源和处理方法，只需提供结论和建议即可。（　　）

6. 市场调研数据采集概述部分介绍了数据采集的原则和步骤。 ( )

7. 数据清洗时的注意事项包括确保数据的质量和准确性，以及去除脏数据。 ( )

8. 数据分析报告的结构通常包括摘要、目录、正文和参考文献部分。 ( )

9. 数据可视化是将数据转换成图表或图形的形式，以便更好地理解和传达数据。 ( )

10. 市场调研数据采集的渠道和工具包括调研问卷、访谈，以及社交媒体等途径。 ( )

二、单项选择题

1. 市场调研数据采集的流程主要包括（ ）环节。
   A. 数据可视化　　B. 数据清洗
   C. 数据分析　　D. 采集前的准备

2. 在市场调研数据采集中，下面（ ）是数据采集的渠道和工具。
   A. 数据分析报告　　B. 数据可视化
   C. 数据处理流程　　D. 调研问卷和访谈

3. 数据清洗的目的是（ ）。
   A. 增加数据样本量　　B. 增加数据的复杂性
   C. 确保数据的质量和准确性　　D. 提高数据处理的速度

4. 在数据清洗过程中，哪种类型的数据需要进行清洗？（ ）
   A. 原始数据　　B. “脏”数据
   C. 统计数据　　D. 整理后的数据

5. 市场调研数据可视化的目的是（ ）。
   A. 美化数据　　B. 让数据更加易懂
   C. 替代数据分析　　D. 减少数据处理流程

6. 市场调研数据可视化中的常见图表类型有（ ）。
   A. 饼图、柱状图、折线图　　B. 散点图、雷达图、热力图
   C. 仪表盘、地图　　D. 扇形图、箱线图、词云图

7. 在数据分析报告撰写原则中，（ ）是重要的原则。
   A. 篇幅越短越好，避免冗长
   B. 不需要提供具体的数据来源和处理方法
   C. 只呈现数据，不需要结论和建议
   D. 报告内容应围绕核心问题展开，结论明确

8. 数据分析报告的结构通常包括（ ）。
   A. 数据清洗、数据处理、数据可视化
   B. 前言、致谢、附录
   C. 研究方法、参考文献、数据来源
   D. 摘要、目录、正文

9. 在数据处理流程中，（ ）是数据采集的前提。
   A. 数据清洗　　B. 数据可视化

C. 数据分析　　　　　　　　　D. 采集前的准备

10. 市场调研数据采集的原则主要包括（　　）。

A. 数据越多越好

B. 数据应该尽量保持匿名性

C. 采集到的数据不需要核实真实性

D. 采集方式越多样化越好

三、简答题

1. 什么是市场调研数据的清洗？

2. 数据可视化在市场调研中的作用是什么？

项目七　市场调研数据分析方法与工具

【知识目标】

- 掌握用数据分析解决问题的各种思路和方法。
- 掌握处理市场调研数据的多种分析方法。
- 熟练使用处理市场调研数据的基本软件工具。
- 了解数据处理软件工具。

【技能目标】

- 能够对复杂市场问题进行条理化思考分析。
- 能够对各种市场调研数据灵活使用相应分析方法。
- 能够熟练使用 Excel 对市场调研数据进行分析。

【素养目标】

- 了解如何通过数字化对教育行业的影响来提升自己适应新环境的能力。

【项目导读】

进行市场调研数据的分析离不开各种数据分析方法。只有熟练掌握了这些分析方法才能保证制定出优秀的市场调研方案。在学习时，要多联系日常案例，在应用中体会相关分析方法的应用。另一方面，还需要掌握使用各种先进的软件分析工具，对海量数据进行各种分析操作，将学习到的数据分析方法高效落实到位。

【知识导图】

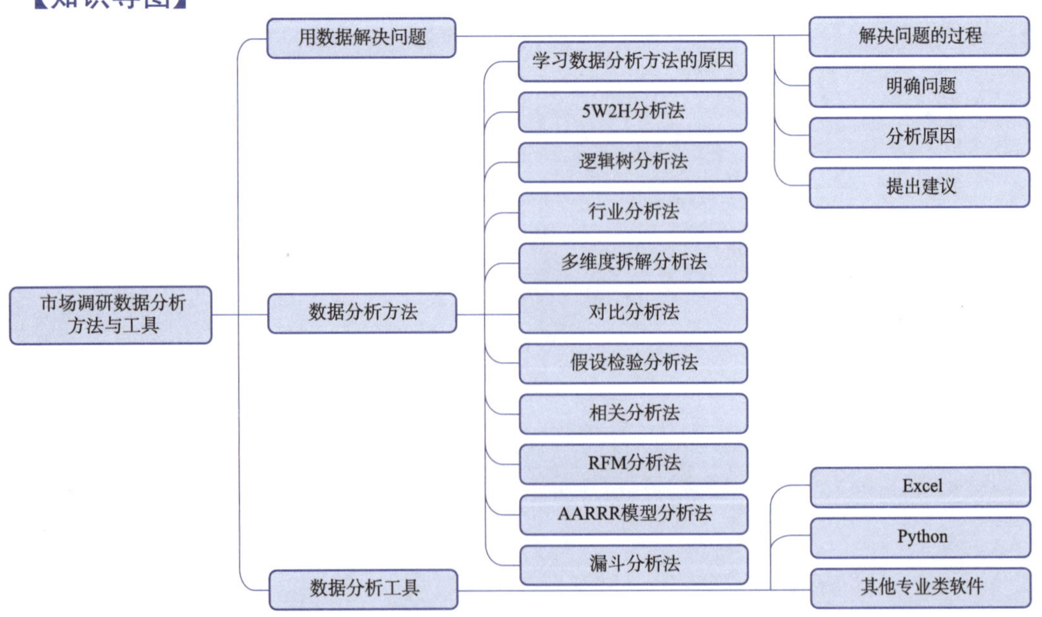

【引入案例】

如何利用数据分析提升自动售货效益

假如你是一位饮料自动售货机公司的老板，你所在的县里有200台自动售货机。你请来十几名司机，按照计划的路线定期检查，以确保每一台机器随时都有饮料供应。时间一久，你的司机就会发现哪些售货机售出的饮料多，而哪些售出的饮料少。对于这些，你也积累了多年的数据，但却找不到任何逻辑清楚的解释模式，为什么有的售货机几周都没将饮料卖完，而在某一两天内却突然就卖空了？如果我们将一些非传统的数据和那些任我们处理的数据相结合，便会发现一些有趣的趋势，就可以帮助我们了解这些变化。比如，假如我们将销售数据与售货机所处位置的天气相结合，便会发现：气温、湿度和降水都能影响饮料的销售情况。这样就能够解释，为什么天气闷热、温度高的时候饮料的销售量会增加，而且通过分析也能够证实这一点。另外，假设大多数售货机都设在商业街、学校和公共交通枢纽附近，如果将销售数据和与发生在这些地方的特殊事件有关的数据相结合，就又会发现两者之间有着很大的关联。比如，我们会发现，当学校有足球比赛时，临近学校的售货机中的饮料就会在周末迅速销售一空。或者，当商业街上有诸如音乐表演之类的大型活动时，在其附近的售货机中的饮料也会迅速销售一空。

问题：

（1）如何通过结合销售数据和天气数据来优化饮料自动售货机的库存管理和补货策略？

（2）在自动售货机的案例中，如何利用特殊事件（如学校足球比赛、商业街音乐表演等）数据来预测和增强饮料销售？

（3）对于自动售货机销售数据的分析，除了天气和特殊事件之外，还有哪些可能的数据源或因素可以被考虑，以进一步提升售货效益？

任务一　用数据分析解决问题

一、解决问题的过程

在实际工作生活中的各种问题一般来说都会用到数据分析的思路来解决，只不过由于没有明确提出“数据分析”这一术语，经常感觉不到数据分析在问题解决中产生的作用。比如我们日常去医院看病的时候一般都要经过这样的流程：

（1）刚开始我们会在医院的手机App中进行门诊预约，如果达到门诊医生的看诊患者上限就无法预约，如果直接去挂号窗口也是类似，非常有可能排了很长的队后，轮到自己才会发现相关医生的看诊上限已经达到饱和而无法挂号。由此可见及早使用数字化工具是很有必要的，此时已经涉及了数据统计的功能。

（2）挂号成功后，经过一段时间的候诊可以进到门诊室与医生进行沟通交流。医生一般会询问病情、最近的作息情况、个人或家族发病史等。然后根据情况开出各种检查单据，患者依据检查项目进行各种身体检查，并将获得的检查结果带回给门诊医生。此过程实际上就是门诊医生在进行医学数据收集的过程。

（3）门诊医生在询问病情的基础上，结合患者检查后的各项检查结果，开始利用自己的专业知识进行研判。此时，大部分工作会在医生的头脑中进行飞速紧张地分析运算。实际上就是针对收集上来的医学数据进行分析的过程。因为大部分内容是在医生头脑中完成的，而且有很多时候，医生并不会将所有过程都解释给患者听，有可能患者并不能完全感知医生进行数据分析、解决问题的过程。这个业务过程依据患者病情的复杂程度可长可短，但都会经历这个医学数据分析的过程。

（4）医生在经过各种数据分析后，会得出医学结论，将问题产生原因以及后续的治疗方案告诉患者。这实际上就是相当于做了一份简要的数据分析报告，里面汇总了有关本次疾病数据分析的各项内容，只不过在形式上不像正规文件报告那样正式。作为患者也感知不到这样数据分析报告，但实际内容是相似的。

以上例子简单来说分成了三个部分：第一步，明确问题；第二步，分析原因；第三步，提出建议。我们在进行市场调研数据分析时，同样也会采取类似的步骤进行。

二、明确问题

1. 克服主观臆断式判断问题的思想

大部分人在对事物进行判断时往往会依据自己的经验阅历，这一方面是由于信息数据获取的难度较大，另一方面，依据经验是相对成本低廉、速度快捷的方式。导致在面对问题时部分人员往往会在第一时间靠“拍脑袋”来决定，并不由自主地传递给其他人，也就是说有较强的“主观臆断性”。这对于问题的解决没有什么帮助，我们在明确问题的初始阶段一定要留意克服这种不由自主、油然而生的“主观”判断问题的方式。

2. 明确数据来源和准确性

进行问题的判断是需要依据一定信息数据的，如果这个基础是不完整的，甚至是虚假的，就会导致问题的界定出现问题。而防止此类问题发生的方法，就是在获取数据时关注数据的来源和准确性。

从具体做法上来看，可以从时间、地点、数据来源对信息数据的真实和准确性进行判断。例如可以这样提问：

- 针对时间：这是针对哪个时间段的数据进行观察发现问题的？
- 针对地点：这是针对哪个地区的数据进行观察发现问题的？
- 针对数据来源：这些数据出自哪里，在中间传输过程中是否能够保证信息数据的无损传输？

3. 业务指标理解

问题经常是在比较衡量中发现的，这里的比较衡量就需要使用到业务指标。因为专业性较强，再加上部分词语的内涵和外延意义上的不同，如果不进行明确，经常会发生认知上的偏差。因此需要对相关业务指标在含义和对比对象上进行统一的、唯一性的认定。只有这样才能防止由于概念不清、比较对象不统一所带来的问题认定结果不一致的问题发生。

三、分析原因

分析原因是数据分析中非常关键的一环，经常会结合各种数据分析方法对信息数据进行分析。影响问题的原因可能有很多种，没有必要，也不可能做到把所有原因都分析一遍。因此在分析原因的过程中，要将相关的重要因素罗列出来，然后按照重要程序进行排序，优先分析那些关键的因素。为了获取这些重要因素，一般可采取以下方式进行：

（1）使用“多维度拆解法”对问题进行拆解，此步骤主要是将一个较为复杂的问题细化成多个可以进行操作实施的子问题，这些子问题相对较为简单，可以布置给多个不同部门同步执行。如果这些子问题仍旧比较复杂，可以进一步进行拆分，至于拆分到什么程度，则需要依据公司业务的实际情况进行灵活判断。

（2）针对拆解后的子问题，可以使用“假设检查分析法”找到可能会有什么样的原因，并结合“对比分析法”等其他方法来进行验证，辅助获取真正原因。

（3）找到问题后，可以使用“相关分析法”等不断深入，进行问题分析。

四、提出建议

提出建议，就是在上一步的基础上，使用“回归法”“AARRR 模型”等数据分析手段对未来业务发展走向进行合理预测，并给出自己的建议，提出建议的过程如图 7-1 所示。

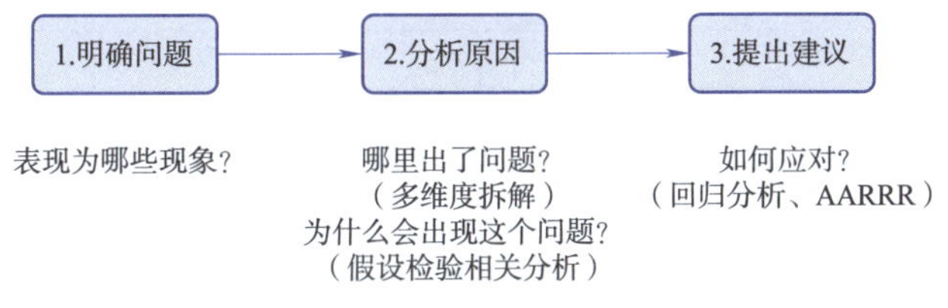

图 7-1　提出建议过程

此时需要注意：

（1）给出的建议内容不能太多。太多的建议，内容不仅会增加决策成本，还会让人困扰，无从下手。一般来说，相对简单的问题，需要 3～4 个选项。相对较为复杂的问题，需要 4～7 个选项。

（2）给出的建议要具有可执行性。只有这样，决策者才能够制定合理的可执行性计划，分配资源，促成相关实施行为的完成。

任务二　数据分析方法

一、学习数据分析方法的原因

我们在工作和市场调研业务开展时，经常会听到分析思路、分析思维、分析方式等名词。这些词语实际上说的就是分析方法。分析方法就是将零散的想法整理成有条理的分析思路，顺着分析思路可以有的放矢地设计好市场调研的数据分析方案，对工作的开展大有裨益。

在正式开展市场调研数据分析工作之前，我们就应该具备完善的数据分析方法的知识储备，不能临阵磨枪，仓促上阵。数据分析方法对市场调研数据分析方案的制定有极大的影响，如果没有制定好数据分析方案就匆忙开展数据分析工作，就好像盖楼房没有进行预先的计划设计，往往会导致工作半途而废。面对纷繁复杂的市场调研业务工作要求，如果缺乏数据分析方法，就会导致缺乏数据意识，不懂得通过数据技术手段开展工作，或者虽然通过各种渠道收集了的大量数据，但是不知如何下手，工作无从开展。掌握数据分析方法就能够帮助我们解决这些问题，提升数据分析能力。

在明确市场调研目标之后，一般都会通过数据分析方法来制订整体的市场调研数据分析方案，此后可以依据具体工作要求，选用合适的技术工具对数据进行处理。经常使用的数据分析方法有逻辑树分析法、PEST 分析法、对比分析法、RFM 分析法、漏斗分析法等，不同方法在解决问题时都有各自针对的问题对象，如何使用正确的方法对症下药，其本身需要我们在不断实践工作中不断积累总结。

表 7-1 简要总结了部分分析方法针对的问题内容。

表 7-1 各种分析方法列表

分析目的	分析方法	案　例
将复杂问题变得简单	逻辑树分析方法	费米问题
行业分析	PEST 分析方法	中国少儿编程行业研究
多个角度思考	多维度拆解分析方法	如何培养读书习惯
对比	对比分析方法	比赛精彩吗
如何分析原因	假设检验分析方法	警察是如何破案的
A 和 B 有什么关系	相关分析方法	豆瓣如何推荐电影
留存和流失分析	群组分析方法	微博
用户价值分类	RFM 分析方法	信用卡会员服务
用户行为分析	AARRR 模型分析方法	拼多多
转化分析	漏斗分析方法	店铺哪个环节有问题

二、5W2H 分析方法

1. 5W2H 分析方法的概念

主要是指在思考问题的时候需要从 5W2H 这 7 个方面出发来解决问题。这里的 5W2H 是 7 个英文疑问单词的首字母缩写，分别是 what（是什么），when（何时），where（何地），why（为什么），who（谁），2H 是指 how（怎么样），how much（多少）。回答了这些问题，将会指导业务人员对相关问题进行有效解决。

2. 5W2H 能解决哪些问题

对于较为简单的问题，5W2H 可以直接进行解决。如果问题较为复杂，5W2H 也可以作为起始化解难题的一个突破口，可以在很多方面使用。例如：调研某商品在某地区的销售情况，如果使用 5W2H 可以这样来：

- what（是什么）：这是什么产品？
- when（何时）：在哪个时期？
- where（何地）：在什么地方？
- why（为什么）：为什么顾客需要它？
- who（谁）：主要针对的目标群体是谁？
- how（怎么做）：销售活动是如何开展的？
- how much（多少）：产品的销售数量和销售额是多少？

针对复杂的商业问题，仅仅依靠 5W2H 不太容易解决问题，因为导致复杂商业问题的产生不会只有一个原因，此时，可以结合其他分析方法一同协作，进行问题分析解决。

三、逻辑树分析方法

1. 逻辑树分析法的概念

逻辑树分析法是把复杂问题拆解成若干个子问题，如果子问题也较为复杂就继续向下拆解，直到拆解为相对简单、可以进行操作解决的程度为止。因为整个问题拆解过程绘制成图形后有点类似树枝那样展开，因此叫逻辑树分析法，如图 7-2 所示。

图 7-2 逻辑树分析法

2. 如何使用逻辑树分析法

在日常工作和生活中，我们经常会自觉不自觉地使用逻辑树分析法，也就是将复杂问题简单化。有时候仅仅是在自己头脑中进行思考加工。比如购买一部手机，你可能会在头脑中拆分为确定手机用途、确定手机品牌型号、各种售卖渠道询价、付款方式等，因为是普通的日常问题，又是经常接触的事务，因此自己思考一下基本能够应付。但是对于较为复杂、重要性较强的市场调研问题，就需要一定规范性的操作来进行。较好的方式是绘制相关的分解图形，以便于将相关问题拆解彻底。

例如，对某品牌化妆品包装更新所进行的调研可以采用如图 7-3 所示的方法。

通过图 7-3 可以发现，使用逻辑树分析法的时候，最终会拆解为多个小问题，在进行问题拆解和小问题处理过程中经常会结合其他数据分析方法来进行，实际上多个不同数据分析方法之间都不是相互独立的，常常会“强强联合”综合使用，这就需要我们在平时多使用，多体会，以此增强自己的数据分析能力。

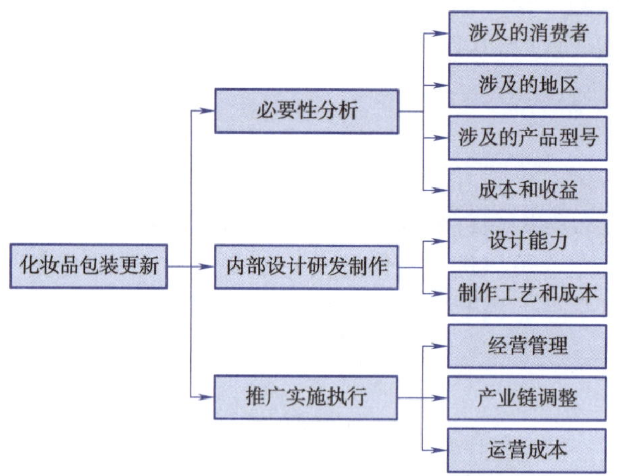

图 7-3 化妆品包装更新问题拆分

四、行业分析法

1. 行业分析法的概念

行业分析法，简称 PEST 分析法。PEST 是四个英文单词的缩写，通常指代政策（policy）、经济（economy）、社会（society）、技术（technology）。当公司需要对外部环境或行业竞争进行市场调研，制定发展规划的时候经常会用到。在进行分析时，主要就是从以上四个方面入手进行数据分析，从而对公司发展宏观环境情况进行掌握。

2. 如何使用行业分析法

（1）政策环境主要包括政府的政策、法律等，主要思考这些内容对公司发展有何影响，图 7-4 所示为“2022 年中国新能源汽车换电市场研究报告”的政策模块分析。

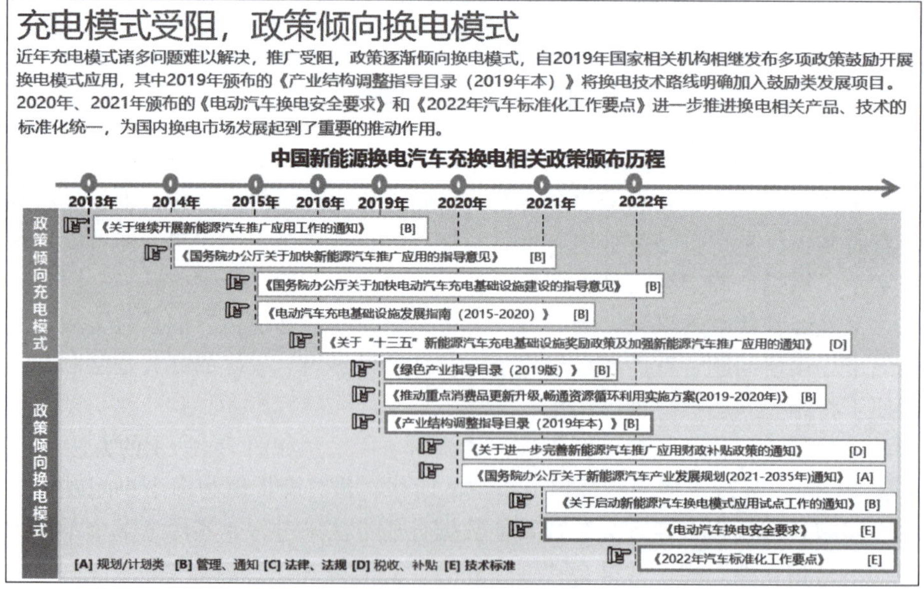

图 7-4 政策模块分析

（2）经济环境主要指一个国家的国民收入、消费者的收入水平等。经济环境决定公司未来市场规模。图 7-5 所示为“2022 年中国新能源汽车换电市场研究报告”的经济模块分析。

2021年中国经济持续稳定恢复，居民消费力显著提升

2021年中国经济持续稳定恢复，主要指标实现预期目标，人民生活水平进一步提升。2021年，中国国内生产总值（GDP）114万亿元，同比增长8.1%，全国居民人均可支配收入3.51万元，同比增长9%，居民人均消费支出2.4万元，同比增长13.7%，另外，居民人均交通和通信消费支出达3156元，同比增长14.3%，居民消费力显著提升。

2016—2021年中国居民人均可支配收入和消费支出

年份	居民人均可支配收入(千元)	居民人均消费支出(千元)	居民人均可支配收入增长率(%)	居民人均消费支出增长率(%)
2016	24	17	8.4%	8.9%
2017	26	18	9.0%	7.1%
2018	28	20	8.7%	8.4%
2019	31	22	8.9%	8.6%
2020	32	21	4.8%	-1.7%
2021	35	24	9.0%	13.7%

2016—2021年中国居民人均交通和通信消费支出

年份	居民人均交通和通信消费支出(元)	增长率（%）
2016	2338	12.0%
2017	2499	6.9%
2018	2675	7.0%
2019	2862	7.0%
2020	2761	-3.5%
2021	3156	14.3%

图 7-5　经济模块分析

（3）社会环境主要包括一个地区的人口、年龄、收入、购买习惯、教育水平等，图 7-6 所示为“2022 年中国新能源汽车换电市场研究报告”的社会模块分析。

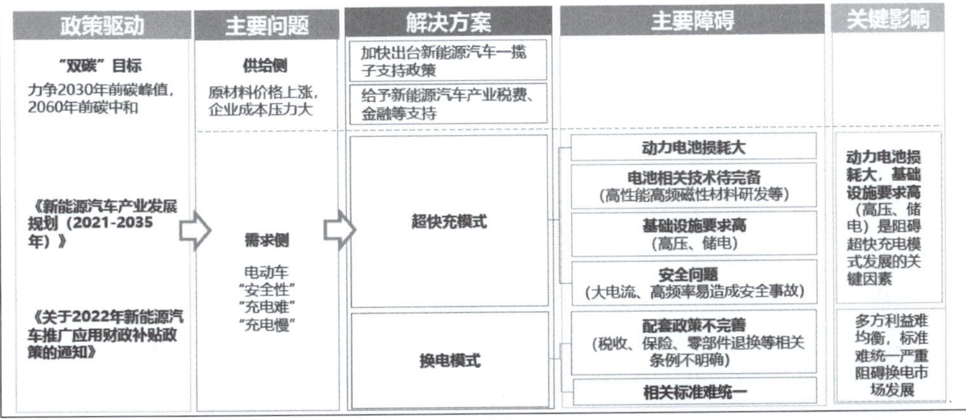

图 7-6　社会模块分析

（4）技术环境是指外部技术对公司发展的影响。图 7-7 所示为“2022 年中国新能源汽车换电市场研究报告”的技术模块分析。

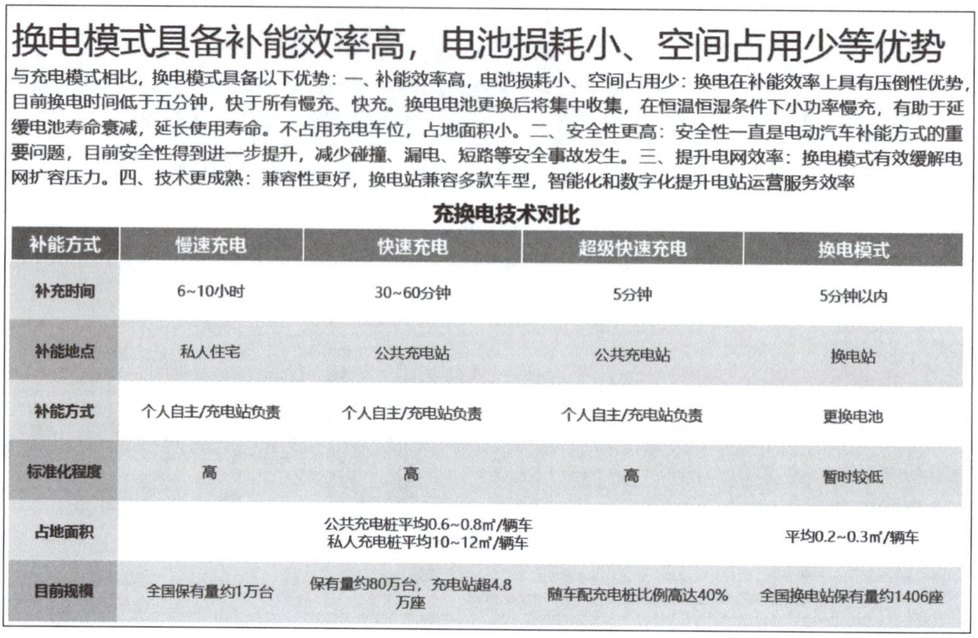

换电模式具备补能效率高，电池损耗小、空间占用少等优势

与充电模式相比，换电模式具备以下优势：一、补能效率高，电池损耗小、空间占用少：换电在补能效率上具有压倒性优势，目前换电时间低于五分钟，快于所有慢充、快充。换电电池更换后将集中收集，在恒温恒湿条件下小功率慢充，有助于延缓电池寿命衰减，延长使用寿命。不占用充电车位，占地面积小。二、安全性更高：安全性一直是电动汽车补能方式的重要问题，目前安全性得到进一步提升，减少碰撞、漏电、短路等安全事故发生。三、提升电网效率：换电模式有效缓解电网扩容压力。四、技术更成熟：兼容性更好，换电站兼容多款车型，智能化和数字化提升电站运营服务效率

充换电技术对比

补能方式	慢速充电	快速充电	超级快速充电	换电模式
补充时间	6~10小时	30~60分钟	5分钟	5分钟以内
补能地点	私人住宅	公共充电站	公共充电站	换电站
补能方式	个人自主/充电站负责	个人自主/充电站负责	个人自主/充电站负责	更换电池
标准化程度	高	高	高	暂时较低
占地面积		公共充电桩平均0.6~0.8㎡/辆车 私人充电桩平均10~12㎡/辆车		平均0.2~0.3㎡/辆车
目前规模	全国保有量约1万台	保有量约80万台，充电站超4.8万座	随车配充电桩比例高达40%	全国换电站保有量约1406座

图 7-7　技术模块分析

五、多维度拆解分析法

多维度拆解是数据分析中最重要的一种分析方法，通过不同的维度去观察同一组数据，从而洞查数据异动背后的原因。多维度拆解的适用场景：

1. 对单一指标的构成或比例进行拆解分析

这种场景往往适用于分栏目的播放量和新老用户比例等。

2. 对业务流程进行拆解分析

一般适用于从不同渠道浏览到添加购物车，再到购买的这种全局的转化流程，像有些跨区域的产品，不同的区域活动的效果自然不同，这时候就可以从不同省份的活动情况来进行分析。

3. 对需要还原行为发生的场景时进行拆解分析

比较适用于一些直播类的产品，比如需要去观察打赏主播的等级、性别、来自哪个频道等进行多维度的拆解。

例如：对“为什么低年龄用户的留存比较差”进行分析，可以按照：

分析维度 1：从低年龄用户群体内部维度查看，不同的低年龄用户表现是否有差异。

分析维度 2：从新老用户维度查看，新老用户爱好兴趣点是否有差异。

分析维度 3：从提供的内容维度查看，推荐内容是否满足相应用户需求。

六、对比分析法

对比分析法也称比较分析法，是通过实际数与基数的对比来提示实际数与基数之间的差

异，借以了解经济活动的成绩和问题的一种分析方法。在科学探究活动中，常常用到对比分析法。对比分析法的维度可以分为同比、环比、定基比等不同的对比方法：

● 同比：例如去年 9 月与今年 9 月的对比，同比一般被看作是基于相同数据维度的时间同期对比，也可以看作基于时间维度的影响因素对比，例如相同的营销活动在不同的渠道投放所带来的转化数据，也可以看作是同比。

● 环比：例如 9 月与 8 月数据的对比，这是从时间维度的对比，也可以以周期性维度对比，例如第一阶段推广投放了 10 个渠道，第二阶段推广投放了 15 个渠道，那么第二阶段与第一阶段环比上涨还是下降，进而找出数据变化的原因。

● 定基比：是指针对一个基准数据的对比，例如在各推广渠道中，渠道 B 与渠道 A 相比，渠道 C 与渠道 A 相比，而两者的比值是渠道 B 与渠道 C 的定基比。

对比分析是在基于相同数据标准下，找出由其他影响因素所导致的数据差异。对比分析的目的在于找出差异后进一步挖掘差异背后的原因，从而找到优化的方法。

图 7-8 和图 7-9 通过对居民消费价格的同比和环比涨幅情况的展示，揭示相关消费领域的价格变动情况，通过对比可以迅速掌握相关项目的变更情况。

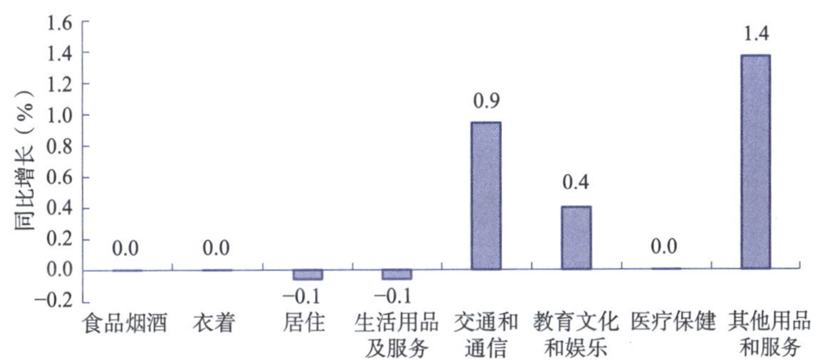

图 7-8　2022 年 1 月居民消费价格八大类同比涨跌幅（%）

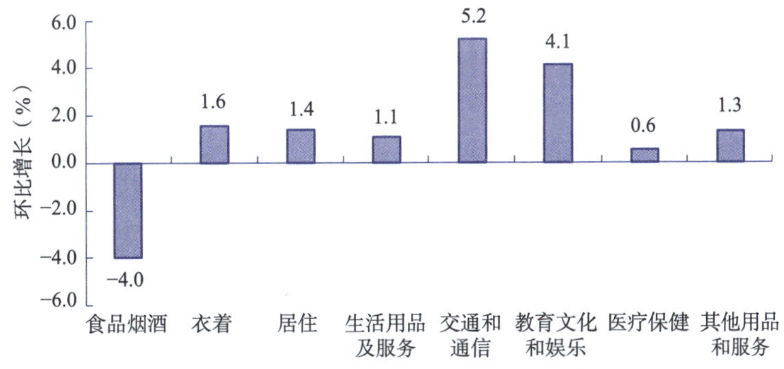

图 7-9　2022 年 1 月居民消费价格八大类环比涨跌幅（%）

七、假设检验分析方法

假设检验分析方法主要分为三步：

（1）提出假设：根据要解决的问题来提出假设。

（2）收集证据：收集证据来证明之前的假设。

(3)得出结论：不是主观猜想出来的，是通过收集证据，依靠第二步证明才能得出结论。

上述三步是不断重复的过程，在得出结论之后，分析还没有停止，要找到得到结论可能的原因是什么，然后用数据去验证可能的原因，不断的重复假设检验的这个过程，直到找出问题的根源。在使用假设检验分析方法的过程中，还要用到其他分析方法。在开始分析之前，为理清思路可以先画个图，将问题、假设、问题从上至下连起来，让分析思路更加清楚

八、相关分析法

相关分析是网站分析中经常使用的分析方法之一。通过对不同特征或数据间的关系进行分析，发现业务运营中的关键影响及驱动因素，并对业务的发展进行预测。

相关分析的方法很多，初级的方法可以快速发现数据之间的关系，如正相关、负相关或不相关。中级的方法可以对数据间关系的强弱进行度量，如完全相关、不完全相关等。高级的方法可以将数据间的关系转化为模型，并通过模型对未来的业务发展进行预测。

有时候，具有相关关系的两者，并不代表其具备因果关系，A 与 B 之间存在相关关系，并不代表 A 是 B 发生的原因。有可能是第三因素影响，也可能仅仅是巧合。

九、群组分析法

群组分析法是按照某个特征将数据分为不同的数据组，然后对比各个数据组的数据。根据产品业务不同灵活定义数据分组分析数据指标。

例如，产品会发布新的版本，产品改版的效果如何？版本更新后用户是增长了，还是流失了？像这类问题，就需要将用户按时间分组，然后比较不同组的用户留存率。所以，群组分析方法常用来分析用户留存率（或者流失率）随时间发生了哪些变化，然后找出用户留下或者离开的原因。

首先对新用户进行群组划分，如图 7-10 所示，然后通过算法对相关数据进行计算，如图 7-11 所示，最后通过图 7-12 比对后，发现 4、5、6 月的留存率较低，可能是促销活动或者是其他竞争活动作用影响。

分组	新增用户数										
	当月	1个月后	2个月后	3个月后	4个月后	5个月后	6个月后	7个月后	8个月后	9个月后	10个月后
1月组	150	140	130	125	118	105	102	97	95	95	95
2月组	180	172	160	150	140	130	121	118	118	118	
3月组	200	190	178	169	155	142	135	132	128		
4月组	270	188	175	170	153	144	137	131			
5月组	350	247	228	216	202	189	178				
6月组	450	307	288	269	258	244					
7月组	225	210	195	180	166						
8月组	235	218	207	197							
9月组	240	224	211								
10月组	250	233									

图 7-10　视频平台用户留存数据

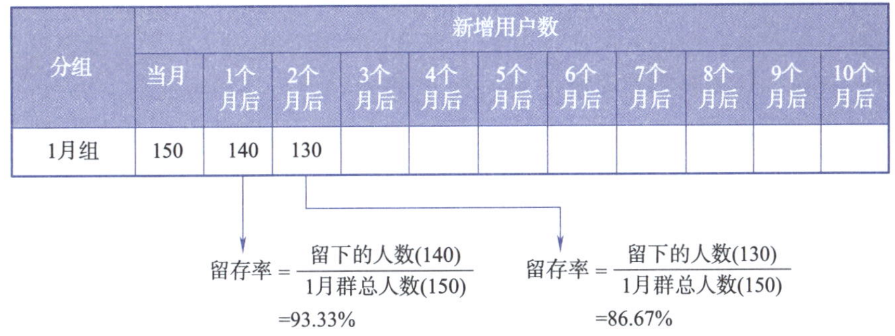

分组	新增用户数										
	当月	1个月后	2个月后	3个月后	4个月后	5个月后	6个月后	7个月后	8个月后	9个月后	10个月后
1月组	150	140	130								

图 7-11　视频平台用户留存率计算

分组	1个月后	2个月后	3个月后	4个月后	5个月后	6个月后	7个月后	8个月后	9个月后	10个月后
1月组	93.33%	86.67%	83.33%	78.67%	70.00%	68.00%	64.67%	63.33%	63.33%	63.33%
2月组	95.56%	88.89%	83.33%	77.78%	72.22%	67.22%	65.56%	65.56%	65.56%	
3月组	95.00%	89.00%	64.50%	77.50%	71.00%	67.5%	66.00%	64.00%		
4月组	69.36%	64.81%	62.96%	56.67%	53.33%	50.74%	48.52%			
5月组	70.57%	65.14%	61.71%	57.71%	54.00%	50.86%				
6月组	66.22%	64.00%	59.78%	57.33%	54.22%					
7月组	93.33%	86.67%	80.00%	73.78%						
8月组	92.77%	88.09%	83.83%							
9月组	93.33%	87.92%								
10月组	93.20%									

图 7-12　视频平台客户留存率分组分析

十、RFM 分析法

RFM 是以三个单词的缩写：

(1) 最近一次消费时间（recency），取数的时候一般取最近一次消费记录到当前时间的间隔，比如 7 天、30 天、90 天未到店消费；直观上，一个用户太久不到店消费，肯定是有问题，得做点什么事情，很多公司的用户唤醒机制都是基于这个制定的。

(2) 一定时间内消费频率（frequency），取数时，一般是取一个时间段内用户消费频率。比如一年内有多少个月消费，一个月内有多少天到店等；直观上，用户消费频率越高越忠诚；很多公司的用户激励机制都是基于这个制定的，买了一次还想让人家买第二次。

(3) 一定时间内累计消费金额（monetary），取数时，一般是取一个时间段内用户消费金额，比如一年内有多少消费金额；直观上，用户买得越多价值就越大；很多公司的 VIP 机制是基于这个指定的，如消费满 10 000 银卡、满 20 000 金卡。

因为 RFM 与时间有关，因此很多时候在取数的时候会纠结时间怎么分；严格来说，消费频次本身越高的业务，取的时间应该越短。最典型的就是餐饮，人天天都要吃饭，一般设置一周为宜；普通的快消品零售可能取 30 天，类似服装百货零售可能取 90 天；更多的做法是按月取，比如 R 按月取，F、M 算最近一年内的数值，这样做单纯是因为比较方便理解而已。

RFM 本质上是一种用三个分类维度找判断标准的方法：通过三个维度的组合计算，能判定出用户的好坏，然后采取对应措施。

RFM 的真正意义在于：这是一种从交易数据反推用户价值的方法，因此可行性非常高。在此方面最大瓶颈是数据采集，而只要是个正常企业，交易数据是肯定有的；因此只要企业建立了用户 ID 统一认证机制，就能将用户 ID 与交易数据关联起来，就能用 RFM 来分析用户了。即使没有埋点、没有网站、没有基础信息也能做。但在具体执行时，却会遇到很多问题，主要就是用户 ID 的统一认证。比如你去超市、连锁店、门店买东西，往往收银人员会机械的问一句：有会员卡吗？如果回答没有，她也放你过去了；导致的结果是线下门店的订单，一般有 70%～90%无法关联到用户 ID；进而导致整个用户数据是严重缺失的，直接套 RFM 很容易误判用户行为。

十一、AARRR 模型分析法

AARRR 模型是经典的分析模型，它设计用户使用产品的整个流程，解释了实现用户增长的五个指标，也帮助我们更好地解释获客和维护客户的原理，可以帮助分析用户行为，为产品运营制定决策，从而实现用户增长。

- 获取（acquisition）：用户如何发现你的产品？
- 激活（activation）：用户的第一次使用体验如何？
- 留存（retention）：用户是否还会回到产品（重复使用）？
- 收入（retention）：产品怎样（通过用户）盈利？
- 传播（retention）：用户是否愿意告诉其他用户？

这个模型将数据分析分成了五个大的模块，我们依据这个模型，把每一个模块划分出更细分的维度，罗列出影响每一个维度的变变量，整理出一些表格，这些表格就成了我们做数据分析的基础。

从五个指标来看，获客是运营的基础，促进用户活跃才能让产品有生命力，提升留存，减少流失，让用户规模越来越大，付费转化是产品和团队持续运营的关键，用户自传播如果做得好，产品运营成本会降很多，增长也会很快。

所以第一步获取可以首先关注渠道曝光量、渠道转换率、日新增用户数、日应用下载量、获客成本这几项数据。第二步激活用户则关注活跃率；第三部关注指标留存率；第四步则关注成交总量、数量、时长、付费率、复购率等指标；第五步关注的是转发率、转化率、K 因子等。针对数据显示分析用户行为，从而在不同阶段制定不同的运营策略，结合当前公司业务灵活使用，从而实现用户增长。

十二、漏斗分析法

对漏斗模型广泛应用于流量监控、产品目标转化等日常数据运营工作中。之所以称为漏斗，就是因为用户（或者流量）集中从某个功能点进入（这是可以根据业务需求来自行设定的），可能会通过产品本身设定的流程完成操作。

对按照流程操作的用户进行各个转化层级上的监控，寻找每个层级的可优化点；对没有按照流程操作的用户绘制他们的转化路径，找到可提升用户体验，缩短路径的空间。

运用漏斗模型比较典型的案例就是电商网站的转化，用户在选购商品的时候必然会按照预先设计好的购买流程下单，最终完成支付。

需要注意的是：单一的漏斗模型对于分析来说没有任何意义，我们不能单从一个漏斗模型中评价网站某个关键流程中各步骤的转化率的好坏，所以必须通过趋势、比较和细分的方法对流程中各步骤的转化率进行分析：

● 趋势：从时间轴的变化情况进行分析，适用于对某一流程或其中某个步骤进行改进或优化的效果监控。

● 比较：通过比较类似产品或服务购买或使用流程的转化率，发现某些产品或应用中存在的问题。

● 细分：细分不同来源或不同的客户类型在转化率上的表现，发现一些高质量的来源或客户，通常用于分析网站的广告或推广的效果投资回报率。

图 7-13 展示了漏斗图在数据分析中的实际显示样例。

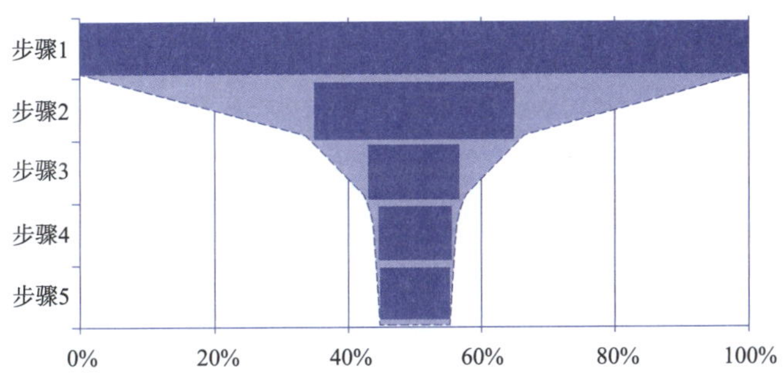

图 7-13　漏斗图数据分析示例

任务三　数据分析工具

在进行数据分析时经常要借助各种数据分析工具才能应对。由于数据分析工具繁多，只有选择合适的工具才能事半功倍。当前应用较多的数据分析工具主要有以下几种。

一、Excel

Excel 可以用来录入、存储、处理、展示数据，掌握其数据分析和处理功能是我们进行数据分析必备的技能。因为对于一般企业来说，普通的经营管理中大部分内容都可以通过它来进行处理。并且由于普及率高和上手便利性等原因，Excel 成为进行数据分析应用最多的工具之一。

在普通的 Excel 操作界面中，应用最多的就是数据透视表。大家可以把数据透视表看作一个专门针对各个 Excel 工作簿中数据表的汇总表，里面可以进行各种求和、计数操作，进行数据总结非常方面，如果能够结合各种数据图形和切片器等工具将会非常直观地将数据动态显示出来。图 7-14 所示为 Excel 数据透视表和对比柱形图的展示。

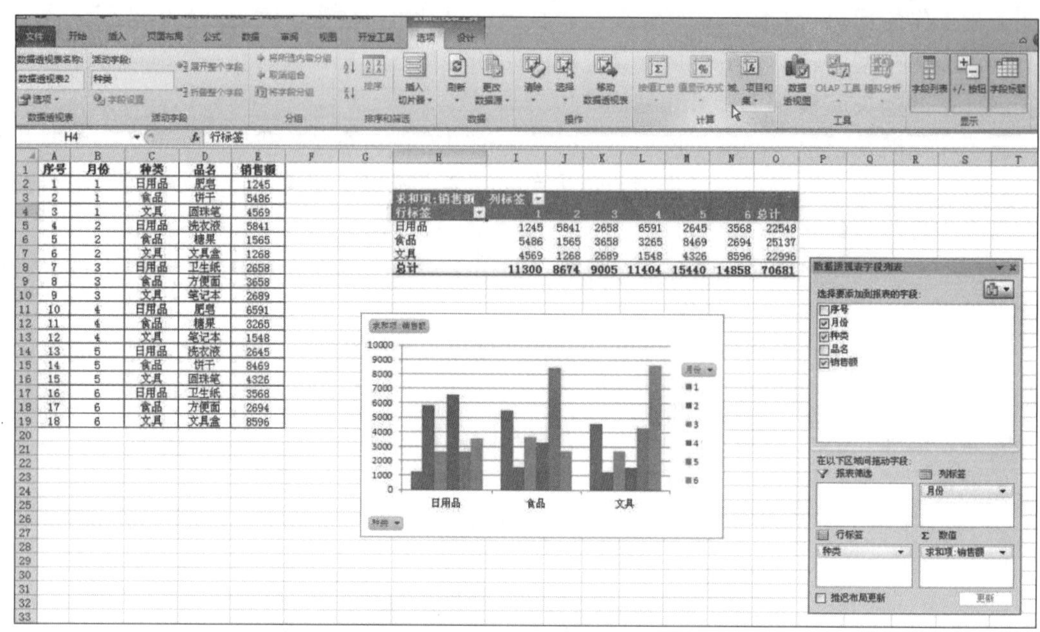

图 7-14　Excel 数据透视表和对比柱形图的展示

除了普通的 Excel 应用之外，还有一些数据分析功能是需要额外添加进来的。默认初始状态下是看不到相关操作界面的，并且低版本的 Excel 和 WPS 不具备相关功能，所以如果想要操作，至少需要将 Excel 升级到 Excel 2016 版本以上才可以。这些额外添加的功能中使用最多的就是 Power Query 和 Power Pivot。图 7-15 展示了 Power Query 的应用界面。

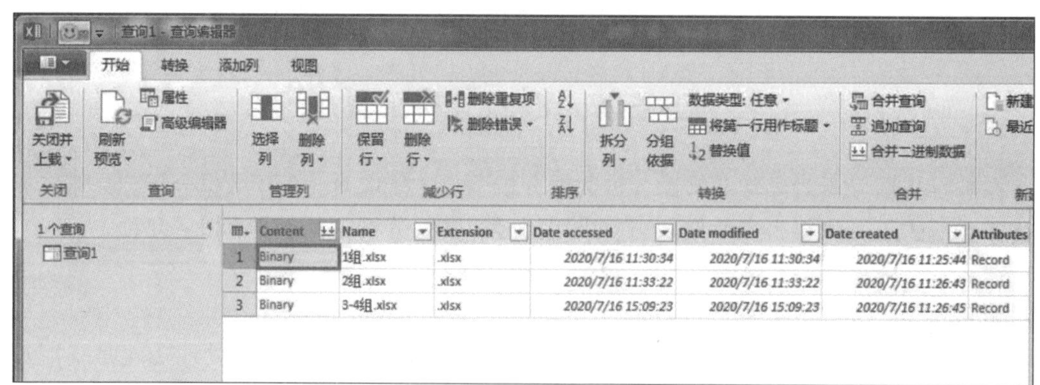

图 7-15　Power Query 的应用界面

Power Query 在 Excel 的数据工作组中能够找到，它并没有直接出现在 Excel 的默认初始界面上，需要在“数据”工作栏中，通过导入数据的方式将 Power Query 的界面打开。Power Query 基本上完全做到了在数据隔离的机制上对原始数据进行处理，也就是说，根据用户需要，可以对原始数据进行后续调整，但同时又不会对原始数据产生破坏性影响。Power Query 中相关操作指令虽然不是很多，但是灵活性和不破坏原始数据的特性使之成为进行数据清洗、整理的首选。

Power Pivot 比 Power Query 更近一步，它不仅保有 Power Query 的一些特性，而且还可以独立设置“度量值”，可以将多个不同表格通过关键字段进行关联，从而形成一个综合性的大表，功能强大，可以看作，Excel 中的一个插件小程序，但对于数据清洗和整理，不如 Power Query 做得好。图 7-16 展示了 Power Pivot 的应用界面。

图 7-16　Power Pivot 的应用界面

Excel 虽然能够很好地处理一般性的数据分析，但是对于“大数据”而言，还是有一些短板，比如如果数据行数超过 2 百万行，Excel 将无法继续处理。数字的位数超过 18 位后，后续的数字内容将会被全部设置为“0”。为了解决这个问题，并且积极紧密利用好数字可视化的功能，2016 年 12 月，Power BI 正式上线。

相比较其他 Office 软件，Power BI 是全部免费的。不仅打破了 Excel 固有的大数据处理短板，而且融合了 Power Query 与 Power Pivot 二者的优势长处，并且能够在数据整理完成后，通过丰富的数据可视化插件进行全方位展示。在展示过程中，图表相互之间能够进行数据联动，并支持数据钻取显示，同时，在包括手机、平板电脑在内的多个不同设备上可以进行信息图表同步显示，对于商务运作来说非常方便。图 7-17 展示了 Power BI 的应用界面。

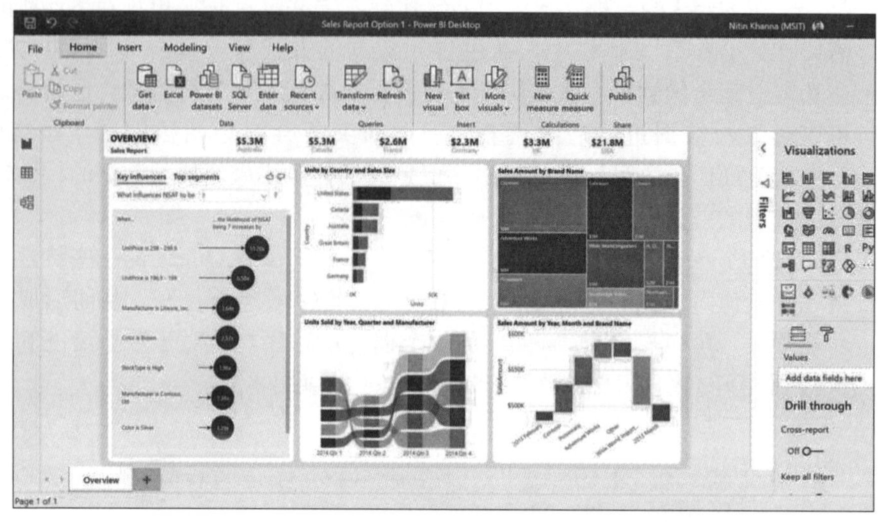

图 7-17 Power BI 的应用界面

二、Python

Python 是通过程序编写来达到数据分析的目的。比起 Excel、Power BI 等软件，Python 的特点是需要操作人员编写程序，而不是依靠可视化界面拖动。Python 是编程语言中较为简单方便的，经过多年的积累，其中有大量程序应用包，只需要简单的几行代码，就可以进行专业的数据分析。在熟练掌握操作后，其工作效率要高出 Excel 等办公软件很多倍。图 7-18 展示了 Python 程序的执行界面。

```
In [17]: w4_uniqe = w4.drop_duplicates()
    ...: print('剩余数据行：',len(w4_uniqe))
    ...: w4_uniqe
剩余数据行： 5
Out[17]:
        内科    外科    妇科    儿科   骨科
中医院    NaN    NaN    NaN  98.0  69.0
第一医院 865.0   86.0  658.0   NaN   NaN
第三医院 798.0   75.0  395.0  97.0  86.0
第二医院 897.0   98.0  421.0   NaN   NaN
第四医院 958.0   69.0  582.0  78.0  98.0
```

图 7-18 Python 程序的执行界面

三、其他专业类软件

除了以上介绍的数据分析工具软件外，还有很多其他的数据分析工具，但相比较而言，专业性较强，在选择应用时需要慎重。其中比较知名的有 SPSS、SAS 及 R 语言等。

1. SPSS

SPSS 软件可以提供全面高级的统计分析，可快速操作，可缩小数据科学与数据理解之间的差距。在具体的应用方向方面，SPSS 提供了高级统计分析、大量机器学习算法、文本分析等功能，具备开源可扩展性，可与大数据集成，并能够无缝部署到应用程序中。图 7-19 展示了 SPSS 的应用界面。

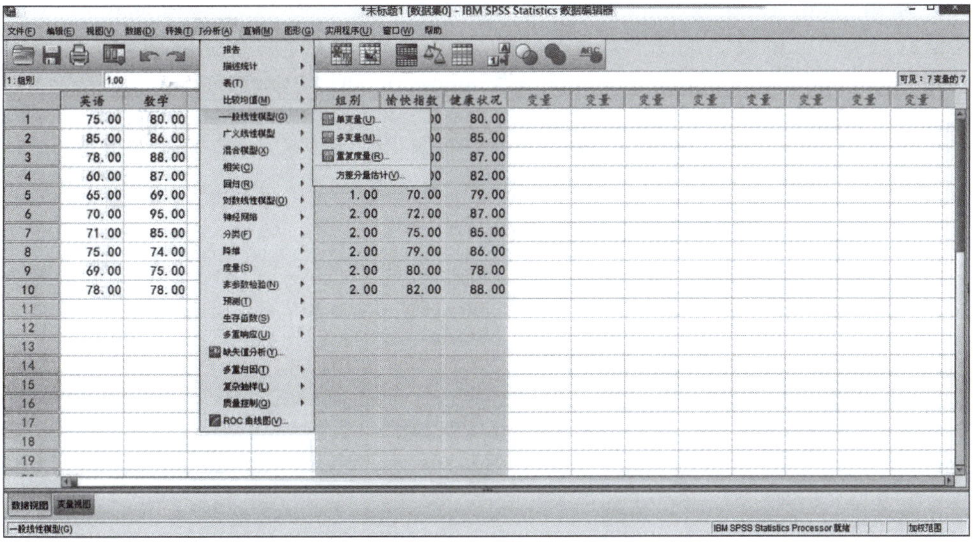

图 7-19　SPSS 的应用界面

2. SAS

SAS 是一个模块化、集成化的大型应用软件系统。图 7-20 展示了 SAS 的应用界面。

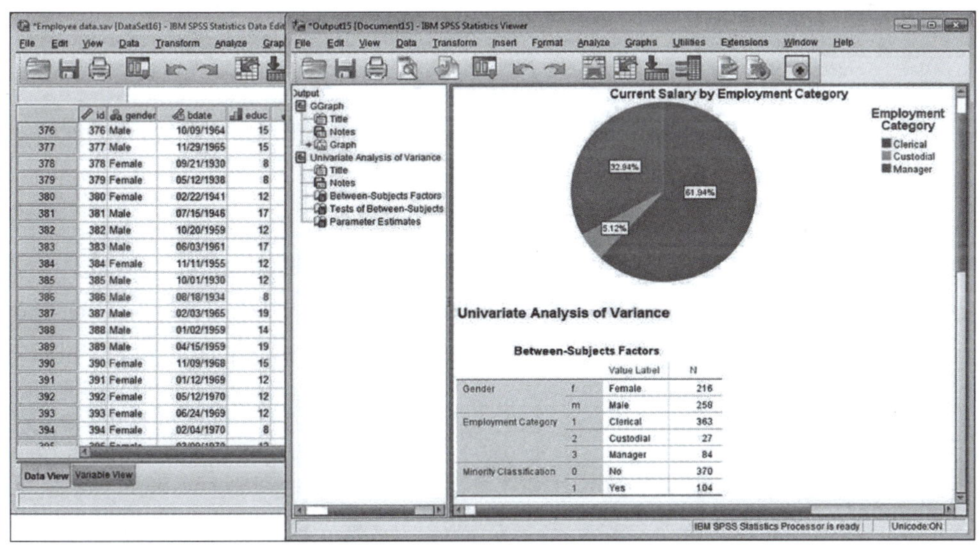

图 7-20　SAS 的应用界面

它由数十个专用模块构成，功能包括数据访问、数据存储及管理、应用开发、图形处理、数据分析、报告编制、运筹学方法、计量经济学与预测等。

SAS 系统基本上可以分为四大部分：SAS 数据库部分，SAS 分析核心，SAS 开发呈现工具，SAS 对分布处理模式的支持及其数据仓库设计。

SAS 系统主要完成以数据为中心的四大任务：数据访问，数据管理，数据呈现，数据分析。

3. R 语言

R 语言是一个非常灵活的平台，是专用于探索、展示和理解数据的语言。R 语言很强大，应用广泛，分析和绘图函数众多（超过 50 000 个）。图 7-21 展示了 R 语言的应用界面。

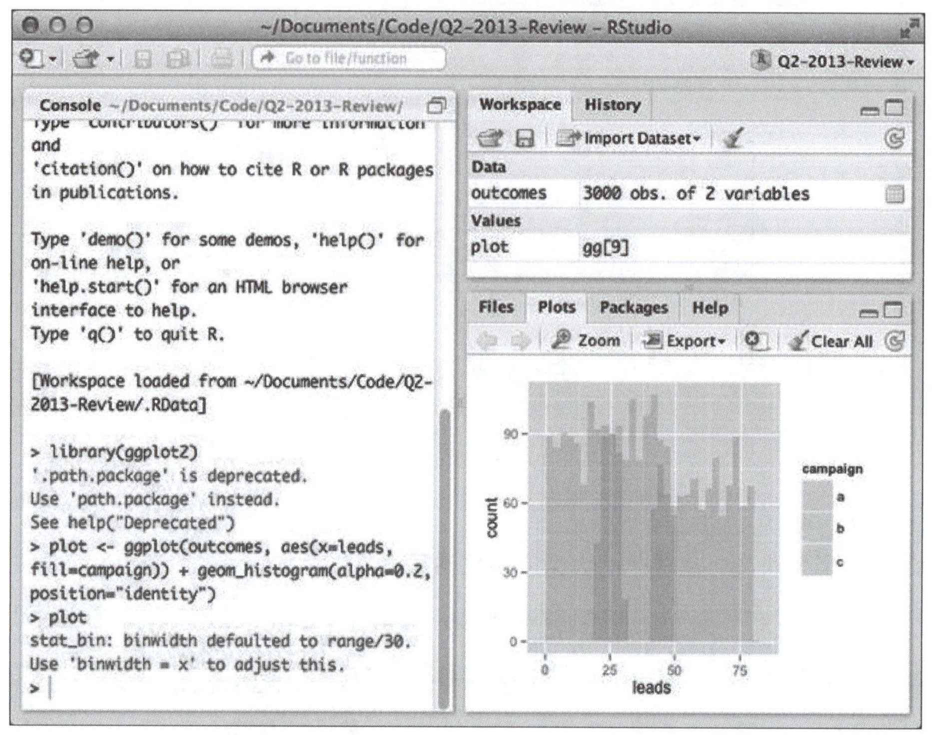

图 7-21　R 语言的应用界面

【项目小结】

市场调研数据分析是市场调研过程中至关重要的一环，通过数据分析，可以深入了解目标市场、竞争对手以及消费者需求，为企业制定市场策略提供有力支持。本项目从任务一到任务三，分别介绍了用数据分析解决问题的过程、市场调研数据分析方法，以及常用的数据分析工具。

任务一介绍了数据分析解决问题的过程，包括明确问题、分析原因和提出建议。在任务二中，介绍了多种市场调研数据分析方法，如 5W2H 分析方法、逻辑树分析方法、对比分析方法、假设检验分析方法等，每种方法都有其特定的应用场景和优势。在任务三中介绍了常用的数据分析工具，包括 Excel、Python 语言以及其他专业类软件，如 SPSS、SAS 和 R 语言，每种工具都可以根据需求进行灵活选择。

掌握数据分析方法与工具对于市场调研和竞争分析至关重要。合理运用数据分析技巧和工具，可以提高市场调研的效率和准确性，帮助企业更好地了解市场情况、洞察竞争对手，从而做出明智的商业决策，提高企业竞争力。同时，不同的数据分析方法和工具相辅相成，可以根据实际情况进行选择和灵活应用，以实现更全面、深入地市场调研与分析。

【同步训练】

以小组为单位，按照下面的要求完成市场竞争分析与竞品比较。

一、任务描述

你作为市场调研团队的一员，负责进行市场竞争分析与竞品比较，以了解目标市场中竞争对手的优势和劣势，为公司制定更有效的市场策略提供参考。该竞争分析将涵盖竞品产品特点、定价策略、市场份额、市场反馈等相关信息。

二、任务要求

（1）竞品选择：选择与公司产品直接竞争或类似的竞品，确保竞品选择具有代表性和参考价值。

（2）数据采集：收集竞品相关数据，包括产品特点、定价信息、市场反馈等，可通过市场调研、网络搜索、报告分析等途径获取。

（3）数据整理与清洗：对收集到的数据进行整理和清洗，确保数据的准确性和一致性。

（4）竞争优劣势分析：通过对竞品特点和市场反馈的分析，评估竞品的优势和劣势，了解市场对其产品的评价和反应。

（5）定价策略比较：对竞品的定价策略进行比较，分析其背后的市场定位和策略逻辑。

（6）市场份额评估：了解竞品在目标市场中的市场份额和竞争地位，以及市场份额的变化趋势。

（7）竞品比较报告：撰写竞品比较报告，对竞争分析结果进行总结和分析，并提出对公司市场策略的建议。

三、任务提示

（1）在竞品选择阶段，可以考虑选择3～5个具有代表性的竞品进行分析。

（2）在数据采集过程中，可以充分利用网络搜索和市场调研工具，同时关注竞品的官方网站、社交媒体和用户评论等信息。

（3）数据整理与清洗是确保分析结果准确可靠的关键步骤，注意核实数据来源和数据可信度。

（4）在竞争优劣势分析中，除了产品特点，还可以考虑竞品的品牌形象、服务质量等方面的优劣势。

（5）定价策略比较时，注意对竞品的价格、销售策略和促销活动进行全面考查。

（6）市场份额评估可以通过市场调研、市场份额报告等方式获取，同时也可以通过推断竞品的市场销售数据进行估算。

（7）竞品比较报告应该简明扼要地总结竞争分析结果，并针对公司市场策略提出具体的改进建议。

【素质园地】

数字变革中教育有了这些变化

教育部相关负责人介绍，我国已建成世界最大的教育资源中心——国家智慧教育公共服务平台用户覆盖200多个国家和地区，截至2023年2月10日，平台总浏览量超过67亿次，访客量超过 10 亿人次。

据介绍，国家智慧教育公共服务平台自 2022 年 3 月 28 日正式上线，集成整合了中小学、职业教育、高等教育三大资源平台。其中，国家中小学智慧教育平台现有资源 4.4 万条，截至 2023 年 1 月 31 日，注册人数 7 251 万。职业教育平台接入国家级、省级专业教学资源库 1 173 个，高等教育平台汇集 2.7 万门优质慕课。

平台不仅有丰富优质的教育教学资源，还聚焦重点领域推出优质高效的公共服务。2022 年 3 月 28 日，国家大学生就业服务平台作为首个公共服务上线，提供了丰富的政策、岗位信息和指导服务，全年共享岗位达到 1 370 万个，通过平台就业的毕业生占比从 2021 年的 24%增长到 2022 年的 31.6%。2022 年 5 月 28 日设计开通服务大厅，增设考试服务、学位学历、留学服务三个栏目。服务大厅共提供 26 项政务服务，全年累计办理 2 101 万件。

国家智慧教育公共服务平台还推出了“暑期教师研修”专题，参训教师超过 1 300 万人。

平台进行了 7 次的迭代升级，实现了教育阶段的全覆盖，数字化不仅要赋能学校教育，更要关注终身学习，计划在国家智慧教育平台开设全国青少年读书行动专题，还计划上线社会大课堂专题，提供灵活多样的继续教育的机会以及发展新型的老年大学体系，增强公共服务能力。

（来源：央视新闻客户端）

【课后练习】

一、判断题

1. 任务一中学习了用数据分析解决问题的过程，包括明确问题、分析原因和提出建议。（　）
2. 任务二主要介绍了市场调研的数据采集方法。（　）
3. 5W2H 分析方法是一种市场调研数据分析方法。（　）
4. 行业分析法是一种多维度拆解分析方法。（　）
5. 逻辑树分析方法和对比分析方法都是用来进行假设检验的数据分析方法。（　）
6. RFM 分析方法是一种用于社交媒体分析的工具。（　）
7. AARRR 模型分析方法主要用于用户行为和转化率的分析。（　）
8. 任务三中介绍的 Excel 数据分析工具是一种专业类软件。（　）
9. Python 语言是一种常用的数据分析工具，可以进行数据处理和可视化。（　）
10. SPSS、SAS 和 R 语言都是市场调研数据分析常用的软件工具。（　）

二、单项选择题

1. 任务一中，用数据分析解决问题的过程包括（　）环节。

A. 数据清洗　B. 数据可视化　C. 分析原因　D. 假设检验

2. 任务二中介绍的数据分析方法主要用于（　）。

A. 数据清洗　B. 数据采集　C. 解决问题　D. 数据可视化

3. （　）主要用于多维度拆解。

A. 逻辑树分析方法　B. 行业分析法

C. 假设检验分析方法　　D. 对比分析方法

4. RFM 分析方法主要用于（　　）方面的数据分析。

A. 市场竞争分析　　B. 用户行为和转化率分析

C. 市场调研问卷设计　　D. 数据清洗与整理

5. AARRR 模型分析方法适用于（　　）领域的数据分析。

A. 社交媒体分析　　B. 市场调研报告撰写

C. 数据可视化　　D. 数据采集概述

6. 市场调研数据分析工具中，（　　）通常用于数据处理和可视化，同时支持编程灵活性和强大的数据分析库。

A. Excel　　B. Python　　C. SPSS　　D. SAS

7. Python 在数据分析领域的优势是（　　）。

A. 只能处理结构化数据　　B. 数据处理速度慢

C. 编程灵活性和强大的数据分析库　　D. 不能用于数据可视化

8. SPSS 是一种常用的数据分析软件，主要用于（　　）领域。

A. 编程开发　　B. 统计分析　　C. 数据清洗　　D. 社交媒体分析

9. SAS 是一种常用的数据分析软件，主要用于（　　）领域。

A. 数据可视化　　B. 市场调研数据采集

C. 统计分析和建模　　D. 文本分析

10. R 语言在数据分析中的主要用途是（　　）。

A. 数据清洗和整理　　B. 数据可视化

C. 社交媒体分析　　D. 统计计算和数据分析

三、简答题

1. 请简要介绍 5W2H 分析方法

2. 请简要介绍逻辑树分析方法。

项目八　撰写市场调研报告

【知识目标】

● 掌握市场调研报告的特点。
● 掌握市场调研报告的作用。
● 掌握市场调研报告内容的基本结构。
● 掌握市场调研报告的撰写技巧。

【技能目标】

● 能够对撰写市场调研报告需要的信息进行有效的整理组织。
● 能够依据市场调研报告基本结构编排撰写简单的市场调研报告文本。
● 能够依据市场调研报告做适当的讲述说明。

【素养目标】

● 培养学生理性客观、追求真理的工作态度。
● 通过整个市场调研过程，培养学生的动手实践能力。

【项目导读】

作为市场调研工作结束的标志性内容，市场调研报告必不可少。它是展现市场调研工作成果、反映问题、提出建议、为企业持续向好发展提供积极辅助作用的有效文本载体。因此如何能够通过市场调研报告将当初设定的工作重点和目标进行明确的展现，将市场营销中隐藏在诸多表象下的本质问题凸显出来，就变得尤为重要。通过本项目的学习，能够帮助大家更好、更全面地掌握市场调研报告的内容结构和写作方法，更快更优地撰写合格的市场调研报告。

【知识导图】

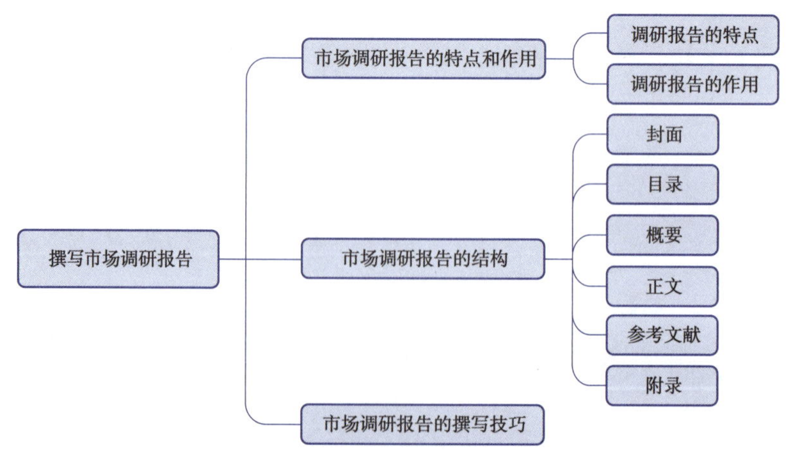

【引入案例】

缺乏充分市场调研，老字号发展受困

杭州狗不理包子店是天津狗不理集团在杭州开设的分店，地处商业黄金地段，正宗的狗不理以鲜明的特色而享誉神州，但正当杭州南方大酒店创下日销包子万余只的纪录时，杭州的狗不理包子店却将楼下1/3的营业店面租让给服装企业，一派“门前冷落车马稀”的情境。当狗不理一再强调其鲜明的产品特色时，却忽视了消费者市场是否能够接受这一特色，那么受挫于杭州也是势在必然了。

首先，狗不理包子馅比较油腻，与喜爱清淡食物的杭州市民的口味相左。其次，狗不理包子不符合杭州人的生活习惯，杭州市民将包子作为便捷快餐对待，往往是边走边吃，而狗不理包子由于薄皮水馅容易流汁，不能拿在手里吃，只能坐下来慢慢用筷子享用。

在天津和其他北方城市受顾客欢迎的狗不理包子，在杭州会受到冷落，并非因为自身的品质不优、品牌不名，而是从整个营销的过程开始，就没有进行充分的市场调研，没有注意到杭州消费者的生活方式和颇具个性化的口味，一个产品能否畅销最终是由消费者决定的，狗不理包子，不合杭州市民的口味，又不符合杭州市民的生活方式，在杭州被冷落就在所难免了。

问题：

（1）在案例中，如果要对杭州狗不理包子店的市场进行调研，应关注哪些关键因素？

（2）如何通过市场调研有效地识别并适应不同地区消费者的饮食习惯和口味偏好？

（3）针对杭州狗不理包子店情况，市场调研报告应如何撰写，以便为改进策略和提升当地市场接受度提供有力支持？

任务一　市场调研报告的特点和作用

一、市场调研报告的特点

1. 针对性

市场调研报告一般都会有一个调研目标，目标专门针对某个特定市场问题，调研报告的所有内容和业务也应该针对此目标开展。没有目的性，过于宽泛的报告不仅不能从本质上揭示相应的市场规律和状况，还会浪费调研资源，阻碍正常市场业务开展。

2. 灵活性

灵活性主要指市场调研工作在设计实施时，需要依据具体情况进行灵活调整，不能全盘照搬已有的内容。受到环境和条件等综合因素的限制，撰写报告的时候需要秉承动态贴合的方式，在适应新形势、新环境、新市场的前提下开展业务。

3. 时效性

任何报告内容都具有一定的时效性，超过了一定的时间段，相关的报告内容不一定就能够如实地反映市场问题，分析出来的结果的可用性可能也会大打折扣。所以，无论是撰写调研报告还是查看调研报告，都要注意报告生成的时间，保证时效性。

4. 客观性

报告不能进行主观臆断性分析，必须依据客观数据结果，综合运用各种数据分析方法进行客观性分析，让调研报告尽可能地客观反映市场情况。

二、市场调研报告的作用

1. 辅助企业管理层进行决策

在企业管理层制定各种管理方略、发展计划时，必须依据客观及时的市场调研结果，否则只能是盲人摸象，以偏概全，无法保证企业的正常顺利发展。

2. 总结调研结果

调研报告是对某个市场状况进行综合性地结果展现。可以将工作结果进行具象化展现，同时通过电子化处理，以保证日后进行策略复盘和多方比较，方便企业进行业务策略制定工作的优化。同时也保证调研报告作为历史资料反复使用。

3. 可以衡量和反映市场调研活动质量高低

调研活动本身也需要进行反思和回顾，以便于下次调研活动能够更加有效的实施。调研报告可以帮助企业和调研团队对本次市场调研活动进行过程性回顾，通过对整个调研过程的记录和关键点总结，保证企业调研活动日后持续有效的顺利开展。

任务二　市场调研报告的结构

清晰合理地市场调研报告结构，不仅能够帮助撰写者快速进入状态，抓住重点撰写调研内容，对于报告阅读者来说，因为其遵循了一定的逻辑条理原则，也会更加便捷地理解报告内容。因此，掌握市场调研报告的结构就非常重要。

在准备营销调研报告的时候，需要记住的要点是：决策者最稀缺的资源是时间，报告应尽量缩短理解结果含义所需的时间，并使决策者可以略去对他们意义不大的结果。

决策者应能在报告的开始就能得到主要的信息，而不是要读到最后一页才知道结果。缺乏经验的人，有时将他们设计和分析调研所经过的每一步骤的细节都包含进去，实际上是一种错误的做法。

一、封面

封面一般包含调研报告的标题、作者、日期等内容，应尽量简洁明了，直接显示市场调研报告的最基本信息，如图 8-1 所示。作者的名字将会出现在其中。有的情况下还需要给出完成单位或研究部门的名称。给出联系电话也是十分必要的，这样当读者需要补充信息的时候，他们就可以打电话询问。为将来参考用，我们还需给出报告的提交日期，最后假如对报告进行了修改，必须加以说明。

1. 标题

题目页给出了报告的题目，要尽可能概括研究的内容，同时也要指出信息的来源。标题直接决定了读者是否需要阅读其内容。因此，必须要将报告的主要内容、特点及重要性等信息通过标题展现。

2. 作者

应该是对整个研究、报告的撰写作出贡献的人员，可以不止一人，也可以是一个集体或机构。根据贡献大小排序，作者单位要写明所属机构的准确名称。

3. 日期

一般是报告撰写完成，提交给相关阅读者的时间。由于市场调研报告具有时效性，因此相关报告日期必须准确，同时也便于日后重复回顾使用。

×××高职院校学生专升本意愿调查分析报告

调研单位______________________

调研人员______________________

联系电话______________________

委托单位______________________

报告提交日期__________________

图 8-1　市场调研报告封面页示例

二、目录

目录一般包括市场调研报告的内容目录、报告中出现的图表目录，以及附录内容目录，如图 8-2 所示。目录相当于信息索引，便于读者快速定位到相应报告内容页阅读。

目　录

一、摘要……………………………………………………1
二、调研概况…………………………………………………2
1.研究背景及目的……………………………………………3
2.研究内容……………………………………………………4
三、研究方法…………………………………………………6
四、调研结果分析……………………………………………8
1.××××……………………………………………………9
2.××××……………………………………………………12
3.××××……………………………………………………15
五、结论及建议………………………………………………30
附录一　×××调研问卷………………………………………32
附录二　×××问卷的原始统计数据…………………………33
附录三　×××调研方案………………………………………38
附录四　其他…………………………………………………40

图 8-2　市场调研报告目录示例

报告内容目录，给出了报告中主要章节的名称和页码，对于重要的二级目录也可以将其列出。但是在目录中细节太多不一定就好，因为这样使用起来太耗时。假如报告中有大量的表格和图片，应将它们单独列出来。

图表目录，即将报告中的图表包含到一个图表目录里，帮助读者很快找到对一些信息的形象解释。

附录内容目录，主要针对次重要的、用来进行补充说明的辅助信息内容进行索引。

三、摘要

对摘要部分必须给予特别的注意。因为这是调研报告中唯一肯定要被阅读的部分。摘要先简要地描述要研究的问题。接下来是研究的主要发现和建议。一般来说，摘要部分要浓缩到最多不超过两页。在摘要部分一般不讨论研究的方法，除了有时指出研究的时间、研究的人员和样本的大小。

在这一部分是否包含建议取决于决策者是否需要。有的决策者不希望在调研报告中出现建议，因为他们认为建议会降低他们决策的灵活性。需要注意的是，不要凭空给出建议，有的调研项目，特别是问题鉴定的研究，不需要提出建议。除非基于调研结果，否则提出建议是不合适的。这不是调研人员展示创造性的场合。

四、正文

正文部分是市场调研报告的核心，内容可以依据不同报告性质和针对性有所不同，但一般都包括调研问题和目的描述、调研设计、数据分析、调研结果、结论与建议等。

1. 调研问题和目的描述

调研问题描述调研的问题是什么，为什么选择这一问题，问题的来源和背景等。同时要进行文献综述。做调研的目的，主要是发现问题、发现好的做法，要把亮点和创新写出来。

例如，针对某润喉片的市场调研可以参照如下编写：

（1）调研目的：

了解润喉药品的市场认知和购买情况。

了解消费者对本公司润喉片的市场认知和购买情况。

（2）调研意义：

调研润喉片的认知与使用情况，为本公司产品制定产品升级方向，提高市场知名度及产品销售量。

2. 调研设计

在报告中对调研方法进行简要描述即可。这一部分的内容最多不超过一页，本部分的目的不是对使用方法进行详细描述，而是给读者一些背景知识，以帮助他们解释结果。

报告中这部分包含的典型元素有：

（1）报告的调研方法。

（2）数据收集的地点。

（3）使用的主要度量手段。

（4）样本的数量。

（5）可能的话要表示出研究参与者的主要特点。

（6）在报告的附录中应包含取样和数据分析程序的细节，数据收集工具和访谈的记录也应出现在附录中。

例如，针对上述某润喉产品市场调研的调研设计，可以参照如下编写：

（1）市场调研内容：

①消费者。消费者对咽喉健康的关注，对润喉片选购习惯，以及了解程度与使用情况

②市场。市场中常见润喉产品的品牌、类型、货架陈列销售情况等。

③竞争者。市场中常见润喉产品的品牌、类型、货架陈列销售情况等，了解各竞品的广告与营销方式及其策略。

（2）调研对象组成及抽样：××市××区药店，××市××区公园流动人群。

（3）调研方法：随机抽样问卷调研法、询问法、文献调研法。

（4）资料分析方法：主要采用 Excel 进行数据分析，并用图表来展示。

（5）工作安排：

- 10 月 30 日：制定市场调研策划。
- 11 月 1 日：制定调研问卷。
- 11 月 6 日：实施调研。
- 11 月 7 日：数据统计和处理。
- 11 月 8 日：撰写市场调研报告。

（6）最终成果形式：最终成果形式为市场调研报告。

3. 数据分析

先给出基本结果，再描述更细小的结果，每个方面的结果陈述完毕后，应进行小结，表述层次要分明，条理要清晰。

市场调研分析报告关于数据分析的部分，可以从图 8-3 中所列示的几部分开展。

例如，针对上述润喉产品，以产品分析为例，可以参照如下方式进行：

（1）产品信息：

产品功效：消肿止痛、清咽利嗓、治疗口腔溃疡、治疗口苦口臭、治疗牙龈肿痛出血、治疗急性扁桃体炎、其他。

（2）产品认知：

此次问卷调研显示，只有超过一半的消费者使用过××西瓜霜，如图 8-4 所示。

功效：消肿止痛和清咽利嗓，最为消费者所熟知如图 8-5 所示。

优势：大品牌、值得信赖、治疗效果好，如图 8-6 所示。

（3）销售情况：

为了解××西瓜霜润喉片的销售情况，我们前往了市中心的部分药店进行调研，包括大餐林、康福大药房、博爱大药房等。

①推销：销售员更推荐××西瓜霜，原因主要是其效果和口味比较好。

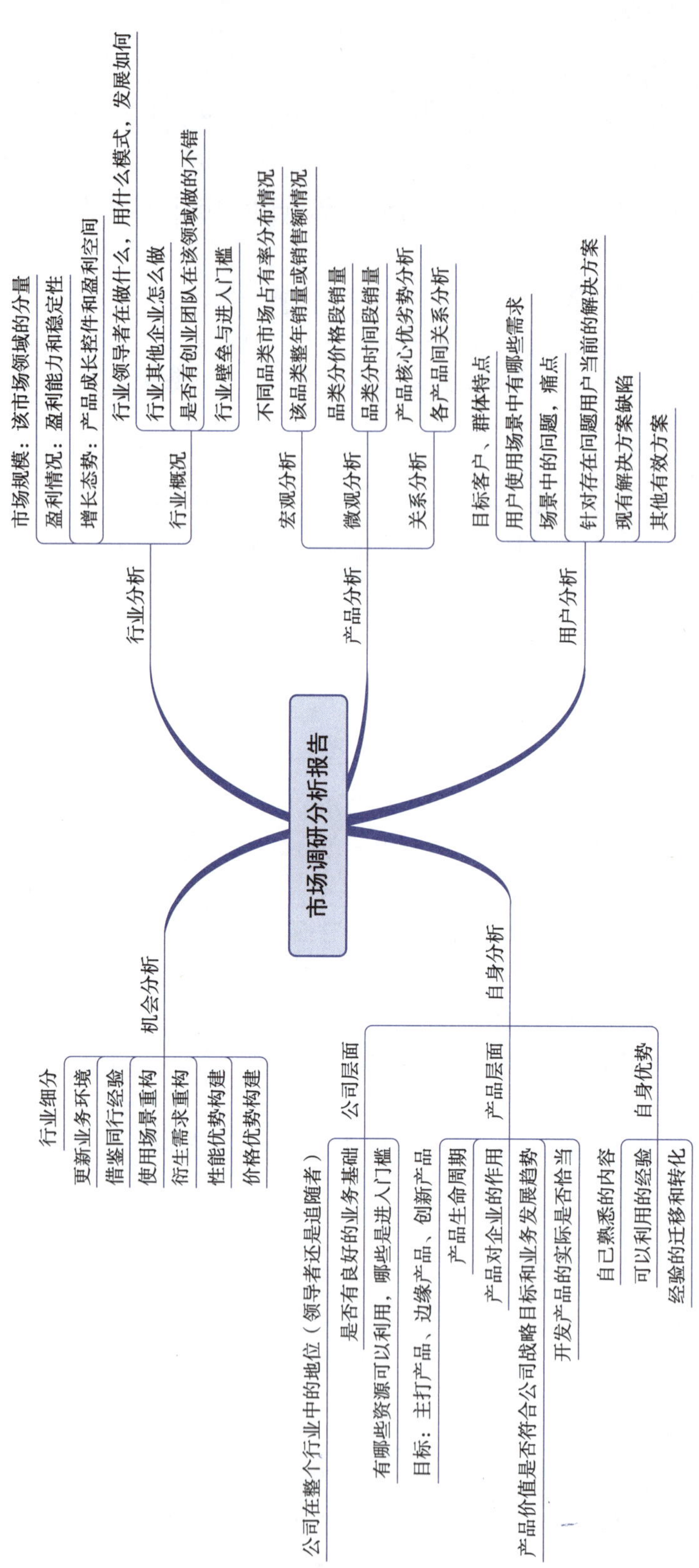

图 8-3 市场调查报告分析角度思维导图

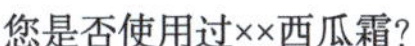

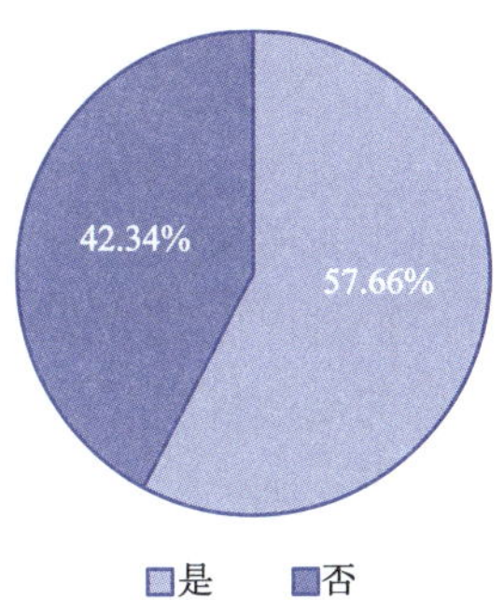

图 8-4　是否使用过××西瓜霜的调研

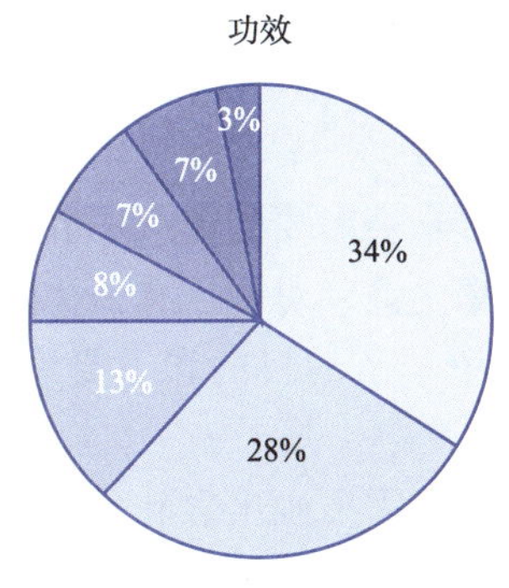

图 8-5　××西瓜霜功效的调研

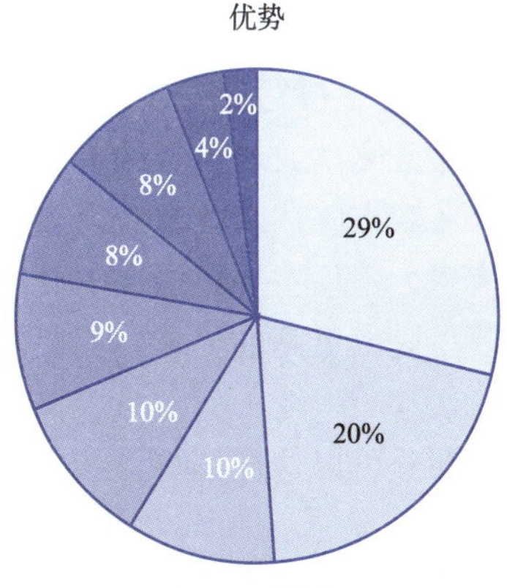

图 8-6　××西瓜霜优势的调研

②销售：金嗓子喉片及其他品牌更受欢迎，通过询问发现，润喉药品中消费者更倾向于购买金嗓子喉片以及其他品牌。

③货架陈列：缺乏西瓜霜摆放。

4. 调研结果

结果在正文中占较大篇幅，这部分内容应按照某种逻辑顺序提出紧扣调研目的的一系列项目发现。在调研基础上，结果部分应挖掘出更新更深的东西。这一部分可以只有几页，也可能有数百页，其程度主要取决于研究的复杂程度。正如报告大纲指出的一样，具体的发现假如以题目的形式表示，每一个题目集中表示一个主题，沟通起来会更容易，因此在研究消费者对一种新产品的态度的时候，在报告中可能将消费者的购买倾向、消费者喜欢和不喜欢的特点、消费者如何使用新产品、可能购买者的特点等分开表示。

题目的分类可以按以下两个原则之一排列：一种可以是根据重要性进行排列，把最重要的排在前面；第二种是根据逻辑顺序进行排序，例如谁购买、购买什么、为什么购买。无论使用何种方法，在调研报告中题目分类的顺序不一定与调研问卷问题或数据收集的顺序一致。

每一节必须有一个描写本节的题目。节有时只用数字来表示，但这种法并不普遍。节的题目必须简洁明了，以使读者决定是否需要阅读这一节。

主题之后，在给出本节的数据之前须对题目有一个简要的介绍和描述。这些材料一般不应超过两段长，因为是向读者介绍本节的目的和主要论点，这些主要论点在概要部分都重复过。

接下来是针对结果的详细讨论，需要画出含有分析结果的图表。对每一个图表进行简单描述，解释每一个图表的意义。所有的图表都要进行讨论，报告中也许包含了与图表没有关联的评论，但一般情况下最好是将报告、表格和展示结合起来，这样可以使读者更容易理解分析的结果。

5. 结论与建议

此部分内容是整个市场调研报告中的核心。报告撰写的目的性非常明确，针对性很强，报告的质量好坏、效用高低，很大程度是通过结论和建议来评判的。因此，我们在撰写市场调研报告时特别要重视这部分内容的撰写。撰写时一方面要言简意赅，不要拖沓。另一方面，要将重要观点和建议表述清楚，保证阅读人对内容的充分理解。

调研报告结论主要是总结观点。在观点陈述时要客观严谨，防止误导，不确定的地方要注意用词，以客观事实数据为基础构建。建议主要是提出解决问题的方法对策或提出问题引发思考等。提出建议往往会对报告撰写提出更高的要求，相关的阐述应该较为详细，必要时需要提供必要的论证。

结合上述例子中市场调研的结论部分可以这样编写：

调研结论：

润喉产品市场发展保持持续向好趋势，销售环境良好。

本公司品牌声誉较高，西瓜霜润喉片认知度低。品牌文化价值有待挖掘。

本公司产品具有一定的市场认知度和使用度。但市场竞争激烈，消费者黏性较弱，倾向于选择其他润喉产品。

目标消费对象主要为20～30岁年轻女性。季节更替时更易出现咽喉问题。

五、参考文献

参考文献一般列在报告的末尾，主要将调研者在调研过程中阅读、评论、引用过的重要文献按一定的格式列出。

六、附录

一般会将一些帮助阅读者了解研究细节的补充性资料在此罗列。一般包括调研问卷、调研方案、调研原始数据表和其他相关需要说明的内容，其他资料包括所有的测量工具的说明，同时有访谈员的指导书、编码本和数据处理的要求等。附录也可以包含数据列表或其他对报告并不那么重要，但可能对某些读者来说感兴趣的结果。

任务三　市场调研报告的撰写技巧

在一定撰写思路的指导下撰写，显然会有比较高效的效率。具体来说，可以参考以下方式进行。

1. 明确调研报告的读者

调研报告的读者也就是报告完成后主要的使用者是哪些人。市场调研报告作为市场环境信息分析的关键性文档，是具有一定的阅读权限限制的。部分关键的市场调研报告只能由级别较高的企业高层人员观看。因此在撰写调研报告前，区分好报告的实际阅读者状况，对于报告的有效阅读和利用有非常大的帮助。

2. 把基本情况现状写清楚

市场调研报告讲究客观性、时效性，因此将相关问题和基本状况讲述明白就非常重要。如果基本情况都获取错误，那么在后续建立在此基础之上的结论和建议就无从谈起。因此，在开始阶段，将基本情况现状写清楚就非常必要，在工作开展前一定要提高相关工作人员在此方面的认识。

3. 把存在的问题和不足写清楚

市场调研报告的撰写，主要是为解决企业实际遇到的问题。其他的策略性内容全部都是建立在充分的市场调研基础之上的。因此，在撰写时，需要将存在的问题和不足进行明确标注，便于后续工作的顺利开展。

4. 把建议和意见写清楚

当代商业环境的飞速发展，要求企业各环节的工作人员都要积极配合。将建议和意见进行明确表述，非常有利于其他报告参阅人员迅速抓住重点，并结合各自部门和工作环节特点进行问题解决。如果建议含糊不清，往往会导致企业整体的工作效率低下，不利于企业在竞争环境中的发展。

5. 段落的标题设计

由于读者时间有限，在报告段落标题设计上应该尽可能做到言简意赅，同时要有一定的条理性，使阅读者可以轻松的在短时间内快速掌握整个报告内容，并能够快速定位需要进行详细阅读的内容。

6. 图表的合理选择

要关注数据信息的可视化展现，尤其对于一些以数据为基础进行趋势或规律展现的内容。合适的图表可以让读者在短时间内迅速掌握可能需要大篇幅语言描述的内容。因此，在合理应用图表方面需要多花心思，做到既赏心悦目有一定美感，同时又能准确快速反映问题本质性内容。

7. 重点突出、篇幅适当

要使报告在解决调研问题方面花费较多篇幅，在关联度较小方面要适度缩减。由于信息通过多种渠道大范围收集，因此，去粗取精、切中要害地展现关键性问题尤为重要。如果不能做到主次分明，突出重点，不仅会消耗阅读者大量时间，而且会将更为关键性的信息隐藏于凡庸的信息中，分散阅读者注意力，达不到报告撰写的目的。

【项目小结】

市场调研报告是市场调研的重要成果之一，它是将调研过程和结果呈现给利益相关者的主要方式。本项目从任务一到任务三，介绍了市场调研报告的特点与作用、报告的结构和撰写技巧。

在任务一中，介绍了市场调研报告的特点，它应该具备客观性、准确性、可读性和可操作性，以及对市场策略提供有力支持。

在任务二中，介绍了市场调研报告的结构，从封面、目录、概要、正文、参考文献和附录材料等方面介绍了报告的组成部分。

在任务三中，重点强调了市场调研报告的撰写技巧，包括明确读者，写清基本情况、存在的问题和建议，设计合理的标题和图表，以及突出重点、控制篇幅等方面，这些技巧有助于提高报告的可读性和说服力。

撰写一份优秀的市场调研报告对于企业决策和市场竞争具有重要意义。合理运用报告的结构和写作技巧，能够使调研结果更加清晰、详实，并为企业提供科学依据，帮助企业制定更有针对性的市场策略和决策，提高市场竞争力。同时，注意报告的风格、格式和排版，使报告看起来更专业、整洁，也能提升报告的形象和可信度。

【同步训练】

以小组为单位，按照下面的要求完成市场调研报告的撰写。

一、任务描述

你是一家市场调研公司的调研员，负责撰写一份市场调研报告。该报告旨在对某特定市场进行深入调研，包括目标市场概况、竞争对手分析、消费者调研结果等内容。你需要根据收集到的数据和信息，结合市场调研的目的，撰写一份完整且具有说服力的市场调研报告。

二、任务要求

（1）报告概要：在报告的开头，写明调研的目的、范围、方法和关键发现，以及撰写报告的目标读者。

（2）市场概况：介绍调研的目标市场概况，包括市场规模、增长趋势、主要竞争对手等信息，以及市场所面临的挑战和机遇。

(3) 竞争对手分析：对竞争对手进行详细分析，包括竞争对手的产品特点、定价策略、市场份额等，重点突出竞争对手的优势和劣势。

(4) 消费者调研结果：呈现消费者调研的结果和数据分析，包括消费者需求、购买决策因素、品牌偏好等，帮助读者深入了解目标市场的消费者群体。

(5) 市场机会与挑战：在报告中对市场的机会和挑战进行分析，指出潜在的市场增长点和可能的风险，为公司的市场策略提供建议。

(6) 结论与建议：在报告的结尾部分，对整个调研过程进行总结，并给出针对性的市场营销建议，帮助公司更好地把握市场机遇，应对市场挑战。

三、任务提示

(1) 报告撰写时，要保持逻辑清晰、表达准确，避免过多的复杂术语，确保报告易于理解。

(2) 数据分析时，可以运用图表、图像等可视化手段，更直观地展示调研结果，增强报告的说服力。

(3) 在撰写结论与建议时，要紧密结合市场调研的实际情况，提出切实可行的建议，并给出实施的步骤和时间计划。

(4) 注意报告的排版和格式，保持整洁美观，使报告看起来更专业和可信。

(5) 对市场调研报告进行仔细审查和校对，确保语法正确，避免拼写错误和排版问题，提高报告的质量和可读性。

【素质园地】

科技赋能可持续发展，共建更加绿色的智能世界

华为是全球领先的信息与通信技术（ICT）解决方案供应商，消除数字鸿沟，促进经济、环境和社会的和谐与可持续发展是华为一直以来的可持续发展愿景。为此，华为不仅支持联合国可持续发展目标的实现，还同时与供应链上下游的客户和供应商密切合作，致力于构建一个可持续的、更美好的全联接世界。华为的可持续发展战略主要表现在：

(1) 在商业道德方面，华为恪守商业道德、遵守国际公约和各国相关法律法规。华为推进了海外各子公司的合规体系建设，已经在 100 多个业务相关国家完成对标当地与 ICT 产业相关的法律要求。在 145 家子公司全面落实了反商业贿赂实践，并在此基础上结合自身业务特点，持续强化了反商业贿赂管理体系建设。比如诚信与合规文化、合规管理以及对外交流方面的建设。

(2) 在网络安全方面，2018 年，华为基于“网络环境是不安全的，网络攻击是常态化的”假设，以动态响应的思维构建了产品规划与开发的全视图，发布了新的网络安全框架，以应对更为复杂的网络安全环境。

(3) 清洁高效，低碳循环：致力于减少生产、运营等过程以及产品和服务全生命周期对环境的影响，通过创新的产品和解决方案，促进各行业的节能减排和循环经济发展，持续牵引产业链各方共建低碳社会。

①绿色产品：把绿色环保理念融入产品规划、设计、研发、制造、交付和运维等各个环节中，通过持续的技术创新，不断提升产品和解决方案的资源使用效率，向客户提供领先的

节能环保产品和解决方案。

②绿色运营：致力于在办公、生产、物流及实验室等方面提升资源使用效率，降低温室气体及废弃物排放强度，将华为运营打造为环境友好型典范。

③绿色伙伴：持续保证华为产品的环保符合性，促进合作伙伴运营活动符合环境法规要求，牵引供应链节能减排，提升华为产业生态链综合竞争力。

④绿色世界：致力于不断推广绿色ICT综合解决方案，促进各个行业的节能减排，积极推动资源节约、环境友好的低碳社会建设。

华为秉持“开放、合作、共赢”，携手全球伙伴，通过技术创新，积极推进绿色环保，着力实现更好的数字包容，促进可持续发展，共同构建一个更加美好的万物互联的智能世界。

【课后练习】

一、判断题

1. 任务一中介绍了市场调研报告的特点和作用。（　　）

2. 市场调研报告的特点主要包括封面、目录、概要、正文、参考文献和附录。（　　）

3. 报告的正文部分是市场调研报告中的主体部分，包含了详细的调研结果和数据分析。（　　）

4. 图表在市场调研报告中的选择应该随意，可以根据个人喜好自由选取。（　　）

5. 任务三中强调了在市场调研报告中明确读者，并针对不同的读者设计合适的撰写风格。（　　）

6. 报告中应当详细描述调研对象的基本情况和现状，包括调研目的、范围、方法等。（　　）

7. 在市场调研报告中，不需要写明存在的问题和不足，只需着重强调调研结果的积极方面即可。（　　）

8. 市场调研报告的撰写技巧中，建议在段落中使用标题，有助于突出重点和提高报告的可读性。（　　）

9. 报告在内容撰写时，应注意突出重点，同时控制篇幅，避免无关信息的干扰。（　　）

二、单项选择题

1. 市场调研报告的特点主要体现在（　　）。

A. 封面设计　B. 正文内容　C. 数据分析　D. 结论和建议

2. 市场调研报告的结构中，（　　）通常包括对调研目的、方法、范围等的简要说明。

A. 封面　B. 目录　C. 概要　D. 正文

3. 市场调研报告的正文部分包含了详细的调研结果和数据分析，通常包括（　　）。

A. 图表和附录　B. 调研对象的基本情况

C. 参考文献　D. 报告摘要

4. 在市场调研报告的撰写技巧中，明确调研报告的读者意味着（　　）。

A. 采用专业术语　B. 根据读者背景设计撰写风格

C. 着重突出调研方法　　　　　　　　D. 忽略读者反馈

5. 市场调研报告的内容撰写中，把存在的问题和不足写清楚的目的是（　　）。

A. 避免批评和负面反馈　　　　　　　B. 隐藏真实情况

C. 反映客观状况　　　　　　　　　　D. 提高报告的篇幅

6. 在市场调研报告的撰写中，使用段落的标题设计是为了（　　）。

A. 美化报告排版　　　　　　　　　　B. 增加篇幅

C. 明确报告结构　　　　　　　　　　D. 突出图表内容

7. 市场调研报告的图表选择应该考虑（　　）。

A. 图表美观度　　　　　　　　　　　B. 与报告内容无关

C. 数据表达清晰　　　　　　　　　　D. 图表数量的增加

8. 市场调研报告的撰写中，重点突出和篇幅适当的原则是为了（　　）。

A. 增加报告可读性　　　　　　　　　B. 隐藏调研结果

C. 缩短报告篇幅　　　　　　　　　　D. 忽略数据分析

9. 市场调研报告的参考文献一般用于（　　）。

A. 附录　　　　B. 数据分析　　　　C. 引用其他来源　　D. 表示感谢

10. 在市场调研报告的结构中，附录主要用于（　　）。

A. 提供图表数据　　　　　　　　　　B. 写明调研对象的基本情况

C. 表示报告摘要　　　　　　　　　　D. 引用参考文献

三、简答题

1. 市场调研报告的概要部分应包含哪些内容？简要描述其作用。

2. 图表的合理选择在市场调研报告中为什么重要？请举例说明。

附录A　第十三届（2022年）全国大学生市场调研与分析大赛理论知识网络测试提纲

说明：本提纲为参加全国大学生市场调研与分析大赛（以下简称“大赛”）理论知识网络测试的指导提纲，仅供参加第十三届大赛网络测试使用。

一、进行理论知识网络测试的目的和原则

本大赛倡导理论与实际相结合的原则。所有参赛学生应当在具备统计学和市场调研的基本理论知识的基础上参赛。为了强化学生们对理论知识学习的重视，同时也是为了对参赛学生的理论储备做初步筛查，特设立理论知识网络测试。

网络测试的作用主要有两点：

1. 检验学生是否掌握了统计学和市场调研理论基础知识。
2. 从知识储备方面确定学生是否具备参加实践赛的资格。

网络测试命题的原则是考查基本知识和基本理论；不出难题、怪题、偏题；本科生、专科生分别命题，对理论难度提出不同要求。

二、测试方法及要求

网络测试是个人赛，即每个参赛考生独立完成测试。

测试形式为在线考试，测试时长100分钟。

考生可在规定的考试日期和时间范围内任选100分钟参加在线考试；每人可以最多参加一次模拟测试、两次正式测试。

参加测试流程为：

参赛学生网上报名，老师确认参加网考学生信息后提交大赛组委会，并在考前统一支付网考费用。

学生登录网考系统，输入姓名、手机号、短信验证码，即可参加在线模拟和正式考试。

网络测试卷为答题系统随机从题库中抽题组卷，参赛学生在规定的时间内完成网上在线测试。

每人有一次网上模拟测试机会，两次正式测试机会，取两次正式测试成绩的最高分为本人测试成绩，成绩分为“合格”与“不合格”两级。

三、参考教材、题型、分值及通过率

大赛为本科学生提供了统一的参考教材，为专科学生提出了参考教材的建议。本科与专科在题型和难度上略有区别。

1. 本科测试的参考教材是：徐映梅主编《市场调研理论与方法》（高等教育出版社 2018 年版）。

本科题型分为判断题、单选题、多选题三类。判断题、单选题每题 1 分，多选题每题 2 分，全卷共 85 题，100 分。

试题按难度分为简单题、中等难度和较难三类，在试卷中分别占比为 60%、30% 和 10%。

2. 专科测试请参考教育部“十二五”高职院校规划教材。大连理工大学出版的《统计基础与实务》（宋文光主编），高等教育出版社出版《市场调研与分析》（宋文光主编）等同等水平教材均可。

专科题型分为判断题和单选题两类。每题 1 分，全卷共 100 题，100 分。

试题按难度分为简单题和中等难度题，在试卷中分别占比为 70%和 30%。

3. 测试通过率以院校为单位控制在不低于 70%。具体规则是：达到 60 分者全部通过。若某校 60 分以上者不足该校考生的 70%，则按该校考生成绩的前 70%确定该校通过线。

四、测试知识点

本科测试内容按参考教材确定，但在测试章节上进行了简化调整，具体如下：

序 号	章 节	包含内容	难 度
1	市场调研概述	市场调研基本知识、基本程序	简单 60%
		市场调研的应用范围	
2	数据收集	定性与定量数据收集的方法	
		市场调研的组织与实施	
3	调研设计	调研的策划与调研方案的设计（不含抽样设计和问卷设计）	
4	问卷与量表	问卷及量表的设计与应用	
5	数据处理+报告	调研数据的处理和汇总	
		调研报告的撰写和演示	
6	单变量分析	规模、结构与比较分析	
		集中度分析	
		差异性分析	
		参数估计	
		显著性检验	
7	抽样估计	抽样设计	中等 30%
		抽样估计	
8	双变量关联分析	双变量列联分析	
		双变量相关分析	
		双变量回归分析	
9	多变量分析（1）	多变量方差分析	较难 10%
		多变量相关与回归分析	

续表

序　号	章　　节	包含内容	难　　度
9	多变量分析（1）	分类模型——Logistic 模型	中等 30%
10	多变量分析（2）	多变量因子分析	较难 10%
		多变量聚类分析	
		多变量对应分析	
		多维标度分析	
		联合分析	
		多变量综合评价	

以上为本科组卷时依据的章节构成，最后一列难度依入卷题分数确定，不代表题目数量。

专科测试参照教育部“十二五”高职院校规划教材的章节内容并做适当调整，具体知识点分布如下：

序　号	章　　节	包含内容	难　　度
1	市场调研概述	市场调研基本知识、基本程序	简单 70%
		市场调研的应用范围	
2	调研方案设计	调研的策划与调研方案的设计（不含抽样设计和问卷设计）	
3	问卷及量表设计	问卷及量表的设计与应用	
		定性数据收集的方法	
		定量数据收集的方法	
4	资料采集方法	一手和二手数据收集的方法	
5	调研组织实施	市场调研的组织与实施	
6	数据的整理	调研数据的处理和汇总	
7	报告的撰写	调研报告的撰写和演示	
8	描述统计基础	统计学基础知识	
		规模、结构与比较分析	
		集中度分析	
		差异性分析	
9	抽样设计与推断	抽样设计	中等 30%
		抽样估计	
10	数据分析方法	时间序列分析	
		双变量相关分析	
		双变量回归分析	

以上为专科组卷时依据的章节构成，最后一列难度依入卷题分数确定，不代表题目数量。

附录 B　第十三届（2022 年）全国大学生市场调研与分析大赛专科组模拟题

一、选择题

1. 刊登广告的杂志、报纸的发行量，或是含有广告内容的电视、广播频道的数目，称为（　　）。

A. 媒体分配　　B. 广告曝光率　　C. 媒体受众数量　　D. 广告知觉

2. 某企业关注如何能以最低的广告费用求得最大的媒体影响力，这时应开展（　　）。

A. 广告媒体调研　　B. 广告诉求调研　　C. 营业推广调研　　D. 公共关系调研

3. 下列不属于企业外部市场调研主体的是（　　）。

A. 市场调研公司　　B. 广告公司的调研与预测机构

C. 管理咨询公司　　D. 企业会计部门

4. 下列属于对企业微观环境调研的是（　　）。

A. 调研当地的民族状况

B. 调研当地的经济发展水平

C. 调研竞争者的核心产品的市场份额

D. 调研税收和银行利率的变化情况

5. 市场调研中贯穿了科学的抽样设计方法、抽样估计和计算机数据处理手段，以及客观真实的报告撰写。这体现的市场调研特点是（　　）。

A. 目的性　　B. 科学性　　C. 时效性　　D. 系统性

6. 多个客户共同利用一个样本进行的调研称为（　　）。

A. 合伙调研　　B. 方便调研　　C. 搭车调研　　D. 共享调研

7. 根据调研目的、任务确定调研的范围以及所要调研的总体，它由某些性质上相同的许多调研单位所组成，我们称之为（　　）。

A. 调研对象　　B. 调研问卷　　C. 调研方法　　D. 调研计划

8. 下列选项中不属于市场调研策划方案内容的是（　　）。

A. 调研目的　　B. 确定调研对象和调研单位

C. 市场调研报告的撰写　　D. 调研项目的费用与预算

9. 独立调研公司的组织结构多采用（　　）。

A. 直线制　　B. 职能制　　C. 直线职能制　　D. 矩阵制

10. 在健康调研中测量人的身高时都是穿着鞋子测量的，这类误差属于（　　）。

A. 计算误差　　B. 无回答误差　　C. 计量误差　　D. 处理误差

11. 计量误差带来的后果是（　　）。

A. 不影响估计值方差　　B. 减小估计值的方差

C. 提高调研的精度　　D. 降低调研的精度

12. 市场调研中调研资料所属的时间称为（　　）。

A. 调研时间　　B. 调研期限　　C. 调研计划　　D. 调研安排

13. 可以对调研方案内容进行实地检验的方法是（　　）。

A. 预调研　　B. 回归分析　　C. 相关分析　　D. 抽样设计

14. “××牌啤酒制作精细，泡沫丰富、味道纯正，您是否喜欢?”这个问句的错误在于（　　）。

A. 容易引起误解　　B. 措辞不准确　　C. 内容过于笼统　　D. 诱导性提问

15. “您为什么在网上购买服装?”这样的问题属于（　　）。

A. 假设性问题　　B. 动机性问题　　C. 态度性问题　　D. 事实性问题

16. 对列举评分量表描述正确的是：（　　）。

A. 由一系列能够表达对所研究的概念是肯定还是否定态度的陈述构成。要求应答者回答对每一种陈述同意或不同意的程度，并对每一种回答给予一定的分数

B. 对应有限类别的评分作出选择

C. 调研对象在一条直线上的适当位置作出标记来为物体评分，这条直线从某一极端到另一极端

D. 给被调研者大量的关于某一物体的描述，要求他们选择自己的态度，调研者可以据此对访者进行判别分类

17. 开放式问题的缺点包括（　　）。

A. 限制了被调研者的自由发挥

B. 问题和答案太长，容易使人感到厌倦

C. 被调研者需要花费较多时间和精力

D. 答案过于集中

18. “你认为在今后人民币的升值幅度将 □加快 □趋缓”以上问题属于（　　）。

A. 开放式问题　　B. 多项式选择问题

C. 二项选择问题　　D. 比较式问题

19. 调研问卷中的问题形式不包括（　　）。

A. 封闭式问题　　B. 开放式问题　　C. 判断题　　D. 半结构式问题

20. 问卷设计时需要对问题排序，应遵循几条原则，下列各项描述不正确的是：（　　）。

A. 先封闭式问题后开放式问题

B. 先一般性问题后敏感性问题

C. 按逻辑顺序排列问题

D. 检查可靠性的成对问题应集中排列

21. 在下列量表中被归类为定距或定比标尺的量表是（　　）。

A. 配对比较量表　　B. 语义差异量表　　C. 等级顺序量表　　D. 分类量表

22. “您认为 CPI 是否真实地反映了物价水平的综合变动?”这一问句存在的主要问题是（　　）。

A. 不通俗易懂　　B. 不精练简洁　　C. 不清晰明了　　D. 具有敏感性

23. 街头拦截访问法主要包括街头流动拦截访问和（　　）。
A. 入户访问　　B. 小组座谈
C. 计算机辅助面访调研　　D. 街头定点拦截访问

24. 下列市场调研方法中，可以用于因果关系研究的是（　　）。
A. 电话调研法　　B. 邮寄调研法　　C. 面访调研法　　D. 实验调研法

25. 下列说法中，属于电话调研法优点的是（　　）。
A. 节约时间
B. 成功率很高
C. 抽样总体和目标总体是一致的
D. 可以进行深入的调研

26. 小组座谈法实施过程中需要避免的事项是（　　）。
A. 两位调研人员参加
B. 有沟通障碍的受访者安排在一组
C. 借助记录设备
D. 访谈的氛围要轻松

27. 满足实施力控制较好、回答率低、保密性好的调研是（　　）。
A. 入户面访　　B. 拦截面访　　C. 计算机辅助面访　D. 邮寄调研

28. 下列关于德尔菲法的说法正确的是（　　）。
A. 德尔菲法是一种客观数据采集方法
B. 选择专家时采取熟人推荐
C. 调研中不反复征询专家意见
D. 每一轮征询中专家与专家之间不相互讨论

29. 根据总体一种或多种特征比率抽取样本的方法属于（　　）。
A. 分层抽样　　B. 方便抽样　　C. 判断抽样　　D. 配额抽样

30. 下列调研中，属于媒体调研的是（　　）。
A. 报纸调研　　B. 电话调研　　C. 拦截调研　　D. 面访调研

31. 影响德尔菲法实施效果的最重要因素是（　　）。
A. 专家的选择　　B. 调研表中问题的数量
C. 征询的时间间隔　　D. 征询的轮次

32. 对实验数据进行分析的常用方法是（　　）。
A. 频数分析　　B. 方差分析　　C. 相关分析　　D. 因子分析

33. 调研中收集每个被抽中单元的个体数据的过程是指（　　）过程。
A. 数据整理　　B. 数据分析　　C. 数据发布　　D. 数据收集

34. 在调研中对于开放式问题正确的记录方式是（　　）。
A. 逐字逐句地按被调研者的原话进行记录
B. 按被调研者的原话进行改写
C. 对被调研者的回答进行归纳和整理
D. 不进行记录

35. 筛选资料的基本原则中不包括（　　）。

A. 考虑市场的变化

B. 资料的真实可靠

C. 围绕调研主题，合适采用，不合适就放弃

D. 考虑成本

36. 下列按照品质标志分组的是（　　）。

A. 人口按照性别分　　B. 企业按照产值分

C. 家庭按照收入水平分　　D. 学生按照分数分

37. 下列关于定量数据的图形表示方法，不正确的是（　　）。

A. 直方图横坐标代表变量分组，纵坐标代表各变量值出现的频数

B. 折线图利用线段的升降来说明数据大小的变动

C. 散点图可以用来反映两个变量之间的关系

D. 定量数据的直方图与定性数据的条形图实际上是相同的

38. 根据历年我国人均GDP与人均消费额的资料，如果要反映这一时期我国生产与消费的关系，用什么图形最为合适？（　　）。

A. 饼图　　B. 直方图　　C. 散点图　　D. 折线图

39. 第七次全国人口普查时点为2020年11月1日零时，假设11月2日调研员在各家调研时，得知张家10月30日上午7点出生一个小孩，陈家11月2日下午2点出生一个小孩，则这两个小孩如何登记？（　　）

A. 两家小孩均应登记

B. 张家小孩应予登记，陈家小孩不应登记

C. 两家小孩均不登记

D. 张家小孩不应予登记，陈家小孩应予登记

40. 只用一个标准对信息资料进行分类，并按照一定的顺序用连续的数字或字码进行编码的方法，称为（　　）。

A. 顺序编码法　　B. 分组编码法　　C. 信息编码法　　D. 表意式文字编码法

41. 实际工作中调研报告的展示一般不会在（　　）。

A. 培训会上　　B. 报告厅中　　C. 网络上　　D. 会议室里

42. 书面调研报告要做到观点和数据统一是指（　　）。

A. 观点来自调研数据　　B. 观点和数据并列列示

C. 数据排列后再排列观点　　D. 数据图、数据表和文字一同表述

43. 下列不满意的问卷是（　　）。

A. 字迹清晰的回答问卷　　B. 回答问题前后一致的问卷

C. 模棱两可或分叉错误的问卷　　D. 排版美观的问卷

44. 撰写市场调研报告时正确的指导建议是（　　）。

A. 尽可能使用缩略语　　B. 措辞简洁清晰

C. 尽可能阐明主观看法　　D. 尽可能使用文学语言

45. 均值为 20，变异系数为 0.4，则标准差是（　　）。

A. 20.4　　B. 19.6　　C. 8　　D. 50

46. 已知三种产品的合格率分别为 85%、90%和 95%，则其平均合格率为（　　）。

A. 0.899　　B. 0.9　　C. 0.898 1　　D. 0.684

47. 易受极端值影响的平均指标是（　　）。

A. 算术平均数　　B. 几何平均数　　C. 中位数　　D. 众数

48. 最能反映离散程度的指标是（　　）。

A. 全距　　B. 标准差　　C. 平均差　　D. 标准差系数

49. 以下指标中，可以用于比较不同平均水平或者不同现象总体数量差异程度的指标是（　　）。

A. 标准差　　B. 平均数　　C. 平均差系数　　D. 中位数

50. 已知一组数据的算术平均数为 13，数据平方的平均数为 194，则标准差系数为（　　）。

A. 0.31　　B. 1.234 5　　C. 0.384 6　　D. 0.5

51. 某组数据的四分之一分位数是 45，中位数是 85，四分之三分位数是 105，则该组数据的分布是（　　）。

A. 对称的　　B. 左偏的　　C. 右偏的　　D. 无法判断

52. 对在某个高速路段行驶过的 120 辆汽车的车速进行测量后发现，平均车速是 85 km/h，标准差是 4 km/h，下列车速中可以看作是异常值的是（　　）。

A. 78 km/h　　B. 82 km/h　　C. 91 km/h　　D. 98 km/h

53. 测量抽样误差最常用的指标是（　　）。

A. 标准差　　B. 抽样平均误差　　C. 变异系数　　D. 置信区间

54. 判断抽样也被称为（　　）。

A. 任意抽样　　B. 非随机抽样　　C. 抽样估计　　D. 主观抽样

55. 若有多个成数资料可供参考时，确定样本容量时计算成数的方差应该使用（　　）。

A. 数值最大的那个成数　　B. 0.5

C. 数值最小的那个成数　　D. 数值最接近或等于 0.5 的那个成数

56. 适用于调研总体中各单位的数据分布差异较大的抽样方式是（　　）。

A. 分层随机抽样　　B. 整群随机抽样

C. 系统随机抽样　　D. 多阶段随机抽样

57. 先对总体各单位划分为若干层，然后从各个层中抽取一定数量的单位组成一个样本，这样的抽样方式称为（　　）。

A. 简单随机抽样　　B. 等距抽样　　C. 整群抽样　　D. 分层抽样

58. 一计算机芯片厂商宣称其产品中的瑕疵品少于 2.5%，而我们从其产品中随机抽取 200 件，结果发现有 8 件是瑕疵品。则 4%（8/200）是（　　）。

A. 统计量　　B. 显著水平　　C. 置信系数　　D. 参数

59. 允许误差的大小要根据调研的目的要求和条件来确定，一般来说，调研准确度要求低、力量弱、费用缺，允许误差会（　　）。

A. 大一些　　B. 小一些　　C. 一样多　　D. 无所谓

60. 在全国工业企业设备普查中，调研对象是（　　）。

A. 全国工业企业的每台设备　　B. 每个工业企业

C. 全国工业企业的所有设备　　D. 全部工业企业

61. 在总体内部情况复杂、单位数较多，且各单位之间的变异程度较大时，宜采用（　　）进行调研。

A. 整群抽样　　B. 分层抽样　　C. 简单随机抽样　　D. 等距抽样

62. 比例分层随机抽样比简单随机抽样更有效率的条件是各层总体均值差异（　　）。

A. 非常显著　　B. 不显著　　C. 大于 1　　D. 大于 10%

63. 测量抽样误差最常用的指标是（　　）。

A. 标准差　　B. 抽样方差　　C. 变异系数　　D. 置信区间

64. 某校高三年级学生共 1 000 人参加考试，将 1 000 份试卷编好号码后，从中随机抽取 30 份计算平均成绩，此种抽样方法为（　　）。

A. 简单随机抽样　　B. 系统随机抽样

C. 分层抽样　　D. 整群抽样

65. 在其他条件不变的情况下，提高抽样估计的可靠程度，其精确程度将（　　）。

A. 保持不变　　B. 随之扩大　　C. 随之缩小　　D. 不能确定

66. 在样本量相同的情况下，那些变异程度较大的指标，相比那些变异程度较小的指标，其抽样方差（　　）。

A. 更大　　B. 更小　　C. 一样大　　D. 不可比

67. 变量 x 与 y 之间的负相关是指（　　）。

A. x 数值增大时 y 值也随之增大

B. x 数值减少时 y 值也随之减少

C. x 数值增大（或减少）时 y 值也随之减少（或增大）

D. y 的取值几乎不受 x 取值的影响

68. 利用回归方法分析市场现象时，因变量和自变量之间的关系必须是（　　）。

A. 高度相关　　B. 弱相关　　C. 无关　　D. 交叉相关

69. 每一吨铸铁成本（元）与铸件废品率（%）变动的回归方程为：$y=56+8x$，这意味着（　　）。

A. 废品率每增加 1%，每吨成本增加 64 元

B. 废品率每增加 1%，每吨成本平均增加 8%

C. 废品率每增加 1%，每吨成本平均增加 8 元

D. 废品率每增加 1%，每吨成本为 56 元

70. 如果动态数列指标数值的二级增长量大体相同，可拟合（　　）。

A. 直线　　B. 抛物线　　C. 指数曲线　　D. 双曲线

71. 设某商品供应量 y（件）和商品价格 x（元）的一元线性回归方程为 $y=59+148x$，这意味着商品价格每提高 1 元时，供应量平均（　　）。

A. 增加 148 件　　B. 减少 148 件　　C. 增加 207 件　　D. 减少 207 件

72. 时间数列中，不同时间上的指标数值可以相加的是（　　）。

A. 时期数列　　B. 时点数列

C. 相对数时间数列　　D. 平均数时间数列

73. 在回归模型 $y=\beta_0+\beta_1 x+\varepsilon$ 中，ε 反映的是（　　）。

A. 由于 x 的变化引起的 y 的线性变化部分

B. 由于 y 的变化引起的 x 的线性变化部分

C. 除 x 和 y 的线性关系之外的随机因素对 y 的影响

D. 由于 x 和 y 的线性关系对 y 的影响

74. 相关系数的符号可用来判断变量之间是（　　）。

A. 完全相关还是不完全相关

B. 线性相关还是非线性相关

C. 正相关还是负相关

D. 单相关还是复相关

75. 研究发现，举重运动员的体重与他能举起的重量间的相关系数为0.6，则（　　）。

A. 体重越重，运动员平均能举起的重量越多

B. 平均来说，运动员能举起其体重60%的重量

C. 如果运动员体重增加10 kg，则平均可多举6 kg的重量

D. 举重能力的60%归因于其体重

76. 变量 X 与 Y 的相关系数的符号取决于（　　）。

A. 变量 X 的方差　　B. 变量 Y 的方差

C. 变量 X 和 Y 的方差　　D. 变量 X 和变量 Y 的协方差

二、判断题

1. 在市场调研中，决策的后果由调研使用者承担，不能要求调研提供者承担决策责任。（　　）

2. 理解调研问题的核心是围绕调研费用、调研目的、调研对象、调研内容、资料及数据基础等开展一系列的交流、访谈与摸底。（　　）

3. 市场调研方案制定都是从探索性调查研究开始。（　　）

4. 正式执行的市场调研方案需经过预调研评估修改完善后确定。（　　）

5. 语义差别量表适用于测量和比较具有不同背景的被调研者对商品印象、公司形象的看法。（　　）

6. 问卷中的提问与回答方式均不能带有任何诱导与提示。（　　）

7. 对于两个相邻的问题，如果前面问题的回答影响了后面问题的回答，则问题的排列顺序存在编排效应。（　　）

8. 固定数目量表适合于对消费者的品牌偏好进行测量。（　　）

9. 文案调研因不受时空限制，在市场调研中广泛使用。（　　）

10. 在访谈中，调研员应始终采取公平、中立的立场。（　　）

11. 在调研的社会合意性上，拦截面访调研远高于邮寄调研。（　　）

12. 高质量面访调研的重要前提是要有一支良好的调研队伍。（　　）

13. 调研员的职责包括遵守安全秩序，保证数据的机密性。（　　）

14. 书面市场调研报告在文体上一般采用第三人称或非人称代词。（　　）

15. 市场调研报告越长，质量越高。（　　）

16. 平均指标是将一个总体内每个单位在某个标志上的差异抽象化，以反映总体一般水平的综合指标。（　　）

17. t 分布与正态分布的区别是前者的分布形态是不对称的，后者是对称的。（　　）

18. 一项研究表明，司机驾车时因接打手机而发生事故的比例超过 30%，用来检验这一结论的原假设和备择假设为 H_0：$\pi<30\%$；H_1：$\pi\geqslant30\%$。（　　）

19. 对于一个确定的总体，减小抽样误差的主要手段就是增加样本容量。（　　）

20. 总体由研究对象中的元素组成，组成总体的元素称为总体单位或总体单元。（　　）

21. 总体参数的估计量通常只有一个。（　　）

22. 总体比例的估计，是具有某特征的单元总数的估计值除以总体中单元总数的估计值。（　　）

23. 如果两个变量之间的简单相关系数为 0，可以认为两个变量之间不存在相关关系。（　　）

24. 判定系数可以测度一元线性回归方程的拟合优度，其取值范围为：$0<R^2<1$。（　　）

参考答案

一、选择题

1. A　2. A　3. D　4. C　5. B　6. C　7. A　8. C　9. D　10. C　11. D　12. A　13. A　14. D　15. B　16. B　17. C　18. C　19. C　20. D　21. B　22. A　23. D　24. D　25. A　26. B　27. D　28. D　29. D　30. A　31. A　32. B　33. D　34. A　35. A　36. A　37. D　38. C　39. B　40. A　41. A　42. A　43. C　44. B　45. C　46. A　47. A　48. D　49. C　50. C　51. B　52. D　53. B　54. D　55. D　56. A　57. D　58. A　59. A　60. C　61. B　62. A　63. B　64. A　65. B　66. A　67. C　68. A　69. C　70. B　71. A　72. A　73. C　74. C　75. A　76. D

二、判断题

1. √　2. √　3. ×　4. √　5. √　6. ×　7. √　8. √　9. √　10. √　11. √　12. √　13. √　14. √　15. ×　16. ×　17. ×　18. ×　19. √　20. √　21. ×　22. √　23. ×　24. ×